本书是国家社会科学基金青年项目的研究成果(项目编号:13CTQ037)

我国政府部门
基于大数据的决策模式研究

WOGUO ZHENGFU BUMEN JIYU DASHUJU DE JUECE MOSHI YANJIU

迪莉娅/著

知识产权出版社
全国百佳图书出版单位
——北京——

图书在版编目（CIP）数据

我国政府部门基于大数据的决策模式研究 / 迪莉娅著. —北京：知识产权出版社，2020.7
ISBN 978-7-5130-6805-5

Ⅰ.①我… Ⅱ.①迪… Ⅲ.①互联网络–应用–国家行政机关–行政管理–研究–中国 Ⅳ.①D630.1-39

中国版本图书馆CIP数据核字（2020）第037618号

内容提要

本书阐述了政府部门基于大数据决策模式的缘起、含义、功能和模式构建的理论基础，在对我国政府部门基于大数据决策模式需求深入调查分析的基础上，构建了我国政府部门基于大数据决策的模式。为了加强模式的推广和应用，通过比较和借鉴国外政府采用大数据决策模式的经验，深度剖析了我国政府部门应用大数据决策模式存在的问题及其原因，从政府部门的数据资产管理、数据资源跨界共享、数据深度开放、数据安全和个人隐私保护的层面提出了其应用大数据决策模式的保障策略。本书可作为大数据和政府决策相关研究人员参考用书。

责任编辑：许　波　　　　　　　　　　责任印制：孙婷婷

我国政府部门基于大数据的决策模式研究
迪莉娅　著

出版发行	知识产权出版社有限责任公司	网　　址	http://www.ipph.cn	
电　　话	010-82004826		http://www.laichushu.com	
社　　址	北京市海淀区气象路50号	邮　　编	100081	
责编电话	010-82000860转8380	责编邮箱	xubo@cnipr.com	
发行电话	010-82000860转8101	发行传真	010-82000893	
印　　刷	北京建宏印刷有限公司	经　　销	各大网上书店、新华书店及相关专业书店	
开　　本	720mm×1000mm　1/16	印　　张	14.75	
版　　次	2020年7月第1版	印　　次	2020年7月第1次印刷	
字　　数	233千字	定　　价	68.00元	
ISBN 978-7-5130-6805-5				

出版权专有　侵权必究
如有印装质量问题，本社负责调换。

前　言

国家的核心竞争力很大程度上依赖于将数据转化为信息和知识的速度与能力上，而这种转化的速度和能力，实际上取决于政府将大数据方面的技术和管理应用到政府决策方面的能力。大数据不仅是一种决策资源，更是一种决策范式。大数据的出现，改变了政府传统的基于小数据、经验和直觉的决策模式，推动了"数据+模型+分析（基于证据）"决策模式的产生和应用。基于大数据的决策将增强政府的管理能力和服务能力，使其更加开放和透明，促进经济的发展和社会的进步。

无论是个体决策还是政府决策，数据和信息是决策的基本元素。虽然在决策过程中，信息的认知、加工受到环境、偏好、组织程序、规则等多种因素的限制，但是无可否认的是获取数据和信息的程度，直接关乎决策的质量和效果。在大数据时代，人类不仅仅面临数据和信息不足的问题而且还面临数据和信息过载的问题。当类型复杂、海量的数据扑面而来，无论对于个体决策还是政府决策而言都是巨大的挑战。因此，在决策中，不再仅仅是如何获取数据的问题，而是如何获取正确、有效数据的问题。

政府部门基于大数据决策模式的产生有其深刻的缘由。传统的政府决策模式已经无法适应当下充满风险和复杂性的社会，这是基于大数据决策模式产生的重要背景，对数据本身的再认识为基于大数据的决策模式提供了重要的思维和资源，同时智慧政务的发展为基于大数据决策模式的应用提供了重要的平台，而政策情报学的兴起为基于大数据决策模式的应用提供了重要的方法论。

政府的决策模式将向"数据+模型+分析（基于证据）"的范式转变，这就需要政府重视研究和应用大数据决策模式的机理和方法，处理好决策中因果关系和相关关系、精准性和混杂性、抽样调查和全样本调查之间的关系，为政府科学决策提供重要的依据和实践范式。

由于大数据决策模式的兴起，政府决策主体、决策依据和工具都发生了巨大的变化，这对于推动政府的决策向着基于证据的决策模式转变，扩大政府决策的信息源，提高政府决策程序与过程的透明度，加强政府面对风险、危机的决策能力和应对能力，以及提升电子政务和政府数字治理的效率具有重要意义。

大数据时代的政府决策不同于小数据时代的政府决策。大数据来源的广泛性、类型的复杂性等特点，要求政府的决策不仅要发挥大数据决策的精准、预测性的功能，还要体现其主动、即时、个性化等方面的特点。政府部门基于大数据决策模式的构建和应用有着其深刻的理论背景，这与开放政府理论、数据治理理论、大数据全生命周期管理理论、算法决策理论的发展、应用及借鉴息息相关。

我国政府部门基于大数据决策模式的构建顺应了经济与社会发展的需要，同时我国多年电子政务的应用、数据开放逐步开展，以及大数据决策模式在政府各个领域的崭露头角，都为我国构建和采纳基于大数据的决策奠定了重要的基础。为了深入了解我国政府部门基于大数据决策模式构建的环境，笔者对政府部门大数据的认知度、应用数据进行决策和管理的现状及构建大数据决策模式的制约因素进行了调查。在调查中，在我国省级以上、省级、市级、县级、乡（镇）级等政府部门中发放了《政府部门关于利用数据决策与管理现状的调查问卷》《政府部门关于大数据认知度的调查问卷》《政府部门关于数据开放认知度的调查问卷》三份问卷，实际有效回收问卷各1000份，并对我国一些省级、市级政府部门的领导进行了深度访谈，对当地电子政务和智慧政务建设情况进行了实地的考察。调查结果也充分显示出，政府部门迫切需要对决策模式转型，以适应大数据时代政府治理能力现代化的需求。

基于大数据的决策模式是一个系统、多环节的技术、管理与服务能力相结合，发挥整体优势的过程，这个过程包括政府大数据采集、政府大数据存储、政府大数据决策与分析和政府大数据可视化等诸多方面。而大数据本身的特点和属性对于采用何种政府决策技术与分析方法起着至关重要的作用。例如，政府部门高价值、高密度的大数据和低价值、低密度的大数据，动态的政务大数据和静态的政务大数据所采用的计算工具和分析方法依据其属性和特点而完全不同。因此,政府部门基于大数据决策模式的平台由于技术本身的限制和管理的需要,采用混搭的方式进行,才能更好地发挥其整体的功能和优势,为政府的管理和服务提供支持。因为政府的决策直接关乎国家政治、经济的发展,以及人民生活的安居乐业。因此,政府部门在采用大数据进行决策时,必须遵守一定的决策伦理规范才能保证大数据决策的客观性、公正性、透明性和科学性。

政府部门基于大数据决策模式的构建需要具备一定的条件,才能得到有效推广。国外政府部门在大数据决策模式的构建中,在政务云平台的建设、政府数据的开放、大数据的安全和治理等方面的经验,为我国政府部门基于大数据决策模式的构建提供了具有借鉴价值的参考。

从调查来看,虽然政府工作人员对大数据和政府数据开放有很多期许,但是政府数据目前本身的管理却存在数据资产管理机制不完善,政府跨部门数据资源缺乏有效的共享机制,政府数据开放的认知度和机制需要提高和健全,政府数据安全和隐私的管理亟待加强等问题。根据调查的结果,笔者对这些问题的存在原因进行了深刻的反思和探讨,并提出了应用我国政府部门基于大数据决策模式的保障策略。首先,需要加强我国政府部门数据资产管理的建设,不断提高政府部门数据资产管理与应用的意识。其次,完善有关的制度、管理和方法,建立循数管理的机制,为基于大数据决策模式的应用和"循数""循证"的决策与管理文化的形成创造条件。最后,要不断优化我国政府部门数据资源跨界共享的机制和积极推进政府部门数据的深度开放,为大数据决策模式的应用、政府决策和服务的透明与开放提供丰富的数据资源和重要保障,而加强政府数据的安全和个人隐私的保护则是政府基于大数据决策模式应用的重要前提条件。

目 录

第1章 导论 ·· 1
  1.1 国内外研究综述 ··· 4
  1.2 相关概念界定 ·· 14

第2章 政府决策模式的演变 ··· 23
  2.1 渐进决策模式 ·· 26
  2.2 垃圾桶模式和政策流模式 ·· 27
  2.3 多角度决策模式 ··· 29
  2.4 自然主义决策模式 ··· 29
  2.5 精英决策模式 ·· 30

第3章 政府部门基于大数据决策模式的缘起 ······················· 33
  3.1 大数据时代下政府传统决策模式的困境 ·························· 35
  3.2 大数据环境下政府数据的再认识 ···································· 39
  3.3 智慧政务的发展 ··· 43
  3.4 政策情报学的兴起 ··· 44

第4章 政府部门基于大数据的决策模式及功能 ··················· 47
  4.1 政府部门基于大数据的决策模式 ···································· 49
  4.2 政府部门基于大数据决策模式的功能 ···························· 62

第5章 政府部门基于大数据决策模式构建的理论基础 …………71
5.1 开放政府理论…………………………………………………73
5.2 数据治理理论…………………………………………………74
5.3 大数据生命周期管理理论……………………………………75
5.4 算法决策理论…………………………………………………76

第6章 我国政府部门基于大数据决策模式的需求分析 …………79
6.1 经济与社会的发展需要和要求促进了我国政府决策模式的转变……………………………………………………………81
6.2 我国政府部门构建基于大数据决策模式的客观条件分析…………82
6.3 我国政府部门大数据的认知度和利用数据决策与管理现状的调查……………………………………………………………85
6.4 我国政府部门基于大数据决策模式制约因素的调查分析…………93

第7章 我国政府部门基于大数据决策模式的构建 …………105
7.1 政府部门大数据的采集………………………………………107
7.2 政府部门大数据的存储………………………………………109
7.3 政府部门基于大数据决策的计算……………………………113
7.4 政府部门基于大数据的决策分析方法………………………117
7.5 政府部门基于大数据决策分析的可视化……………………124
7.6 政府部门应用基于大数据决模式的伦理……………………129

第8章 我国政府部门基于大数据决策模式建构中的国际经验借鉴 …………137
8.1 政府部门构建基于大数据的决策平台………………………139
8.2 积极推动政府数据开放………………………………………144
8.3 加强政务大数据的安全管理…………………………………151
8.4 加大数据质量治理的力度……………………………………154

第9章 我国政府部门应用基于大数据决策模式的保障策略 ········· **159**

    9.1 加强我国政府部门数据资产的管理 ················· **162**

    9.2 优化我国政府部门数据资源跨界共享的机制 ············ **168**

    9.3 积极推进我国政府部门数据深度开放的力度 ············ **172**

    9.4 加强我国政府部门数据安全和个人隐私的保护 ··········· **200**

第10章　结论 ································· **205**

附录 ····································· **212**

    附录一　政府部门基于大数据的决策模式图 ·············· **212**

    附录二　政府部门关于利用数据决策和管理现状的调查问卷 ····· **213**

    附录三　政府部门关于大数据认知度的调查问卷 ··········· **217**

    附录四　政府部门关于政府数据开放认知度的调查问卷 ······· **220**

第 1 章 CHAPTER 1

导 论

根据互联网数据中心的报告预测，随着大数据时代的来临，海量数据的快速生成，到2020年年底全球的数据量将会暴增至35.2ZB左右（图1-1）。❶在这些庞大的数据面前，90%的数据是来自视频、微信、页面点击生成的半结构化、非结构化的数据，仅仅只有10%的数据属于存储在数据库中的结构化数据。如果说大数据已经悄然而至，不为人知的话，那么2011年全球知名咨询公司麦肯锡发布的《大数据：创新、竞争和生产力的下一个前沿领域》的报告则惊醒了大多数沉睡的人们，人们开始深刻意识到大数据时代已经来临。该报告不仅指出了大数据的重要性，将其归结为重要的"生产要素"，而且认为大数据的应用将会进一步促进生产率的增长和新消费模式的诞生。

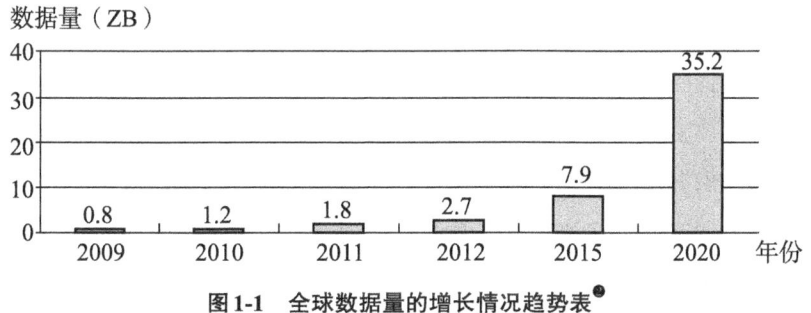

图1-1 全球数据量的增长情况趋势表❷

"大数据"这个概念在20世纪80年代就已经出现，只是直到互联网时代，大数据才从规模、类型等方面得以真正实现而已。大数据是指海量且类型复杂的数据，具有种类多、流量大、容量大、价值高的特点。

面对大数据的挑战，美国、英国、法国、日本等国家率先将大数据的应用和管理提升到国家的战略层面，制定了大数据的政策，规划了大数据的发展，挖掘了大数据的潜力，并积极推动政府和企业开展大数据管理和技术的应用。

大数据时代与互联网时代相比，不仅预示着更深层、更广泛的共享与开放，还预示着更智能、更高效的政府决策、管理与服务革命的到来。因为政府部门蕴含着社会上80%以上的数据，而这些数据还在呈现出指数级增长的趋势。政府

---

❶ Hai Wang, Zeshui Xu, Hamido Fujita, Shousheng Liu. Towards Felicitous Decision Making: An Overview on Challenges and Trends of Big Data[J].Information Sciences, 2016(367-368): 747-765.

❷ 同❶.

部门基于大数据的决策模式是指决策者通过利用海量且类型复杂的数据,应用大数据技术和方法指导政府决策的基本理念和分析框架。

改革开放以来,我国政府决策主要以渐进决策模式为主。随着我国政府提出了科学化决策之后,拓宽了决策和利益表达的渠道。人民代表大会制度与政治协商制度、信访制、听证制等在决策中提供了可靠而又有效的信息保障。随着大数据时代的到来,政府面临着更加多变和复杂的环境,因此对于决策数据与信息的真实、快捷、完整和科学提出了更高的要求。[1]虽然我国电子政务经过多年的发展,已经累积了海量的大数据。只是大量、沉积下来的数据没有被政府充分地采集、挖掘和利用,发挥其特殊的价值和作用。尤其是利用大数据提高政府决策能力方面依然是短板中的短板,因为利用海量数据揭示事物发展线索,映射发展规律的大数据决策理论与方法基本上没有得到普遍有价值的应用。

随着大数据时代的来临,大数据在政府的管理与决策领域的应用正在逐步推进。大数据将改变传统的政府和企业的决策模式,基于数据驱动的决策和管理模式将是未来政府和企业管理的重要特征。尤其是近些年来国内外学者发表的关于大数据决策方面文献的快速增长,为政府部门基于大数据决策模式的理论和实践的应用提供了重要、具有参考价值的思想和方法。

1.1 国内外研究综述

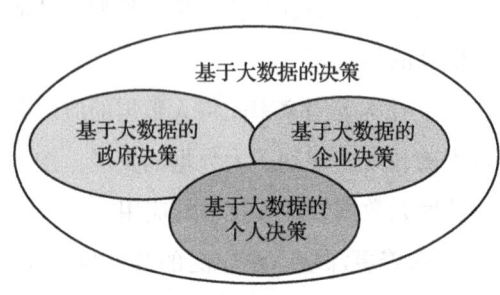

图1-2 基于大数据决策的研究类型

按照决策主体的不同,基于大数据的决策可以分为基于大数据的政府决策、基于大数据的企业决策和基于大数据的个人决策(图1-2)。本书重点从基于大数据的决策分析国内外学者关于此问题的研究。

---

[1] 李雪松.电子民主环境中的政府决策科学化研[D].湖北工业大学,2012:22.

1.1.1 国内外学者基于大数据的决策研究

国内外学者关于大数据决策的研究也是一个逐步深入的过程,从开始对功能、影响等因素的介绍,逐渐开始深入探讨其方法、模式和机制等的规律和特点。

1.1.1.1 国外学者基于大数据的决策研究

国外学者关于大数据决策的研究比较早,总结起来可以归结为以下几个方面:

第一,基于大数据决策功能的研究。保罗·纳内蒂的调研报告认为大数据将会使政府和企业从过去基于"直觉"和"经验"的决策方法向基于"实证"的决策方法转变。数据是决策的"生命线"和履行职责的"原材料"。如果没有高质量的数据提供准确的信息,那么有效地规划、监督和评价政策将几乎是不可能的。❶ 肖恩认为,科学家早就知道数据可以创造新知识,但是现在的政府和企业也都意识到数据可以创造价值。❷ 依据经济学人集团所做的调查显示,64%的被调查者表示大数据已经改变了其组织决策的方式,25%的被调查表示正在计划采用大数据决策的方案,11%的被调查者表示没有此计划或者不知道。❸

第二,基于大数据决策质量影响因素的研究。玛廷、海科、艾功❹认为研究大数据的决策质量需要从大数据链的角度去认识。基于大数据的决策起于决策数据的收集,止于大数据的决策。因此,基于大数据的决策质量从数据采集、数据准备、数据分析到决策的每个环节中数据的转移、整合、技术、系统的可扩展性等因素都会对基于大数据的决策产生影响(图1-3)。

---

❶ United Nations Secretary-General. Independent Expert Advisory Group on a Data Revolution for Sustainable Development (IEAG), A Word That Counts: Mobilising The Data Revolution for Sustainable Development, November 6, 2014[EB/OL].[2016-10-19]www.undatarevolution.org/report/.

❷ Big Data. Data-driven Decision Making and Statistics[EB/OL].[2016-10-19].http://www.statoo.com/BigData DataScience/BD_DDDM_S_WSD_Oct20_2015.pdf.

❸ The Economist Intelligence Unit. Gut & gigabytes[R].2014[EB/OL].[2018-5-19].http://www.pwc.com/gx/en/issues/data-and-analytics/big-decisions-survey/assets/big-decisions2014.pdf.

❹ Marijn Janssen, Haiko van der Voort, Agung Wahyudi. Factors Influencing Big Data Decision-Making Quality[J].Journal of Business Research,2017(70): 338-345.

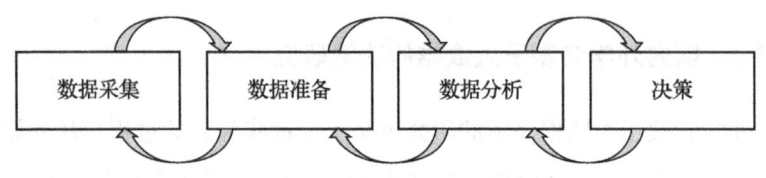

图 1-3　大数据的决策链条[1]

同样，东善喜以韩国大数据的应用为案例，认为基于大数据的决策受到数据的可用性、易用性、质量、安全性和互操作性等因素的影响（图 1-4）。

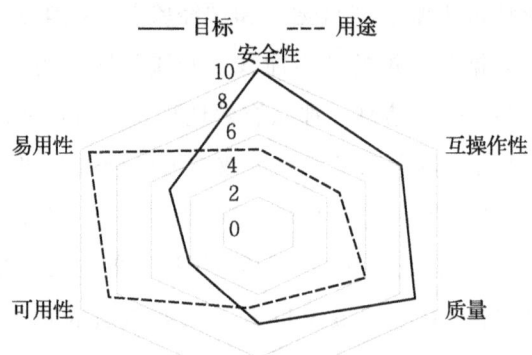

图 1-4　大数据应用于决策的影响因素[2]

第三，基于大数据决策面临的挑战。乌萨扬卡尔、穆罕默德、扎希尔、维尚认为基于大数据的决策面临的挑战：①大数据本身的特点所带来的挑战，例如规模大、速度快、多样性等方面的挑战；②大数据获取、存储、分析等方面的挑战；③大数据管理中面临的挑战，例如隐私、治理、质量、安全等方面的挑战。[3]

奥马尔、朱尔斯[4]认为大数据带来了巨大的利益，但是也带来了前所未有

---

[1] Marijn Janssen, Haiko van der Voort, Agung Wahyudi. Factors Influencing Big Data Decision-Making Quality[J]. Journal of Business Research, 2017(70): 340.

[2] Dong-Hee Shin. Demystifying Big data: Anatomy of Big Data Developmental Process[J]. Telecommunications Policy, 2016(40): 837-854.

[3] Uthayasankar Sivarajah, Muhammad Mustafa Kamal, Zahir Irani, Vishanth Weerakkody. Critical Analysis of Big Data Challenges and Analytical Methods[J]. Journal of Business Research, 2017(70): 263-286.

[4] Omer Tene, Jules Polonetsky. Big Data for All: Privacy and User Control in the Age of Analytics[J]. Northwestern Journal of Technology and Intellectual Property, 2013(11): 240-272.

的挑战。大数据为个人数据的应用建立了市场，尤其是混搭和实时应用程序接口为个人数据的应用提供了技术条件，但同时也对个人隐私的保护提出了更高的要求。笔者从个人数据的最小化揭示、个人数据背景的控制阐释了个人数据保护的方案。依据安本资产管理集团对 114 个制造工厂的调查显示：应用数据进行决策的主要障碍因素是跨界数据共享的碎片化、需要时无法获得数据、管理者或者用户不信任数据、太多指标的复杂量表、应用旧的数据分析业务等（图 1-5）❶。

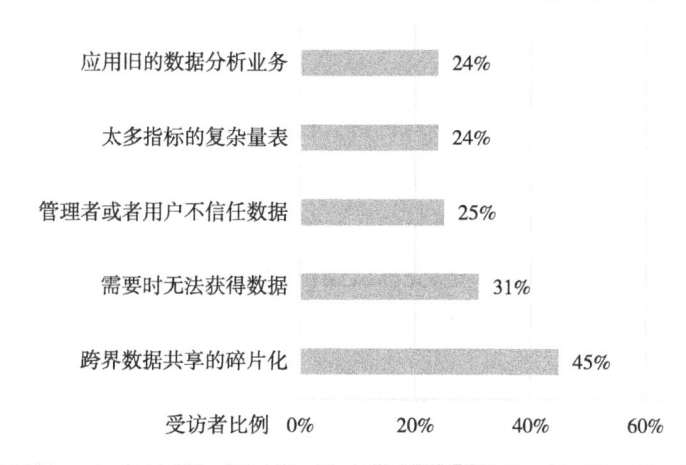

图 1-5　基于大数据决策面临挑战的调查图

第四，基于大数据决策的框架。纳达·艾哈迈德依据西蒙的决策过程：获取信息、设计、选择和实施四个方面设计了大数据的分析、决策框架。在获取信息阶段，主要是采集、存储和管理大数据；在设计阶段，主要包括模式设计、数据分析；在选择阶段，主要包括评估和采纳两个阶段；最后就是实施方案的阶段。科林·怀特分析了大数据给决策所带来的复杂性，尤其是非结构化和半结构化数据给决策带来的挑战，这就要求决策的分析系统具有高度的弹性和扩展性才能适应大数据决策分析的需求。❷

---

❶ Aberdeen Group, Complexity, Decision Making, and Big Data[EB/OL]. [2016-12-19]. http://fm.sap.com/data/UPLOAD/files/Aberdeen%20Complexity%20&%20Big%20Data.pdf.
❷ Colin White. Using Big Data for Smarter Decision[EB/OL]. [2016-10-19]. https://zh.scribd.com/document/92215397/Using-Big-Data-Smarter-Decision-Making.

塔玛拉·施瓦茨应用约翰·博伊德的 OODA 决策循环认为大数据采用此分析框架可以让决策更科学和更有效率。该框架分为观察（Observe）、定位（Orient）、决策（Decide）、实施（Act）四个部分。❶

第五，基于大数据决策的调查与实证案例研究。①达文波特对法航—荷航、艾玛迪斯、英航等旅游公司的访谈显示，许多旅游公司应用大数据不仅仅是为了加快决策的速度和数据的处理，而是为了提高内部管理和做出以"用户为中心"的服务决策。以 KAYAK 旅游搜索网站为例，每一年该公司需要处理数以亿计的搜索，用户搜索的内容涉及航空公司航班的情况、酒店的排名与价格、用户对距离的偏好等。大数据广泛应用于其内部管理和外部服务，提高了公司的决策效率和管理水平❷。②阿密特以大数据在医疗行业应用为案例，分析了在大数据环境下，医疗行业中大约 85% 的信息来自医疗图像、视频和社交媒体的推送。而大数据技术为医疗行业的创新提供了重要的工具❸。③罗曼恩科、阿塔莫诺夫以服务商为例，认为大数据分析将会提高和优化整个服务商运营的环节，包括从顾客需求、销售和市场供求、产品分配、运营管理、供应链设置和采购等诸多环节，不仅提高了服务的效率，而且降低了管理成本（图 1-6）。❹

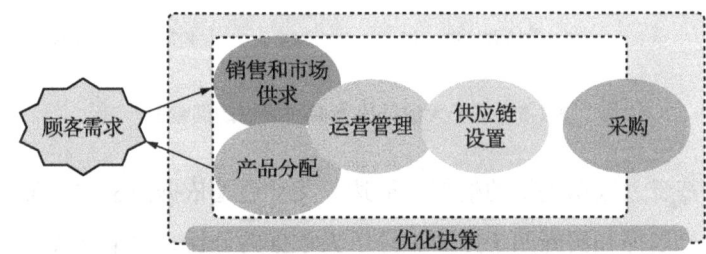

图 1-6　大数据分析提高运营决策的环节图

---

❶　Tamara Schwartz. The Art of the Now: Decision Making and the Big Data Conundrum[EB/OL].[2016-10-19].http://www.sas.com/content/dam/SAS/en_us/doc/whitepaper1/art-of-the-now-107418.pdf.

❷　Thomas H Davenport. At the Big Data Crossroads: Turning towards a Smarter Travel Experience[EB/OL].[2016-11-19].http://www.bigdata.amadeus.com/assets/pdf/Amadeus_Big_Data.pdf.

❸　Amit Dang. The Value of Big Data in Clinical Decision Making[J].International Journal of Computer Science and Information Technologies,2015(6),pp3830-3835.

❹　Alex Romanenko,Alex Artamonov. Using analytics to make powerful business decisions[EB/OL].[2016-12-19]https://www. atkearney. com/documents/10192/4542810/2014_AnalyticsforPowerfulBusinessDecisions. pdf/e2bb5b4e-cbb3-4414-afd7-b66ab12d482d.

1.1.1.2 国内学者基于大数据的决策研究

随着大数据的兴起，我国学者也积极投身于大数据决策方面的研究，研究的文献从 2011 年开始逐年增加（图 1-7）。

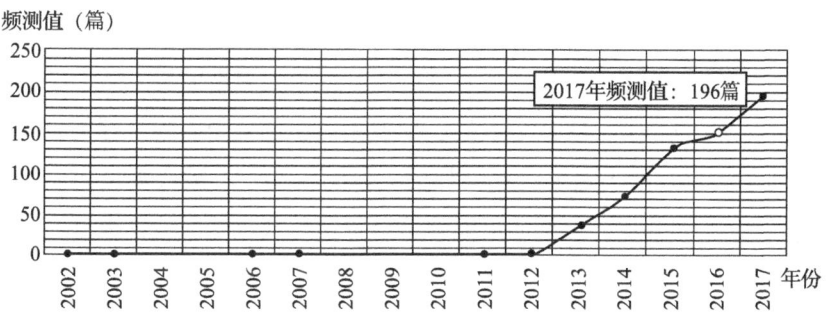

图 1-7　CNKI 以"大数据*决策"为篇名检索字段检索出的国内学者发表文献趋势图

以"大数据*决策"为检索式，以篇名为字段在中国知网中进行检索，并对所发表文献的关键词进行可视化分析，发现学者们关于决策方面的研究涉及决策信息、决策方法、决策技术、决策环境、决策管理、决策过程等众多内容。

从研究的学科分布来看，涉及企业经济、计算机软件与计算机应用、行政学与国家行政管理、信息经济与邮政经济、工业经济、图书情报与数字图书馆、教育理论与教育管理、贸易经济、领导学与决策学等领域。

虽然文献的研究内容涉及众多方面，但是学者们具有代表性的研究可以归结为以下几个方面：

第一，基于大数据决策影响的研究。孙强、张雪峰认为，大数据对决策思维方式、决策模式等产生了重要的影响。从依靠自身判断作决策到依靠数据作决策的其核心是从数据中归纳出数学模式、从数据中获取知识。❶

第二，大数据给管理决策所带来的挑战。徐宗本、冯芷艳、郭迅华、曾大军、陈国青认为，大数据既是机遇也是挑战，这些挑战主要体现在：管理与实践范式的急剧转变，大数据分析的低层技术，例如异构大数据的统计方法体系、大数据的因果挖掘技术等的研究还需进一步发展，在金融、教育、医疗等专业领域内大数据价值的开发和利用，保障新兴大数据产业及其生态系统健康与可持续发

---

❶ 陈文伟,陈晟.从数据到决策的大数据时代[J].吉首大学学报(自然科学版),2014(3):31-36.

展的政策环境与管理机制的理论创新都有待建设。❶郝庭帅认为，大数据时代的到来，已经深刻影响着人们的生活和决策方式。但是，在大数据时代，由于功利主义的盛行，从而产生了个人数据的商业化、隐私的窥探等个人数据保护和利用中的悖论问题。❷

第三，基于大数据的决策方式、方法的研究。徐耀、孔小梅认为，在大数据环境下，非结构化和半结构化数据大量产生，传统的数据分析方式已经无法适应大数据时代决策的要求，将被全数据、相关关系和预警分析为目标的决策方式所代替。❸苏洋认为，由于因果关系向相关关系的转变，潜藏在数据表面的事物发展规律得以更好的呈现，但是如果能够尽早打通组织机构的数据孤岛，那么数据的价值将会得到更好的挖掘。❹

▶▶▶ 1.1.2 国内外学者基于大数据的政府决策研究

如前所述，基于大数据的政府决策是基于大数据决策的一部分，而且政府作为决策主体，其决策与企业决策、个体决策在方法、特点、程序、技术以及产生的影响和范围等方面都有很大的不同。这也是大数据决策应用中的难点问题，得到国内外学者普遍的关注。

1.1.2.1 国外学者基于大数据的政府决策研究

第一，政府基于大数据决策条件的研究。詹姆斯·库罗斯、基思·马尔祖认为，大数据环境下基于大数据的政府决策具有社会与技术的跨学科性质，在理解人类行为的本质和认知偏差中，信息的多样性和信息的有效性成为同样关键的因素。政府部门应用大数据进行决策就需要发展基于数据决策的工具和技术，加强国家的数据基础设施，促进信息和数据的共享和管理，提高大数据方面的教育和培训等措施，为基于数据的决策创造良好的环境。❺

---

❶ 徐宗本,冯芷艳,郭迅华等.大数据驱动的管理与决策前沿课题[J].管理世界,2014(11):158-163.
❷ 郝庭帅.当代社会生活的大数据化：困境与反思[J].社会发展研究,2014(11):196-211.
❸ 徐耀,孔小梅.大数据环境下管理决策模式的思考[J].经营管理者,2016(5):247-248.
❹ 苏洋.大数据思维：重构决策路径[J].中国药店,2013(15):38-39.
❺ James Kurose, Keith Marzullo. the Federal Big Data Research and Development Strategic Plan[EB/OL]. [2016-10-19]. https://www. whitehouse. gov/sites/default/files/microsites/ostp/NSTC/bigdatardstrategicplan-nitrd_final-051916.pdf.

第二，政府基于大数据决策平台的构建研究。戴夫·弗莱彻认为，基于数据驱动的政府，首先需要打通政府各个机构的数据通道，实现数据的跨界共享，构筑云服务平台，并且从基础设施层面、平台层面、管理层面构筑了大数据决策平台的框架。❶澳大利亚政府在《澳大利亚公共服务——大数据最佳实践指南》中指出，政府大数据应用平台的建设需要在基础设施、政府业务管理、工作人员技能、组织治理和文化层面提出新的要求。❷

第三，大数据给政府决策带来挑战方面的研究。哈瓦斯·希莫认为，大数据在政府中的应用可以促使政府更加开放和透明，但是对于个人数据的控制、敏感数据集的使用和数据质量等方面也给政府的管理带来了挑战。❸美国犹他州政府的数据驱动政府项目组的报告同样指出，在政务云的实施中，需要在隐私和安全方面符合相关的规定，并且提出政府数据云迁移中的隐私和安全的原则。❹英国下议院科学技术委员会在《大数据的困境》报告中指出，大数据虽然已经开始在政府中应用，但是依然存在政府工作人员应用大数据技能、政府数字服务预算投入、业务前景、数据共享、数据开放以及数据安全和隐私保护等方面的各种挑战。❺

1.1.2.2 国内学者基于大数据的政府决策研究

在知网中以"大数据*政府决策"为检索式，以篇名为检索字段进行搜索，大数据在政府决策中的应用从2013年以来也成为我国学者研究的重要方面，研究文献呈逐年递增的趋势（图1-8）。

通过在知网以"大数据*政府决策"为检索式，以篇名为检索字段所进行的国内文献关键词共现的可视化分析，发现所涉及的内容有政府决策机制、决策过程、决策方式方法、决策行为、决策执行、决策能力等方面。

---

❶ Dave Fletcher. Data Driven Decision Making in Utah Government: Assessment for the Use of Big Data [EB/OL].[2016-10-19].https://dts.utah.gov/wp-content/uploads/Task-3-Technology-Roadmap-v1.pdf.

❷ Australian Government, Australian Public Service Better Practice Guide for Big Data[R]. 2016[EB/OL].[2016-10-19].http://www.finance.gov.au/sites/default/files/APS-Better-Practice-Guide-for-Big-Data.pdf.

❸ Hervais Simo. Big Data: Opportunities and Privacy Challenges[EB/OL]. [2016-10-19]. http://wenku.baidu.com/view/58be12636294dd88d0d26bf0.html.

❹ Data Driven Decision Making in Utah Government: Assessment for the Use of Big Data [EB/OL].[2016-10-19].https://dts.utah.gov/wp-content/uploads/Task1-Policy-and-Legal-v1.pdf.

❺ House of Commons Science and Technology Committee, The big Data Dilemma: Government Response to the Committee's Fourth Report of Session 2015-16[R].[EB/OL].[2016-10-19].http://www.publications.parliament.uk/pa/cm201516/cmselect/cmsctech/992/992.pdf.

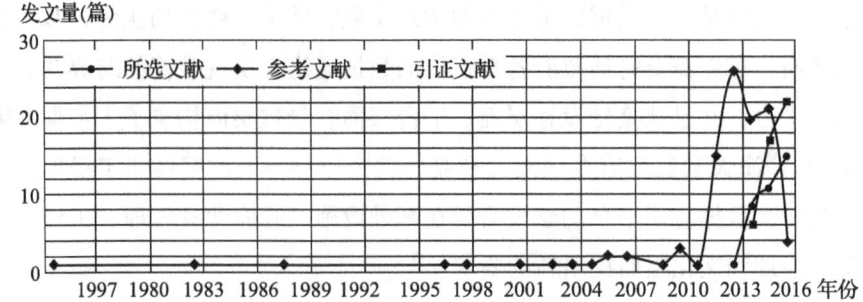

图1-8 CNKI 以"大数据*政府决策"为篇名检索字段检索出的国内发表文献、参考文献、引证文献的趋势图

从具体的研究内容来看,我国学者比较具有代表性的研究主要包括基于大数据的政府决策方式、方法、面临的挑战、决策风险等方面的研究。

第一,基于大数据的政府决策方式、方法方面的研究。闫利平、申灿认为,传统的政府一言堂、拍脑袋的决策模式已经无法适应大数据时代的需求,大数据决策主要体现在事前预测、事中感知、事后反馈的特点,并构建了政府的大数据决策过程模型(图1-9)。❶

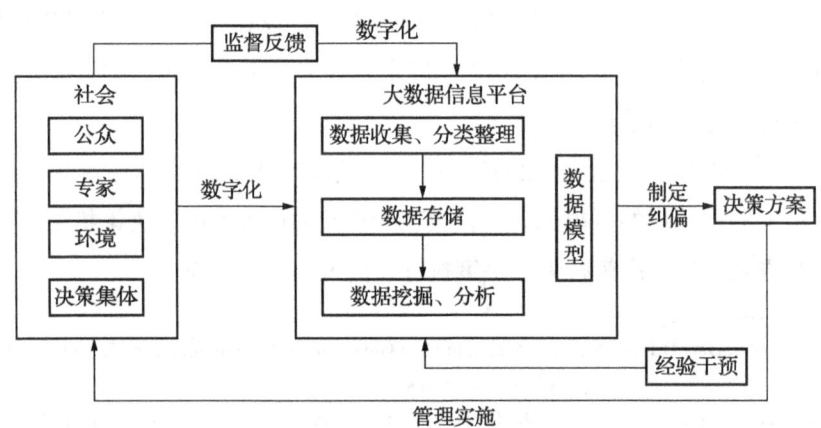

图1-9 政府大数据的决策过程模型❷

张楠认为,大数据的发展为公共政策的重构提供了重要的契机,并从分析方

---

❶ 闫利平,申灿.创新大数据时代地方政府决策模式研究[J].中共天津市委党校学报,2016(3):60-66.

❷ 同❶.

法、应用模式、过程重构和效果评估方面对决策过程的优化进行了评述。❶黄洁认为,在大数据环境下传统单项度、金字塔式的自上而下的政府决策链已经无法适应当代社会的需求,并将会被基于首席数据官(CDO)为核心的新型网状决策支持系统的决策方式所代替。❷

第二,基于大数据的政府决策面临的挑战。李霖认为,基于大数据的决策将成为政府决策的常态,但是存在政府决策主体缺乏大数据意识、决策过程的制度性障碍、专业人才匮乏等问题需要克服。❸檀阳认为,大数据已经成为重要的社会资源,为了适应大数据时代下的决策,政府需要改变传统的决策观念、方式和流程,建立相关的制度安排以及创造大数据应用和政府决策二者有机融合的环境❹。董飞认为,在大数据背景下,政府要重视数据,在数据化决策的价值观指导下的政府决策,参与主体将日趋民主化、多元化。大数据搜集、存储和挖掘工具的应用也为政府前瞻性和动态性的管理带来了机遇。但是,数据孤岛、大数据治理、数据安全等一系列的问题还需要在这一过程中进行克服。❺

第三,基于大数据的政府决策风险研究。王萌萌认为,在大数据环境下,与传统的行政决策风险相比,应用大数据进行行政决策的风险评估,采用新的技术和新的评估方法,有助于提高其评估的质量,优化政府的决策。❻曹青青认为,传统的决策主要依赖于个人的经验和智慧,在各种突发事件的处理中,就有一定的局限性。在突发事件中应用大数据技术,有助于提高决策的效率和预防危机的发生。❼刘白、廖秀健、张娜认为,在大数据环境下,有效破解重大行政决策风险评估中存在的问题,就必须建立循"数"评估的方法,确保评估的科学性,同时还需建立对抗式的评估制度,增强评估的民主性。❽

从以上研究来看,随着大数据决策研究的兴起,基于大数据的政府决策已经

---

❶ 张楠.公共衍生大数据分析与政府决策过程重构:理论演进与研究展望[J].中国行政管理,2015(10):19-24.
❷ 黄洁.大数据对政府决策机制的影响[J].领导科学,2015(5):16-18.
❸ 李霖.大数据时代政府决策的变革之道[J].厦门特区党校学报,2014(6):43-47.
❹ 檀阳.大数据背景下地方政府决策转型探析[J].知与行,2016(10):45-50.
❺ 董飞.大数据背景下政府决策的机遇、挑战和建议[J].天水行政学院学报,2015(5):72-76.
❻ 王萌萌.大数据视域下行政决策风险评估的趋势、困境和路径[J].厦门特区党校学报,2016(4):43-57.
❼ 曹青青.大数据环境下应急管理决策机制研究[J].现代商贸工业,2016(32):45-46.
❽ 刘白,廖秀健,张娜.大数据视角下重大行政决策社会稳定风险评估的困境及其重构——以重庆医改为例[J].电子政务,2016(8):94-101.

成为研究的热点,研究的内容也由浅入深,从基本概念的探讨到机制、规律、制度等方面的分析、反思、构建等。整体而言,国内外学者的研究具有以下特点:

第一,从研究文献的趋势来看,基于大数据决策的研究将成为未来无论是政府还是企业决策研究的重要方面。随着研究和应用的不断深入,将会给政府和企业的管理和服务带来新的突破,并有助于基于数据驱动的决策与服务文化的养成。

第二,从研究文献的内容来看,无论是基于大数据的决策还是基于大数据的政府决策方面的研究,国内外学者研究的重点和深度还是有所不同的。

(1)国内外学者普遍认为,基于大数据的决策具有重要意义,但面临的共同问题是如何保障数据安全和个人隐私不被泄露,因为数据的安全和隐私的保护是应用基于大数据决策以及政府决策的重要前提条件之一。在大数据环境下,传统的隐私保护和安全保障的管理和制度已经无法适应时代的需求,这也是政府和企业面临和需要解决的重要问题。除了安全和隐私问题之外,国外学者对于大数据本身所带来的决策分析中的数据采集、存储、分析等方面的挑战也有比较深刻的认识。大数据虽然给决策带来了海量的数据资源,但如何驾驭这些海量的决策资源才应该成为更为关注的问题,除了技术之外,管理和服务更为重要。

(2)国内外学者关于大数据决策和政府决策的平台和分析框架的搭建研究,都涉及从数据的获取、存储、分析中决策数据链条的管理和利用的梳理。例如,学者们提出的OODA的决策分析框架、基于CDO为核心的新型网状决策支持系统等,但是从研究的角度和深度来看,国外学者基于大数据决策框架的分析更具有完整性和系统性。

第三,从研究方法来看,我国学者的研究更偏重于理论性和概念性的研究,实证和社会调查的文献较少。而国外学者的研究采用的方法更加多样化,例如,通过社会调查、实证研究、案例研究的方式,深入开展了基于大数据决策的过程、方法和产生的效果等方面的研究。

1.2 相关概念界定

大数据和基于大数据的决策都是目前研究的热点问题,对数据、大数据、政府决策、基于大数据的决策、政府数据开放等概念的厘清和界定对研究的进一步发展将产生积极的意义。

1.2.1 数据的含义

数据即 data，最早源于拉丁语，其含义至今已发生了很大的变化，对其含义的认识可以总结为以下 3 个方面：

（1）数据等于数值。例如，我国汉语词典中这样定义：在统计、实验和检验中所获取和用于查证、判断、决策和研究等方面的数值。❶

（2）数据等于数据集。在 1975 年 Wersig 和 Neveling 在《文档的术语：1200 个基础词汇的选择》一书中认为，数据是被量化的或者合格的数据集。❷

（3）数据等于定性或者定量的记录。例如，在百度知道中的定义：数据是自然现象和科学试验的定量或定性的记录。❸

随着计算机的出现，信息时代的来临，对于数据的认识更多的与计算机、信息和知识联系在一起。①数据等同于计算机计算和加工中所需要的基础"原料"。例如，在维基百科中定义：数据是计算机工作所需的文字、数、字符、图形、符号等基础原料。②数据是信息和知识的原材料。例如，柴姆津在 2006 年发表的《重新界定信息科学——从信息科学到知识科学》一文中指出数据是信息的原材料也是知识的原材料。❹③加工是数据与信息转换的桥梁。例如，杰拉尔德·西尔弗、迈尔娜·西尔弗在 1989 年出版的《系统分析和设计》一书中认为，数据是被加工和提炼成信息的原材料等（图 1-10）❺。

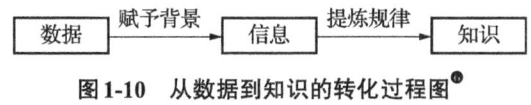

图 1-10 从数据到知识的转化过程图❻

---

❶ 汉语词典.数据的解释[EB/OL].[2016-11-17].http://cidian.xpcha.com/86061eazs1z.html.

❷ Wersig G, Neveling U. Terminology of Documentation: As Selection of 1200 Basic Terms[M]. Paris: The UNESCO Press, 1975: 34.

❸ 百度知道.数据的定义[EB/OL].[2016-10-17].http://zhidao.baidu.com/question/282089785.html.

❹ Zins, C. Redefining Information Science: From Information Scienceto Knowledge Science[J]. Journal of Documentation, 2006, 62(4): 447-461.

❺ Silver G A, Silver M L. Systems Analysis and Design[M]. MA: Addison Wesley, 1989: 14.

❻ 涂子沛.大数据：正在到来的数据革命[M].广西师范大学出版社, 2012: 34.

数据概念的发展演变是一个循序渐进的过程，尤其是随着信息时代的来临和大数据技术的发展，对于数据本身的认识也注入了新的内涵，更多的与信息、知识联系起来，加深和拓宽了数据的外延和内涵。在大数据的环境中，本书所指的数据是原始数据，即没有被分析、加工或者处理过的数据。数据不仅是计算机、信息"加工的原料"，更是决策的"原料"、证据和依据。

1.2.2 大数据的含义

自从2011年麦肯锡发表报告《大数据：下一个创新、竞争和生产率的前沿》（简称《前沿报告》）以来，世界范围内掀起了大数据研究的热潮。从web of science数据库输入"big data"的检索词，以大数据为标题的文献就有4414篇。从图1-11中可以看到，尤其从2012年以来，关于大数据的研究处于逐年上升的趋势，并且大数据在政府、企业等领域的应用也成为不可阻挡的潮流。

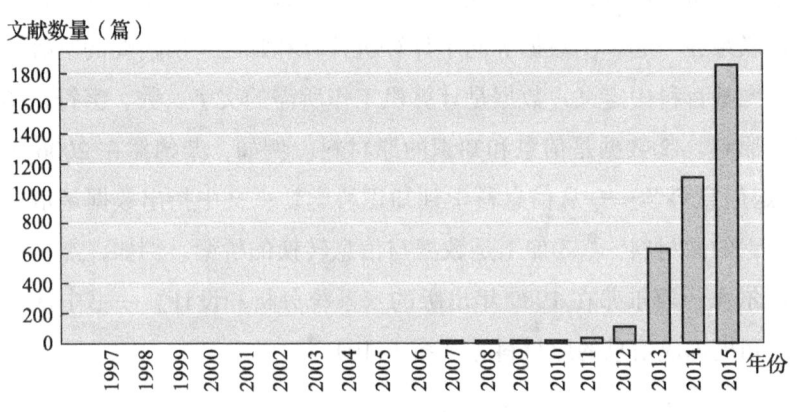

图1-11　web of science关于以big data为标题的论文年度分布图

有学者认为，"大数据"这个词的起源来自美国未来学家托夫勒1980年出版的《第三次浪潮》。但是，从文献的内容来看，最早提出大数据这个词的要属于在1997年迈克尔·考克斯和大卫·埃尔斯沃思所发表的论文。该文指出：由于数据集的数量巨大，在内存和磁盘方面加重了存储的负担，而这个问题被称之为"大数据"的问题。1998年，硅谷图形公司的前首席科学家约翰·马西在题为"大数据下一代架构的压力"报告中，对大数据的概念做了初步界定。约翰·马西所言的大数据主要指数据容量的快速增长，其中特指互联网等相对较新的数据源,并且介绍了它对存储系统的影响。

从最早关于大数据的含义可以看出,当时专家学者们只是对其数量的庞大,以及对数据存储所带来的影响角度去认识。而进入21世纪以来,对于大数据含义有了突破性认识的要属于Garter的数据分析师2001年提出的"3V"说,即从volume(数量的庞大)、velocity(速度的加快)以及variet(种类的多样)来描述什么是大数据。[1]在此之后,从"3V"说又衍生出"4V"说和"5V"说。无论是"4V"说还是"5V"说都离不开"3V"说对其为基点的描述。

如果过去关于什么是大数据,以及大数据所带来的机遇和挑战是零星、现象性的描述的话,那么麦肯锡的《前沿报告》可以说对什么是大数据,以及大数据技术、大数据应用前景、应用所面临的挑战做了详细的报告和分析。其报告将大数据定义为超出传统、典型的数据库运营和管理能力的数据集。

同样,我国学界关于大数据的研究,追溯起来恐怕要比国外还要早,最早的研究文献要属学者李京基、姜兰、徐暄于1985年在《物化探计算技术》上发表的《利用磁盘实现大数据量二维快速付里叶变换的方法》一文,探讨了在原地矿部业京计算中心的国产150机上调通了能对52万大数据量的航磁数据进行快速付里叶变换的程序,并对Ekluodh快速矩阵转置算法做了进一步推广,将它用于通过磁盘实现大数据量二维快速付里叶变换获得成功。

在此之后,相继有以大数据为主题的论文发表。例如,万志龙的《大数据量二维FFT的分块算法》(1988年)、陈跃和凌世德的《大数据量计算全息相关滤波器》(1989年)、高峰的《大数据量微机遥感图像处理技巧》(1993年)、杨则正的《大数据流的处理》(1994年)、方文东和宋运法的《海洋大数据序列时—空变化主成分分析方法》(1998年)、高毅龙和侯成刚的《大数据块的存储与访问方案》(1999)等。进入2000年以后,关于大数据的论文呈现逐年上涨趋势,从几十篇增加到2015年的上万篇。

我国学者对于什么是大数据的认识,基本上沿用国外学者的定义,并在此基础上做了一定的总结和分析。例如:张毅菁认为,大数据就是大容量的数据,通过分析与整合可以促进知识、科技的发展和带来丰厚利润的数据;[2]涂兰敬认为,

---

[1] Doug Lancy. Application Delivery Strategies[R].META Group,2001:1-3.
[2] 张毅菁.大数据对我国政府信息公开立法修改的启示[J].图书情报工作,2013(6):48-51.

大数据是指海量且复杂类型的数据；[1]冯芷艳、郭迅华、曾大军等认为，大数据是指规模庞大、来源复杂和类型多元化的无法用常规软件进行分析的数据集。[2]

本书认为，首先，大数据是一种重要的决策资源。这是因为：①通过挖掘其内在、潜在的价值发现事物发展的规律，不仅为政府部门日常的决策同时为政府的预测性决策提供科学、精准的支持和服务。②大数据是一种重要的决策范式。无论是个人还是政府部门的决策方式和方法，都会随着技术的发展和获取信息量的程度等因素的变化而变化。在大数据时代，决策信息的获取从过去的有限获取到海量获取的变化自然带来了决策范式的变化，基于数据和证据的决策成为组织机构决策的流行趋势。其次，大数据是重要的经济资源。对大数据价值的挖掘和交易，将为数据产业的发展带来巨大的利润。最后，大数据又是重要的技术分析工具。由于海量数据的产生，自然带来了对其采集、存储、分析和可视化技术工具的创新与发展。

▶▶ 1.2.3 决策与政府决策的含义

第一，决策。关于决策的定义，可以从以下的角度来认识。

①认知的角度。例如，王颖旭、根瑟·鲁厄认为决策是人类重要的认知过程。它是理性、启发性、直觉的选择过程，被广泛用于复杂的科学、工程、经济、管理和日常的生活当中。[3]人类的决策是一个基本的认知过程，其依据一定的标准在一组方案当中做出优先的选择和行动的过程。[4]②从思维的角度。例如，吴肇基、李秀林、王于、李淮春认为，决策是人类一种具有很强目的性探索未来、[5]寻求必然性的一种思维方式和活动。[6]③从管理的角度。例如，百度知道的定义为：管理主体为了解决现实问题和实践管理目标，从备选的各种方案中

---

[1] 涂兰静.专家观点："大数据"与"海量数据"的区别[J].网络与信息，2011(12)：37-38.
[2] 冯芷艳,郭迅华,曾大军等.大数据背景下商务管理研究若干前沿课题[J].管理科学学报，2013(1)：2-7.
[3] Yingxu Wang, Guenther Ruhe. The Cognitive Process of Decision Making[J]. Int'l Journal of Cognitive Informatics and Natural Intelligence, April-June 2007,1(2)：73-85.
[4] 同[3]：73-85.
[5] 吴肇基.公共决策[M].北京：中国戏剧出版社，2001：38.
[6] 李秀林,王于,李淮春.辩证唯物主义和历史唯物主义原理[M].北京：中国人民大学出版社，1995：33.

做出决定的行动。❶ ④从预知性的角度。休伯认为，决策是指人们参与现有程序和日常生活当中预先编程的过程。❷ ⑤从创新的角度。例如，达斯和腾认为，决策就是指针对现状以创新为成本的一个系统过程。❸ ⑥从过程的角度。例如，刘霞认为，决策指人们在采取行动之前所做的计划、尝试、判断及最终做出抉择的整个过程的行为。❹

第二，政府决策。关于什么是政府决策，其定义可以归结为：①从政府决策性质的角度定义。政府决策是指公共机构为实现公共利益，所从事的关于提供服务和物品的工作和活动。❺ ②从政府决策过程的角度定义。政府决策是指政府部门对社会利益和资源进行分配的过程。❻ ③从政府决策的预见性角度定义。政府决策是指决策主体对行政工作所做的预见性的活动和安排。❼

笔者认为，政府决策主要是指政府部门以实现公共利益最大化为目的，对解决的公共问题选择、采取方案的过程。首先，政府决策的主体是政府部门。其次，政府决策的性质属于群体决策，即以主管领导和机构为核心与相关利益者共同参与和协商的结果。第三，政府决策是以追求、维护和实现公共利益最大化为基点的决策。最后，决策是政府解决公共问题，维护社会稳定、和谐及正常运转的重要手段和工具。

1.2.4 政府部门基于大数据决策模式的含义

利用数据进行决策早已有之，但其含义却没有统一的认识，总结起来有以下3种：

---

❶ 百度知道 [EB/OL]. [2016-10-16]http://zhidao. baidu. com/link? url=fOqs68hNA9RL2pPfZ3jSeo9OvU-vQZGz9gVxtvL3fI KDtH7f3AMUwh9IxR2Cw4shu1gpHAk-QygFJlPrDrsLQN_

❷ Huber GP. The Nature of Organizational Decision Making and the Design of Decision Support Systems[J]. Management Information Systems Quarterly, June 1981:23.

❸ Das TK, TENG BS.Cognitive Biases and Strategic Decision Processes: An Integrative Perspective[J].Journal of Management Studies, 1999,36(6):757-778.

❹ 刘霞.政府公共决策的伦理问题研究[D].湖南师范大学,2013:23.

❺ Paula Posas and Thomas Fischer, 10 Organizational Behavior and Public Decision Making in the EA context. [EB/OL].-10]. http://www.academia.edu/2675292/10_Organisational_behaviour_and_public_decision_making_in_the_EA_context.

❻ 石路.当代中国政府公共决策中的公民参与问题研究[D].华东师范大学,2007:5.

❼ 罗依平,易承志.政府决策的哲学维度[J].湘潭大学学报,2005(2):15-19.

(1) 决策活动的角度定义。基于数据的决策是指基于数据而不是纯粹通过直觉所做出的决策活动。❶

(2) 从决策目标的角度定义。基于数据的决策是指利用分析、预测建模、统计学分析、最佳模型、数据挖掘、商业智能和大数据技术进行互相关联和补充，以达到做出明智的决策目标。❷

(3) 从决策过程的角度定义。基于数据的决策包括整合分散的数据源形成一个共同的数据池，应用统计学和优化的技术去发现隐藏的洞见，并且利用它去做出正确决策的过程。❸

随着大数据时代的来临，大数据不仅为决策提供了重要的数据资源，提高了决策的质量，更重要的是打破了政府传统的决策与管理模式，取而代之的是以"数据和计算"为中心的新的决策和管理模式。这将会对政府的管理和服务产生颠覆性的影响❹。政府对于基于数据决策模式也有了进一步的认识，通常分为两种：基于小数据的决策模式和基于大数据的决策模式。基于小数据的决策模式是指政府部门利用高质量、高价值的数据进行决策或者提出决策方案过程中所应遵循的规律。小数据的决策模式主要利用针对性和支持度很强的数据，在分析管理方面不需要辅助的算法和高昂的费用，而且对硬件的要求也不高，在政府的日常管理中都可以实现对小数据的分析和应用。

而政府部门基于大数据的决策模式则指政府部门以实现公共利益为目标，应用大数据先进的统计技术、管理技术、信息技术、数据理论和模型等对产生的海量且类型复杂的静态大数据和实时大数据进行先存储后计算或者先计算后存储的基础上所进行的分析、可视化，以及自动决策和提出可选决策方案的方法和规律。

---

❶ Foster Provost1, Tom Fawcett. Data Science and Its Relationship to Big Data And Data-Driven Decision Making, MARY ANN LIEBERT, INC. _ VOL. 1 NO. 1 _ MARCH 2013[EB/OL].[2016-11-19]. http://dblab.xmu.edu.cn/wp-content/uploads/2014/10/Data-science-and-its-relationship-to-big-data.pdf

❷ Achieving Excellence via Data-Driven Decision Making in Government Serving the Future with Power of Analytic [EB /OL].[2016-10-19].https://issuu.com/govsummit/docs/achieving_excellence_via_data-drive.

❸ Achieving Excellence via Data-Driven Decision Making in Government Serving the Future with Power of Analytic.[EB /OL].[2016-10-19].https://issuu.com/govsummit/docs/achieving_excellence_via_data-drive.

❹ 徐宗本,冯芷艳,郭迅华,曾大军,陈国青.大数据驱动的管理与决策前沿课题[J].管理世界,2014(11)：159-163.

1.2.5 政府数据开放的含义❶

政府信息公开是政府数据开放的前身，也是政府数据资源共享和利用进一步发展的重要标志。目前，学术界对于政府数据开放并没有统一的定义，从发表的研究文献来看，可以将其归结为以下3种认识：

第一，从公众利用的角度定义。例如，英国政府所发布的《开放数据白皮书》认为：政府数据开放就是指公共领域的数据中已经将其开放给公众利用的那部分数据。❷第二，从政府数据开放的条件定义。例如，学者马丁认为：政府数据的开放是指公共领域的原始数据，以非限制性的许可和开放的格式可以被利用和重复利用的数据。❸第三，从政府数据开放的粒度定义。迪莉娅认为，政府数据开放是从最初原始数据的开放到数据+信息+知识+智慧整个数据链分层次不断深入开放的过程。❹

本书认为政府数据的开放是指：

（1）政府原始数据的开放。因为只有原始数据的开放，用户才能充分的利用技术进行有效的整合、分析、可视化，才能充分地发挥其价值与潜能。

（2）政府数据开放是原始政府数据集的开放，而非某个数据或者某几个数据的开放。数据集是指政府部门以电子形式存储关于政府管理与服务中所形成原始事实数据的集合，而非进行加工或者处理过的数据的集合。

（3）政府数据的开放更是原始数据流的开放。政府数据的开放并非仅仅指某个或者某几个单位数据的开放，而是包括无论是纵向管理的政府部门还是横向管理的政府部门之间，以及政府与企业之间、政府与民众之间业务本身及交互过程中所产生或者聚集而成的原始数据流的开放。因为只有政府原始数据流的开放才能促进数据有效的分析、混搭和融合，为决策和数据产业的发展服务。❺

---

❶ 迪莉娅.国外政府数据开放研究[J].图书馆论坛,2014(9):86-93.
❷ UK. Open data White Paper-Unpleasing the Potential[R].2012[EB/OL].[2016-12-10].http://data.gov.uk/sites/default/files/Open_data_White_Paper.pdf.
❸ Martin Alvarez Espinar. Open Government Data:Setting the Scene[R].W3C Spain Office / CTIC,2012:2.
❹ 迪莉娅.国外政府数据开放研究[J].图书馆论坛,2014(9):86-93.
❺ 迪莉娅.反公地悲剧下的政府数据开放研究[J].情报理论与实践,2016(8):56-60.

第 2 章 CHAPTER 2

政府决策模式的演变

我国最早出现决策一词要追溯到《韩非子·孤愤》中的"智者决策於愚人,贤士程行於不肖,则贤智之士羞而人主之论悖矣"。❶决策不仅是一种心理活动,也是组织的管理行为,是人们日常生活中的普遍行为,而且也是政府管理中重要的工作活动和方法。关于决策的研究在心理学、经济学、管理学中,一直以来都是研究的重要话题,其衍生出很多的理论,值得借鉴和进一步探索。

本书从政府决策模式的角度分析,来探讨决策理论的发展脉络,对探索政府决策模式的发展演变具有重要的参考价值。从某种意义上讲,决策无论是个体决策还是群体性决策,最终都是由决策主体(人或者人们)做出的最终判断。本书通过决策模式演变的探讨来分析决策主体——人本身的因素、环境的因素、技术的因素在政府决策中的角色认识和演变的过程,从而为政府部门基于大数据决策模式的构建提供心理、技术和环境的支持。

政府决策模式属于群体性决策模式,与个体决策模式相比较,除了受到个体决策者的偏好、情绪、直觉等因素的影响之外,还受到决策环境、决策程序、决策方法、决策机制、决策过程与目标等因素的影响。从某种意义上讲,个体决策是政府决策重要的组成部分,其具有决策主体权威性、合法性,决策目标非营利性,决策客体广泛性,决策效果社会性等特点。因此,政府决策比单个个体的决策相比较而言,更具有复杂性和多元性的特点。政府决策的模式也是随着社会环境、技术工具和政治体制等因素的变化而变化。比较典型的政府决策模式有渐进决策模式、垃圾桶模式、政策流模式、多角度决策模式、自然主义决策模式、精英决策模式(图2-1)。

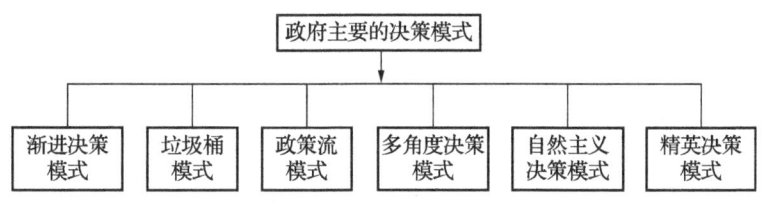

图2-1 政府主要的决策模式图

---

❶ 百度百科,决策的来源[EB/OL]. [2016-11-17]. http://baike.baidu.com/link? url=jWEg76B7dT-U4rMIBP4Ss-nM9Vm6Iis1wv]T2AMbr-ecqHx3iAICZ0xmKia8m0up8vhV_siFE7oKuEoWpZ4eehie48i1_A87a1YvQKX6c1pe.

2.1 渐进决策模式

渐进决策模式是由美国经济学家和政治学家查尔斯·林德布鲁姆提出的，他也是首次提出政策分析理念的学者。那么何谓渐进决策模式呢？渐进决策模式是指决策者在合法与原有的政策基础上，在避免社会不稳定的前提下，通过对原有政策不断修改的方式，逐步实现政策目标的过程。❶

这个概念最早见于林德布鲁姆发表的《应付局面的科学》一文。林德布鲁姆认为，由于人的个体因素（如弱点、认识的有限性、价值观）、社会政治环境和问题、决策的技术、时间和结构因素使理性决策模式实现的可能性较小，这就决定了政府在决策中不能一次性地达到决策的目标，就需要采取渐进的方式来实现。林德布鲁姆认为，政府的决策，并没有按照围绕目标制定备选的多种方案，然后选择确定方案和实施方案的步骤和程序来决策。在实际情况中，政府部门常常采用渐进的方式，逐步捋清决策目标，并依据情况的变化也在不断修改或者修正目标。在渐进修改的过程中，政策实施的最终结果，会与决策最初的预期产生很大的偏离。❷

林德布鲁姆认为，制定政策并不受决策者的意志左右，而是由事件和环境本身来控制。❸渐进决策模式有三个基本内涵：①决策方式方面，决策者主要通过以过去的经验按部就班地在原有政策的基础上加以修改的方式进行决策；②决策过程方面，决策中为防止政策的急剧变革引起社会的不稳定，一般采用慢中求变和变中求稳的原则。③决策效果方面，采用积小变大的方式，在政策缓慢改进的过程中，谋求政策效果较大的变化。

总结起来，林德布鲁姆的渐进主义决策具有以下突出特点：①从本质来讲，政府决策具有依据决策实施的情况和效果不断进行修正和完善的特征；②决策是从量变到质变的转换过程，政府的决策并不是一蹴而就能够完成的，而是一个不断积累渐进，最终实现质变的过程。❹

---

❶ 霍海燕.论渐进决策模式对行政决策的影响[J].领导科学,1993(11):31.

❷ 张明澎.论渐进决策[J].政治学研究,1986(2):53.

❸ Shafritz, Jay MEW Russell. Introducing Public Administration[M]. 2nd ed. New York: Addison Wesley Longman.2000:67.

❹ 百度百科,渐进决策理论[EB/OL].[2016-11-17].https://baike.baidu.com/item/%E6%B8%90%E8%BF%9B%E5%86%B3%E7%AD%96%E7%90%86%E8%AE%BA.

2.2 垃圾桶模式和政策流模式

2.2.1 垃圾桶模式

1972年,马奇、科恩、奥尔森提出了垃圾桶模式。传统的决策模式认为,组织机构决策秩序井然,决策活动可以通过目标和手段来进行清楚地界定因果关系,从而选择解决方案和采取行动。但垃圾桶模式则认为组织结构的决策程序是无序的,并没有问题、偏好和解决方案之间的逻辑关系[1]来达到预期的结果。

马奇、科恩、奥尔森将决策中有目的的个人行为和复杂的状态称之为"垃圾桶"现象,即每一个人由于其身份、经历、偏好等因素的不同,对于每一个决策,都会不断地提出各种不同的解决方案,而将这些方案比喻为垃圾并被丢进垃圾桶,而经过对垃圾桶的搅拌、过滤,最后保留在垃圾桶所剩无几的方案,有可能成为最终的决策。"垃圾桶"表现出三个特征:一是目标的模糊性;二是不清楚技术与规则;三是参与者的流动性[2]。在这个过程中,垃圾的分类、搅拌、混合情况,垃圾桶的位置摆放情况、垃圾移走的时间和速度都会对决策产生一定的影响[3]。

该模式认为,在一个组织中,员工在面对一项决策时,会不断根据问题提出不同的方案。而大多数的方案都被丢进垃圾桶里面无人问津,只有很少的一部分方案成为决策最终的组成部分。在这种模式下,决策过程受把握问题的时机、解决问题的方法、参与者、选择机会等方面的影响。将这种问题的解决视之为垃圾桶,由参与者处理这个垃圾桶里装着的问题、解决方案等。如果垃圾桶装满了,或者与问题相关的所有问题已经考虑完毕,但仍旧没有找到合适的解决问题的方案,决策的问题就被人从垃圾桶中剔除,垃圾被倾倒。

垃圾桶理论认为,在一个多元环境中组织决策表现为一种碎片化而又混乱的现象。垃圾桶模式决策的过程是一个组织内部相对独立的决策流所做的结果或者

---

[1] 张才新,夏伟明.垃圾桶决策模式:反理性主义的声音[J].探求,2004(1):35-38.
[2] 詹姆斯,马奇.决策是如何产生的[M].王元歌、章爱民译,北京:机械工业出版社,2007:140.
[3] 武媛.政府决策的民主化与科学化问题研究[D].西北法学,2012年5月:46.

解释。[1]在决策过程中分为三种流：①问题流，主要是提出寻找解决问题的方案和机会；②方案流，寻找解决问题的方案；③参与流，主要指参与者聚在一起，选择解决问题的方案。[2]

2.2.2 政策流决策模式

约翰·金登教授在1984年出版的著作《议程、选择方案和公共政策》中在对垃圾桶模式进行修正的基础上提出了政策流模式。他将政策流模式归结为三股流作用的过程，这三股流分别是问题流、政策流和政治流（表2-1）。金登认为，这三股流创造了公共政策议程中提出问题的动力，并将其从政府议程表移至决策议程表，最终促使政府政策的改变。[3]

表2-1 政策流模式

类型	内容
问题流	需要解决的问题和政府干预的相关信息等
政策流	由专家、研究者、政策倡导者组成的社群形成各种分析问题的方案
政治流	围绕出现的问题、管理的变革、政治的支持者和反对者所引发的国家的情绪

金登将决策的机会称为"决策的窗口"。政策的过程实际上就是这三股流互相激荡的过程。[4]他认为，在一定的环境中，机会的窗口被建立起来，并且认识一个问题，找到可用的解决方案，政治气候合宜，约束条件并不会阻止行动，[5]就会促成政策的形成。

---

[1] Cohen MD, March JG, Olsen JP. A garbage Can Model of Organizational choice, Reprinted in: March JG, 1988, Decisions and Organizations, Basil Blackwell, Oxford. SM Turpin, MA Marais, Decision-making: Theory and practice[J]. ORiON, 2004, 20 (2): 143-160.

[2] M Turpin, MA Marais. Decision-making: Theory and Practice[J]. ORiON, 2004, 20 (2): 143-160.

[3] Paul J Larkin, Jr. John Kingdon. "Three Streams" Theory and the Antiterrorism and Effective Death Penalty Act of 1996 [EB/OL]. [2016-11-17]. http://files.www.lawandpolitics.org/content/vol-xxviii-no-1/Larkin_28.1_pub-lish.pdf.

[4] 张才新,夏伟明. 垃圾桶决策模式:反理性主义的声音[J]. 探求, 2004(1): 35-38.

[5] Kingdon. Multiple Streams Framework: A Model for Analysis of Mandatory Reporting of Preventable Medical Errors and Near Misses, 2003 http://www.medscape.com/viewarticle/712828_2.

2.3 多角度决策模式

1993年米特洛夫和林斯通基基于1971年西格和丘吉曼的无限系统思维理念[1]提出了多角度的政府决策模式。该模式汲取了洛克的感性合意学派、莱布尼茨的解析演绎学派、康德的多元现实学派、黑格尔为代表的辩证法学派的观点，继承了无限性系统思维所主张的系统的关联性和不可分离性。

多角度决策模式将决策的过程分为技术维度、组织维度和个人维度。技术维度主要指收集数据作为理解决策的基础。收集数据应该采用"清扫"的方法，获取尽可能多的来源和模型的数据，为正确的决策提供必要条件。为了平衡组织和个人的观点，决策者应该采取措施实施角色扮演和让更多的相关利益者参与其中。除了组织、技术和个人的维度之外，米特洛夫和林斯通基后来又增加了伦理和审美的维度。

2.4 自然主义决策模式

研究自然主义决策模式的首席代表当属加里·克莱因。通过对在自然环境中专业人士（如消防队员）决策模式的研究，加里·克莱因发现实验室的决策模式并不能够适应自然环境中的决策。他所提出的预认知决策模型对海军陆战队和陆军决策训练产生了重要的影响。自然主义的决策模式注重现实生活中的决策过程，而非对规范理论的循规蹈矩。因为在现实生活中，人们的决策将面临信息不足、目标模糊、动态条件、程序不明确、专业与技能、团队合作、潜在风险诸多因素的影响。自然主义决策模式的另外一位专家利普希茨认为，其具有四个特点：过程导向、情景和行动的匹配、情景依赖、实证主义方法（表2-2）[2]。

表2-2 自然主义决策模式的特点

特点	含义
过程导向	在决策过程中，以如何获取、分析、理解数据、应用程序和规则为目的或者结果

---

[1] Unbounded Systems Thinking.
[2] 郎淳刚,刘树林.国外自然决策理论研究述评[J].技术经济与管理研究,2009(4):63-66.

续表

特点	含义
情景和行动的匹配	决策者采用匹配的方式而非在众多的方案中选择最优方案决策
情景依赖	针对特定的领域和情景获取相关专家的经验和知识
实证主义方法	构建和改进可行的决策过程，而非追求模型的规范性优化来牺牲模型的解释效力

2.5 精英决策模式

精英决策模式的缘起于对精英理论的提出。最早对精英理论的关注源于柏拉图的"贤人政治"学说；但对精英理论进行倡导的要属意大利的益塔诺·莫斯卡、维尔支雷多·帕雷托，瑞士的罗伯特·米歇尔斯，西班牙的奥尔特加·伊·加赛特等。一直以来，精英理论论证的核心观点是统治精英在社会发展中所起到的重要作用和关键地位。那么何为精英呢？学者也没有统一的观点。

早在 1896 年莫斯卡在《统治阶级》一书中就指出，在各种社会形态中都存在两个阶级，即统治阶级和被统治阶级。由于人数少的统治阶级管制着被统治阶级，通过垄断的行政权力可以获取政权所带来的各种利益。[1]莫斯卡认为，精英是指能力在各方面都胜过常人的人。而帕累托则将民众分为精英阶层和非精英阶层。精英阶层又可以分为政治精英（统治精英）及非统治精英。帕累托首次提出了政治精英的重要性，他认为精英不仅具备高度而且还应该具备素质，强调了二者融为一体的重要性。相比较而言，韦伯和拉斯韦尔关于精英的认识则没有帕累托那么透彻。韦伯认为，统治精英是指社会公众基于公众的需求（这种需求不管是否合理）将出现的具备超凡人格魅力的人被称为统治精英。拉斯韦尔则认为，统治精英具备帕累托所言的"高度"这一个条件就可以称之为精英。他把"高度"作为判断精英的唯一标准。拉斯韦尔指出，权势人物是在可以取得的价值中获取最多的那些人们。可望获取的价值可以分为尊重、收入、安全等，取得价值最多的是精英，其余的人是群众。

米歇尔斯认为"精英"如果划分其类属当属于上流阶层，也可以堪称其为

---

[1] 帕累托.精英的兴衰[M].刘北成,译.上海:上海人民出版社,2003.

一个社会阶级，而这种阶级的价值则由在组织机构中所扮演的角色来决定。❶对于精英所应该具备的条件而言，帕累托的认识比较全面。最典型的例子就是身居高位的领导未必都是政治精英。因此，政治精英只具备高度的条件是不够的。

关于精英是如何产生和流动的，也是精英主义重点探讨的问题。莫斯卡首先认为精英并非指政治精英。无论是统治阶级和被统治阶级都存在精英。如果被统治阶级中的精英随着社会地位的不断提高，就有可能取代现有精英的地位，从而导致精英的循环和发展。同样，帕累托也认为精英的循环是促进社会发展的必然趋势。这个过程是统治阶层"旧精英"阶层被被统治阶层中涌现的"新精英"阶层不断替换、流动和循环的过程。精英不一定指政治领域的精英，每一个专业领域都存在精英，他们都是促进和推动社会进步的重要力量。❷

精英决策理论是指公共政策的制定主要由少数掌控统治权力的精英做出的，而公共政策的价值理性主要体现精英的理念和偏好。公共政策的制定和实施是一种高度职业化的技术，其目标是去除各种可能因素的影响，建立明确的职业高度认同感，以提高行政机构的管理和服务的效能。传统的金字塔式、自上而下的决策主要由官员、委员会、使臣等社会精英做出。❸精英决策模式是很多国家采用的决策模式，主要靠自上而下的决策方式推动决策的实施，以有效解决行政效率和政治民主之间的问题。

精英决策模式的主要特点：①决策是由少数精英做出的；②决策代表着精英的价值和偏好；③精英做决策时并非随心所欲，而是在一定程度上受到外部条件及形式的约束。

政府的决策都离不开数据和信息这个重要因素的影响。纵观各种决策模式的演变，都体现了一个重要问题那就是决策主体对决策信息的获取、加工和利用的重要性（表2-3）。

因此，数据和信息是决策的基本元素，虽然在决策过程中，信息的认知、加工受到环境、偏好、组织程序、规则等多种因素的限制，但是无可否认的是获取

---

❶ 查尔斯·赖特·米尔斯.权力精英[M].王崑，许荣译.南京：南京大学出版社，2004：14.
❷ 付晓燕.米歇尔斯权力精英论探析[D].苏州：苏州大学，2014(4)：13.
❸ K·科尔巴奇.政策[M].张毅，韩志明，译.长春：吉林人民出版社，2005：51.

表 2-3　政府决策模式中关于信息的认识

类型	内容
渐进决策模式	政府决策主体完全获取和认知决策客体的信息受到一定的局限性,因此决策的渐变也是一个对决策客体信息和数据不断累积并产生变化的过程
垃圾桶模式和政策流模式	垃圾桶其实是信息的垃圾桶,最终决策的信息,是在对信息不断过滤和博弈过程中最终成为政策议程的信息
多角度决策模式	收集信息是理解和开始决策的基础,在决策中从技术、组织和个人多个角度获取信息为决策的科学性打基础
自然主义决策模式	在自然的决策环境中,决策者如何理解和加工信息成为重要的因素,匹配决策和依据经验成为其特点
精英决策模式	从某种意义上讲,精英是获取信息的智力和能力方面要超过一般人的人

数据和信息的程度,直接关乎决策的质量和效果。从信息获取的角度,又可将前文所述的决策模式划分为两类决策模式,即完全获取信息条件下的决策模式和不完全获取信息条件下的决策模式。尤其是西蒙的有限理性决策模式的发展,奠定了对于决策信息的基本认知,那就是无论个体决策还是政府组织决策获取完备、必要的决策信息是不可能的。因此,在这个既定的条件下,人类的决策模式是在获取有限信息的条件下所进行的决策。如何获取信息或者弥补信息不足成为决策中需要克服的关键问题。相反,随着大数据时代的来临,人类面临的不仅仅是信息不足的问题而且还面临着信息过剩的问题。当类型复杂、海量的信息扑面而来时,无论对于个体的决策还是政府的决策而言都是巨大的挑战。因此,在决策中,不再仅仅是如何获取信息的问题,而是成为如何获取有效信息的问题。

第3章 CHAPTER 3

政府部门基于大数据决策模式的缘起

政府部门基于大数据决策模式的出现和发展是由复杂的客观因素决定的，尤其是在信息时代，传统的政府决策模式已经无法适应社会的复杂性和风险性给决策带来的各种挑战。现代政府决策中，信息获取不足被海量的数据所替代，无论是政府部门还是个人都面临着如何筛选数据，获取有效、精准数据的问题。数据的作用被提到了一个新的高度，对于数据属性和价值的再认识为政府决策的科学和民主提供了重要的原料，用数据说话成为大数据时代最时尚的用语。而电子政务发展到智慧政务阶段，基于大数据、云计算、移动互联网、物联网、知识管理等先进的技术与理念构建的政务云平台，为政府部门基于大数据决策模式的实施提供了用武之地。而政策情报学的崛起，为政府基于"数据+模型"的决策范式和方法的转变提供了重要的理论支撑。

3.1 大数据时代下政府传统决策模式的困境

20世纪90年代以来，随着网络技术的发展，人类进入了信息社会。互联网起初仅仅将其认同为一种技术工具，当其成功地嵌入到人类社会后，则带来了人类从思维、决策、管理、服务的一系列变革。这种变革主要的缘由则可归结为其带来的整个人类社会的不确定性和复杂性。正如史蒂芬·霍金所言："21世纪将是复杂性的世纪。"❶

3.1.1 社会的复杂性给政府决策带来的挑战

追溯历史，人类的社会也是从简单性到复杂性不断演变和发展的过程。正如张康之教授所言：对于人类社会而言，秩序是最为重要的因素，它是一切社会活动和社会交往必备的条件。随着社会的复杂性和不确定性的增加，人类社会所面临的秩序也相应地发生变化。农业社会适应的是自然秩序，而工业社会的出现，原来的自然秩序已经无法适应其社会交往与活动的需要，与此相适应的创制秩序就产生了。当人类进入了20世纪后半期的后工业化社会，由于社会的不确定性和复杂性因素的增加，原来的创制秩序就会被淘汰，而与此相适应的自觉秩

---

❶ 陈艳.复杂性与复杂技术[J].科技情报与开发经济,2006(3):170-171.

序即合作秩序应运而生了（表3-1）❶。

表3-1 社会形态复杂性演变过程表

社会形态	复杂性	社会秩序
农业社会	不复杂	自然秩序
工业社会	低度复杂	创制秩序
信息社会	高度复杂	自觉秩序

信息社会这种高度的不确定性来源于人类将面临的两个系统：一个是现实的社会系统，另一个是虚拟的网络社会系统。这就增加了人类决策行为的高度不确定性和复杂性，可以说，复杂性成为现代社会根本的内在特征。首先，"网络社会+现实社会"是一个开放的系统，尤其是网络系统成为人与社会的中介系统，有着巨大的信息的产生、传播、利用的功能。其次，网络系统本身由自我维、社会维和关系维构成，组成了一个大规模、复杂的系统。最后，社会也是一个多种系统耦合而成的复杂系统，它由政治、经济、文化等系统构成。另外，人本身作为社会核心的基本元素也是一个由人脑系统、人体系统等多种元素构成的复杂系统。因此，在信息社会，以"网络社会+现实社会"为背景，对于个人的决策还是政府的决策，都带来了巨大的挑战。❷由于其社会形态的高度复杂性，构成了前所未有的巨型社会复杂系统。正如钱学森院士所言：这种开放且复杂的巨型系统，已经不能用还原论、典型的统计物理等方法处理和面对这个系统的挑战，而只能通过宏观观察的思路取得或者探求一定时期的事物发展规律。❸

由此可见，在信息时代，传统政府决策所采用线性的、直觉的、经验式的决策方式已经无法适应信息时代政府管理的需求。这是因为传统的政府决策存在以下缺陷：

（1）去杂就简的线性思维。由于受技术和人类认知能力的限制，政府在决策中无法获得充分的数据为决策提供必要的条件，因此在清晰的界定问题方面存在困难。通常在决策中采用渐进和不断修正的决策模式以适应社会的需求和变化，在这个过程中，通常应用去繁就简，减少或者去除复杂性的认知，成为决策过程

---

❶ 张康之,张乾友.论复杂社会的秩序[J].学海,2010(1):124.
❷ 何明升.复杂巨系统:互联网—社会研究的一个新视角[J].学术交流,2005(7):118-124.
❸ 钱学森,一个新的科学领域—开放的复杂巨系统及其方法论[J].自然杂志,1990(1):3-10.

中常用的手段和方法。由于决策中对于复杂性的忽视、难以认知和分析限制了人类知识和智慧的增长。

（2）经验式的政府决策影响政府科学、精准的决策。经验是指从过去的实践、事件、经历中获取知识。在决策过程中有经验主义和理性主义之争。经验主义的典型代表洛克就认为：我们所有的知识归根到底都是来源于经验的。[1]经验对于决策具有一定的参考价值，但是经验具有片面的、孤立的、静止的特点，缺乏对事物全面的、发展的、动态的、联系的方式思考和进行决策，因此那些完全依靠经验进行决策，往往导致政府决策的失误频发。

（3）缺乏对被决策事物整体性的把握和认知。一方面，在科层官僚制体系下，层级结构分割了政府信息的整体了解和认知，在决策过程中，导致对事物的发展欠缺整体性的认识；另一方面，这与决策者本身长期形成的思维习惯有关，其采用还原论的方式对事物进行分析，即将事物分割成各个独立的元素，并对每一个独立元素的特性分别进行分析，然后将其特性进行"叠加"，就将其归为事物整体的特性。但是客观事物本身是一个整体，人类将其分解加以认识，不是因为事物本身的问题，而是人类认知能力的有限性所致。如果要对客观世界全面而又系统地认识，就需要技术与科学的有机融合，从而克服人类认知能力的缺陷[2]。

在信息时代，高度复杂性和不确定性成为时代的特征，政府如果采用原有的决策模式将会面临巨大的风险和付出昂贵的政策成本。在这样的趋势下，政府决策模式的重构已经成为重要的趋势。尤其是大数据技术的兴起和发展为政府决策模式重构提供了重要的条件。政府基于大数据的决策模式就是以云计算、移动互联网、大数据、物联网，以及不断涌现的新型信息技术为基础，通过对政府数据的大规模、快速、有效的分析，通过实时感知、智能决策、预测趋势的方式、不断优化政府的流程，从而为政府科学决策提供辅助。[3]

---

[1] 百度百科.经验主义[EB/OL].[2018-5-10].https://baike.baidu.com/item/经验主义/1249388.
[2] 高桂丽.复杂性与决策科学[J].理论学刊[J].2002(2):97-99.
[3] 胡税根,单立栋,徐靖芮.基于大数据的智慧公共决策特征研究[J].浙江大学学报,2015(5):5-7.

3.1.2 社会的风险性给政府决策带来的挑战

21世纪人类社会不仅是一个复杂性的社会，而且是一个充满风险的社会。早在1986年贝克就指出，随着现代技术的日新月异，不断推动着社会的进步，但也给社会带来了"反转性"的后果，即由于现代技术的发展给社会带来了巨大的、潜在的风险，而且随着现代化和科技的进步越超前和越成功，风险的存在则会越突出和越频繁。❶如贝克所言，当前人类已经进入了大数据时代，大数据是把双刃剑，有其巨大的便利之处，但同样也带来了前所未有的风险。

当社会风险或者危机产生时，这种现代社会的不可预测性与不可确定性所引发的恐慌及所导致的损失，多是因为公共信息的交流或者共享渠道不畅通及人们掌握的知识不够所致。❷风险决策已经成为现代政府部门常态化的决策形态。与传统的决策模式相比，政府的主要职责就是预防或者化解社会风险与矛盾，而防范风险和化解危机已经是当代社会的常态。❸这是由于信息社会，风险的高度不确定性为政府的决策带来了认知和判断中的不确定性增加，这就要求政府在风险社会的决策中具有敏锐性、预见性和参与性。

（1）政府决策的敏锐性。敏锐性是指对风险认知的敏捷性和洞察力。感知风险和化解风险是提高政府决策判断的重要能力。从某种意义上讲，风险本身就由不确定性引起的，这种不确定性指决策者不能预知事件发生最终结果的可能状态以及相应的可能性大小，即概率分布。❹在传统的政府管理模式下，对风险的管理并未达到常态化的状态，导致政府在风险和潜在的风险方面后知后觉。大数据时代，政府预防风险成为其重要的职责。对风险敏锐的感知是预防和化解风险的重要条件。风险的预测和管理要求政府决策者具备敏锐的洞察力和判读力，这就要求政府需要改变传统的决策思维模式，利用现代的信息技术，收集更多的、更加全面的数据，利用大数据技术对数据进行分析，敏锐地察觉风险，提高政府的风险和危机的预警能力。

---

❶ 祝兴平.大数据与风险社会的危机管理创新[N].光明日报,2015-9-5.
❷ 费多益.风险技术的社会控制[J].清华大学学报(哲社版),2005(3):82-89.
❸ 施文甫,叶进.社会风险管理中的公共信息与政府决策[J].社科纵横,2007(10):31-34.
❹ 百度知道.风险和不确定性的区别[EB/OL].[2016-6-11].http://zhidao.baidu.com/link?url=TRGFJb9dNFE-vMrT4gFSsqLVoqUdE2Ds4ohdHQukWL1It3PEUittHj-43y9iKg_Re6oV23XTBkcX94ZeMXMFXX.

(2)政府决策的预测性。预测性是指对将要或者将来发生的事情所进行的评估和分析。大数据时代，高风险要求政府决策对于后果具备很强的预知性。预知未来，要求有全面的决策数据和先进的技术帮助政府决策。由于大数据的产生，虽然给社会带来了不可估量的风险，但是政府通过对大数据技术的利用，可以有效地优化和分配公共资源，提高政府的治理效能，并能利用大数据强大的预测能力，为政府部门防范内外部风险和及时化解危机提供强大的武器。❶

(3)政府决策的参与性。决策是政府处理公共事务的开端，对资源的分配和社会的发展起着重要的作用。而公众有效地参与则会对公共政策的合意性和合法性产生重要的影响。

在传统的政府决策中，存在着严重的信息不对称现象。政府是信息的富集者，由于信息公开的力度不大，导致公众无法及时地获取信息，因此也无法参与到政府的决策当中，更无法对政府实施监督。随着社交网络、移动互联网的发展，以及我国电子政务的管理和服务不断优化，为公众参与政府决策提供了重要的渠道。❷如学者丁建军所言："通过网络这个工具，不仅有助于培养公民的民主意识，而且还为其汇聚民意和参政、议政，进而对政府的决策产生影响提供了重要的平台。"❸

大数据时代不仅为公众参于政府决策提供了重要的平台，而且政府也只有在公众的广泛参与下，了解公众的需求，才能更好地制定和实施政策，促进政府决策的科学化和民主化的发展。

3.2 大数据环境下政府数据的再认识

数据是现代信息技术的产物，在没有数据库之前，数据通常指与数字有关的文本。在古代，政府数据通常指政府档案。何为档案呢？依据我国档案法的定义：档案是指过去和现在的国家机关、社会组织，以及个人从事政治、军事、经

---

❶ 陈之常.应用大数据推进政府治理能力现代化,2015.2[EB/OL].[2016-6-11].http://www.cpaj.com.cn/news/201522/n21943591.shtml.

❷ 李杰.互联网对政府决策的积极影响[J].赤峰学院学报(汉文哲学社会科学版),2013(4):65.

❸ 丁建军.网络民意对中国民主政治的影响[J].广西社会科学,2004(11):32-34.

济、科学、技术、文化、宗教等活动直接形成的对国家和社会有保存价值的各种文字、图表、声像等不同形式的历史纪录。❶从定义中得知，档案是信息的一种类型。在网络技术应用之前，档案通常主要指的是纸质类型的档案，也包括录像、影像等类型的档案。

档案的属性有3方面。①原始性。档案属于原始信息。它是对政府管理活动实践中所形成的文字、数字、图像等的最初、直接的记录。②历史凭证性。档案记录了过去已经发生的事件、活动的过程，可以作为人们进行生产、活动决策的重要参考依据。③真实性。档案是人类生产活动与客观事实相符合的记录。档案之所以具有凭证作用，也是因其具有真实、可靠的特点。

古代的档案保管基本上是为统治阶级管理、决策和编纂史料所用。可以说，档案可以等同为机密，管理档案的史官地位比较高，因为史官掌握着丰富的档案信息和大量的统治阶级机密。由此可见，一直以来，档案管理机构是封建统治阶级的重要部门，由于其封闭性，档案工作的社会服务性也就没有得到充分的体现❷。

在现代社会，随着档案机构属性的改变，从一个国家的保密机构改变为文化事业单位，档案的管理主要是以为公众服务为目的。这种变化与对政府数据和信息的再认识息息相关。尤其是大数据时代的来临，对于政府数据属性和价值的认识有了进一步的发展。

政府是数据最大的生产者和收集者。政府在社会和经济活动中储存、管理、分析数据和信息并为社会服务。蒂姆·奥莱利指出，由或者代表国民所产生的信息是经济和国家的命脉，政府有责任将其视为国家的资产。❸马拉默德则认为，政府的信息是创新的原材料，信息系统的管理并不逊于基础设施，如交通、水利和电力系统的重要性。此外，他认为，信息的价值在于广泛的传播，政府的效率也是随着公众的广泛参与而得以提升的。❹总结起来，这种对数据的再认识主要体现在对政府数据内涵与外延、数据属性和数据类型等方面的重新认识上。

---

❶ 中华人民共和国档案法.档案的定义[EB/OL].[2016-6-11].https://zhidao.baidu.com/question/419321667.html.

❷ 樊如霞.我国古代档案工作的历史特点[J].福建师范大学学报(哲学社会科学版),2000(1):128.

❸ Government as a Platform [EB/OL].[2016-6-12]. http://chimera.labs.oreilly.com/books/1234000000774/ch02.html.

❹ T Aaron Wachhaus. Governance as a Framework to Support Informatics [J].The Innovation Journal: The Public Sector Innovation Journal,2011,16(1):article5.

3.2.1 政府数据内涵和外延的再认识

在现代社会，尤其是随着网络技术的出现，电子政务的发展，政府数据的内涵在不断地扩展，将不仅仅局限于"档案"信息。政府数据既包括政府业务产生的数据、人类交往过程中所产生的数据，如电子邮件、社交媒体、文件、录像、影像、照片等数据，又包括机器所产生的数据，例如传感器、网络日志、电子标签、智能仪表等产生的机读数据。

3.2.2 政府数据属性的再认识

从属性上来讲，政府数据属于公共财产，归全社会所有，具有公有的特点。因此，在其利用上具有非排他性和非竞争性。也就是说，政府数据资源并不像能源或者其他的物质资源，因为更多人的使用，而对其的消耗更加明显。相反，利用政府数据的人越多，则呈现出边际效益递增的趋势。但政府数据中，并非所有的数据都属于纯公共数据，还存在一些类似具有不完全非排他性和（或）不完全非竞争性的政府数据，即准公共数据。这部分数据在整体上来讲也属于公共数据，但它同时兼具私人数据的性质。例如，政府基于原始数据所开展的增值服务，这部分数据并不会无偿提供给社会利用；相反，政府在提供利用中则会通过成本回收或者基于市场定价原则收取一定的费用。[1]

3.2.3 政府数据价值的再认识

政府数据是指由政府部门所拥有或者所生产的数据。众所周知，整个社会80%以上的数据由政府占有，由此可以肯定，数据最大的拥有者和生产者当归属于政府。[2]数据被称之为21世纪的新石油。未来一切组织机构中运行的基本要素将是数据，而数据的战略价值和意义甚至会超过人力、技术、土地及资本等生产要素。[3]

政府数据是社会的重要资产，那些沉睡在档案袋、文件夹中的数据，有着无

---

[1] 迪莉娅.反公地悲剧视角下的政府数据开放研究[J].情报理论与实践,2016(7):57-58.
[2] 迪莉娅.反公地悲剧视角下的政府数据开放研究[J].情报理论与实践,2016(7):57-58.
[3] 人民网.人民时评：大数据时代,政府要领跑[N].2014.5[EB/OL].[2016-6-13].http://opinion.people.com.cn/n/2014/0520/c1003-25037606.html.

比巨大的价值，能产生惊人的效用。❶因为政府数据具有重要的社会价值和经济价值，对它的开发和利用，不仅促进政府的管理和服务更加开放和透明，而且会产生巨大的经济利益，推动社会经济的发展。尤其是在大数据时代，数据的利用对于促进政府决策模式的转变起到至关重要的作用，因为继实验归纳、模型推演、计算机模拟等范式之后，从计算机模拟分离出来的基于数据为基础的数据密集型管理与科研将成为新型的决策和研究范式。❷

▶▶▶ 3.2.4 政府数据类型的再认识

在大数据时代，政府的数据类型更加多元化，依据不同的标准可以分为不同种类。其种类有：①从政府数据的机构来源可分为交通部门数据、税务部门数据、教育部门数据等。②从内容方面可分为民生数据、环境数据和业务数据等。③从获取方式方面可分为免费获取的数据和收费获取的数据。免费获取的数据，即公共获取或者公益性获取的数据；收费获取的数据，即那些具有盈利增值空间的数据，通过市场运作以交易的方式获取的数据（图3-1）。❸④从数据的结构可分为结构化数据、半结构化数据和非结构化数据。对于政府数据进一步认识和细分，一方面体现了数据对政府部门的重要性，另一方面也为政府部门基于不同的来源、内容、获取方式、结构充分利用和挖掘数据的价值打下重要的认识基础和方法基础。

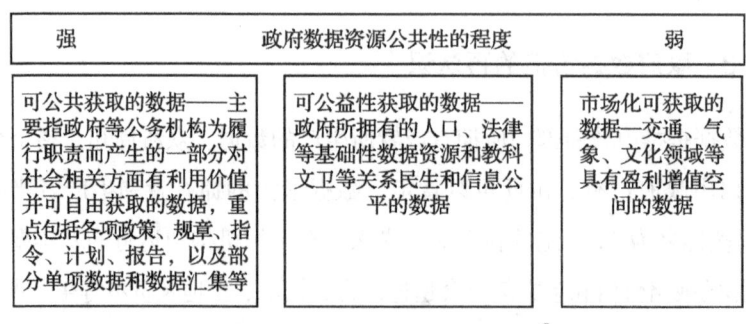

图3-1 政府数据资源获取方式图❹

---

❶ 人民网.人民时评:大数据时代,政府要领跑[N].2014.5[EB/OL].[2016-6-13].http://opinion.people.com.cn/n/2014/0520/c1003-25037606.html.
❷ 第四范式:基于大数据的科学研究[EB/OL].[2016-6-1].http://blog.sciencenet.cn/blog-502444-931155.html.
❸ 迪莉娅.反公地悲剧视角下的政府数据开放研究[J].情报理论与实践,2016(7):57-58.
❹ 夏义堃.政府商业性信息资源获取与利用的市场化模式探讨[J].图书情报工作,2008(4):122.

3.3 智慧政务的发展

智慧政务是指以公众的需求为导向,通过利用云计算、大数据、物联网、移动互联网和知识管理等先进的信息技术和管理方法实时感知公众的需求,并能快速地反应和决策,及时主动地为企业与公众提供精准、高效、便捷的政务网上公共服务系统。❶

智慧政务是智慧城市建设的核心所在,也是电子政务发展的高级阶段。电子政务走向智慧政务阶段,是技术创新与社会经济发展到一定阶段的必然趋势。❷可以说,智慧政务促使政府的服务与管理更加高效和透明,体现了政府门户网站服务的无缝对接、实时、移动、智能等特点。

智慧政务服务与传统电子政务服务的区别在于以公众的需求为中心,不仅通过网络深入了解公众的需求,而且充分利用大数据的技术分析和感知公众的需求,制定符合公众需求的政策,优化资源的配置,解决服务供需之间的矛盾,实现政民良性的合作与互动关系。❸

智慧政务建设的方面有很多,但核心是智慧政务的决策。适应公众需求的智慧政务建设,需要实时、移动、精准、智能的决策为支撑。传统的政府决策依据主要以分散于各个部门的数据和一部分专家的专业知识和判断,以及决策者的个人认识和经验为主。这种决策方式具有局部性、零散性的特点。而大数据时代,为决策者掌握全面相关的政府管理与服务的数据提供了重要的条件,通过对业务全面而又客观地数据分析,统筹规划战略方向和布局,实现分散决策向智慧决策的转型。❹

智慧决策是大数据驱动现代公共决策理论和实践范式的新发展,智慧政务决

---

❶ 于施洋,杨道玲,王璟璇,张勇进,王建冬.基于大数据的智慧政府门户:从理念到实践[J].电子政务,2013(5):65-68.
❷ 赵银红.智慧政务:大数据时代电子政务发展的新方向[J].办公自动化(学术版),2014(22):51-54.
❸ 中国财经,"互联网+政务":以大数据为核心的智慧政务,2015.5[EB/OL].[2016-6-11].http://finance.china.com.cn/roll/20150515/3119738.shtml.
❹ 中国财经,"互联网+政务":以大数据为核心的智慧政务,2015.5[EB/OL].[2016-6-11].http://finance.china.com.cn/roll/20150515/3119738.shtml.

策的核心是基于大数据决策模型的决策范式。①在政策制定主体方面，智慧政务决策有充分的条件实现多元主体参与决策的平台，体现决策过程中的开放性、透明性和民主性。②基于大数据为核心的智慧政务决策工具以实时感知，精准分析、评估政策的议题和实施效果，提高了政策问题解决的预防性、科学性、有效性和时效性，从而提升了智慧政务的管理效能。③智慧政务决策实施过程中，利用基于大数据的实时监测和分析的功能有效地提高了政府决策的回应性、可追溯性。❶

3.4 政策情报学的兴起

传统的政府决策主要依赖直觉、经验、小样本，以及人们之间的联系等方式获取数据和信息。信息技术的出现，创新了政府决策的信息来源渠道和决策模式，政策情报学孕育而生。2007年，首个政策情报学研究中心，在美国亚利桑那州立大学建立，致力于现代信息技术和通信技术对公共政策影响的研究。

大数据时代的来临，政府决策面临数据量大，信息超载的困境，而政策情报学将情报学、公共政策学、计算机科学技术有机融合在一起，为政府决策提供了方法方面的重要支持。

目前，关于什么是政策情报学，并没有统一的定义。有学者认为，政策情报学是利用信息和通信技术支持决策和治理的新领域。❷也有学者认为，政策情报学就是应用计算机建立基于模型的方法作为研究和决策支持的工具，为决策提供有价值的信息。❸还有学者认为，政策情报学是使用工具、模型和仿真技术来帮助组织和个人做出政策选择、解决问题和评估政策结果的方法。❹总而言之，政策情报学的产生对公共政策的范式改变将产生重要的作用，为政府部门基于大数

---

❶ 胡税根、单立栋、徐靖芮,基于大数据的智慧公共决策特征研究[J].浙江大学学报,2015(5):13.

❷ Natalie Helbig, Manabu Nakashim A.Sharon S. Dawes, Understanding the Value and Limits of Government Information in Policy Informatics:A Preliminary Exploration[R].The Proceedings of the 13th Annual International Conference on Digital Government Research,2012:291.

❸ Yushim Kim, Erik W.Johnston, Policy Informatics v1.0[R].Minnowbrook III Conference,Lake Placid, NY, September 5-6,2008:4.

❹ 同❸:5.

据决策模式的应用提供了理论与实践基础。

第一，政策情报学强调了决策过程中的动态性和可变性。传统的决策假设前提是以政策问题存在的稳定性为前提，因此在决策过程中，采取一刀切的方式。而政策情报学强调复杂环境中，人类行为的复杂性对于政府决策的影响。

第二，政策情报学强调信息技术和通信技术对于政府决策的影响。传统的政府决策中，以精英决策模式为主导，为了弥补决策中信息不足的缺陷，辅助以专家和样本调查方式。但是在大数据环境下，信息技术和社会化媒体的发展，在政府决策过程中，利用信息技术的分析工具，在庞大和多样化的数据中，挖掘有用的信息，仿真决策成为政府决策的重要线索。

第三，复杂性社会的决策应该是以复杂治复杂，而不是以复杂去复杂，不是将复杂问题简单化，而是应用现代、新型的技术与工具，弥补人类理性不足的现象，辅助解决人类认知能力不足的问题。其中，计算模型就是在复杂系统中获取知识的关键工具，帮助决策者理解开放、动态的复杂系统中事物发展的主要机制和过程。[1]

---

[1] Yushim Kim, Erik W.Johnston, Policy Informatics v1.0[R].Minnowbrook III Conference, Lake Placid, NY, September 5-6, 2008:10.

第4章 CHAPTER 4

政府部门基于大数据的决策模式及功能

4.1 政府部门基于大数据的决策模式

随着公共事务的日益复杂,仅凭个人感知已经很难全面了解所有正在发生的事情并做出正确判断,政府部门想要提高决策的科学性,就需要改变传统的决策模式,把大数据思维与技术、方法运用到政府治理与决策中,依靠大规模数据的收集来直观呈现经济社会运行的规律,通过相应的数据挖掘来辅助政府部门进行科学决策。[1]

4.1.1 政府部门基于大数据决策的方法

大数据管理与方法的应用将促使政府部门告别个别拍脑袋和仅靠经验进行决策的模式,政府决策将会更多地以依靠全面可靠的数据作为依据和支持条件,摒弃以领导意志和个人经验为主的决策,通过实地调研结合信息系统所采集的客观数据,将建立模型和实证的分析结果作为决策的科学依据。以"尊重事实、推崇理性、强调精确"为特征和"用数据说话、用数据决策、用数据管理、用数据创新"的理念将成为政府决策理念转型的核心要义。[2]总之,政府的决策将向着"数据+模型+分析"的模式转变,就需要政府重视研究和应用大数据决策模式的机理和方法,为政府科学决策提供重要的依据和实践范式。

4.1.1.1 因果关系和相关关系

在传统的政府决策思维中,因果关系是分析决策的重要方法。原因和结果是指客观世界中的事物之间具有联系性且具有先后和制约关系的事物。原因是指引起一定现象的现象,结果是指由于原因的作用而引起的现象。[3]即如果事件 C 的发生导致了事件 D 的发生,那么 C→D。因果关系的种类有多种,有一因一果、一因多果和多因一果。

---

[1] 大数据时代创新政府治理的新机遇[EB/OL]. [2016-6-10]. http://news.gmw.cn/newspaper/2015-01/11/content_103639816.htm.

[2] 大数据时代创新政府治理的新机遇[EB/OL]. [2016-6-10]. http://news.gmw.cn/newspaper/2015-01/11/content_103639816.htm.

[3] 百度百科.因果关系[EB/OL]. [2016-6-10]. http://baike.baidu.com/link?url=iYwM8V123GfZEzQvrmKmy-WlGVczAXPScktIaKtJncB1Ll8Xy5LsFXlmg_MX9MNr6nBpBxTRkFgTJMftjj3jiAq.

而相关关系是表示事物之间相互依赖关系的密切程度。通常用相关系数来计算事物之间的密切度。如果关系系数用 X 来表示，其取值的范围在-1 和 1 之间。所设定的变量是因变量，那么引起因变量所产生变化的变量则称之为自变量，如果 0<X<1，说明自变量和因变量之间存在着正相关关系，否则，就是负相关关系。❶

大数据决策的关键不在于数据，而在于思维方式的一种革命，即不再以时间线上的因果方式思考问题，而是以同时发生、与时间无关的所有事情之间的关联中寻找问题及答案。关联是应用大数据进行分析的核心思维❷。可以说，大数据方法是探索互联网数据产生、发展规律的方法，这种方法超越了传统因果关系至上的线性的思维和认知方式，探求的是对事物全面俯瞰的整体认知方式。❸小数据时代的对于数据精确的要求，将被大数据的混乱和复杂性所代替。虽然因果分析的方法可以接近事物的事实真相，但也只能是无限接近。相反，关联的思维和分析方法，较之因果分析法有其重要的优势：

第一，在决策分析中重视整体性。大数据时代，面对海量的数据还是用传统线性、因果关系的思维去探索事物的发展规律，将复杂的事物用抽离出概念的联系性，忽略了复杂对象的背景关联性所进行的分析，将已经无法适应时代的需求。这是因为人类所产生的数据已经无法用简单的单个关系进行描述，而大数据的分析，无须对复杂的事物和数据进行过多分解或者精简，而是关注复杂事物之间实时、动态联系的背景，❹从宏观的层面揭示事物之间的关联性和发展规律性。❺

第二，强调决策数据之间的动态联系性。动态联系性需要摒弃数据之间动态或者静止的观点，强调数据的流动性和数据之间的关系是不断变化的特点。这就意味着在进行决策时，需要考虑数据的多样关联性。同样的数据，其所在的位置不同，关联后所代表的意义将会有很大的不同。

第三，强调决策数据之间的跨界关联性。从传统的观点中那些完全不可能有关联的数据，在大数据时代，通过发现数据之间的相关性，也许为决策提供别有洞天的见解和意义。在决策中，发现不相关的相关性是大数据决策中的优势体现。而这种不相

---

❶ 王津津.案例推理在决策支持系统中的应用研究[D].合肥大学硕士学位论文,2010(4):16.
❷ 王涛.大数据和因果律[EB/OL].[2016-6-10].http://blog.sina.com.cn/s/blog_62b69dd00101gmq2.html.
❸ 余志为.大数据方法与中国哲学思维的关系及其影响[J].现代传播,2016(7):69.
❹ 同❸:71.
❺ 张峰,张迪.论大数据时代科研方法新特征及其影响[J].科学学研究,2016(2):167.

关的相关性恰好体现了决策中的跨界联系性。在大数据时代，计算机的算法使用代码和汇众的模式突破了传统线性、序列的思维，同时过去以专业性为基础的决策模式将会被基于用户数据内容和舆情的分析取而代之。用数据说话，用数据决策将会打破原有的专业性、行业性、时间性、空间性的界限，实现决策范式的革新和转变。❶

例如，有研究表明，交通状况的预测可以通过用水和用电的情况进行分析，因为它们之间有很强的关联性。通过对早晨洗漱用水量发生的时间可以预测到交通高峰期的时间，将晨洗时间加上 40～45 分钟，就可以推断出早上交通的高峰时期；而通过电网数据，分析办公单位的关灯时间，再加上时间的偏移量就可以推算出晚交通高峰的时间规律。❷

最常用和最典型的案例要属于谷歌成功预测流感的案例。谷歌流行趋势通过对网络用户搜索数据的分析预测在一定时期内人类活动的趋势。2008 年，谷歌推行了谷歌流感趋势的工具，该工具汇集人们上网搜索疾病类的搜索词而分析和预测疾病发生的趋势。2009 年，谷歌成功地预测了美国范围内 HINI 流感❸发生的情况，并且其预测能达到州和区，这比美国公共卫生部的预测要早几周。2004 年和 2009 年间，谷歌和美国联邦疾病控制中心预测流感的病例数几乎吻合。其中，美国联邦疾病控制中心标记为浅灰线，谷歌标记流感预测曲线为深灰线（图 4-1）❹。

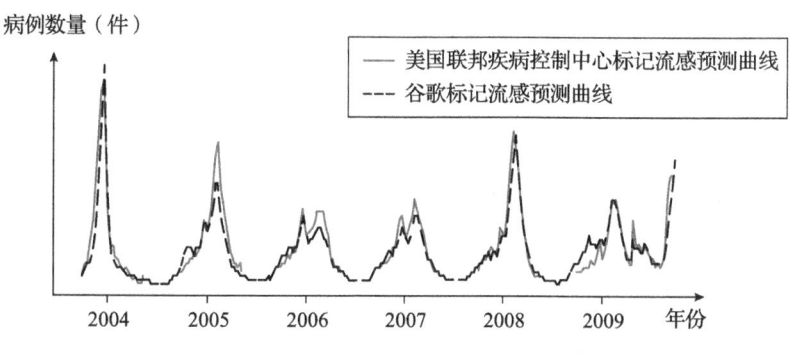

图 4-1　谷歌流感预测曲线图（2004—2009 年）

---

❶ 余志为.大数据方法与中国哲学思维的关系及其影响[J].现代传播,2016（7）:71.
❷ 余建斌.超侃大数据,人人都有洞察力[N].人民日报,2013.7[EB/OL].[2016-6-10].http://www.360doc.com/content/13/0705/11/1689336_297785384.shtml
❸ HINI 流感是一种急性呼吸道传染病。
❹ 从因果关系到相关关系,2014.1[EB/OL].[2016-6-13].http://www.d1net.com/bigdata/analysis/250640.html.

谷歌的成功案例引发了基于用户内容的趋势分析，同时推动了数据相关关系方法的应用。疾病预防控制中心往往跟踪全国各地的医院和诊所病人，但它发布的信息往往会滞后1~2个星期。❶

同样，百度疾病预测提供流感、肝炎、肺结核和性病四种疾病的活跃度、流行指数，以及各种疾病相关的城市和医院排行榜。用户可以查看过去30天以内的数据和未来7天的预测趋势。中国疾病防控中心还提供了流感的监测数据作为流感疫情预测模型的辅助参数❷。

在小数据的环境中，人们做决策更多的是在探求问题背后的原因，但因果关系是概率性的，只能研究原因的结果，而不是结果的原因。在海量数据的今天，由于数据量大、类型复杂及稳定性差，相关关系的分析方法虽然不能揭示事物产生和发展的原因，但是它长于揭示事物发展的过程❸。采用相关关系的分析方法，能够有助于更好地探求事物发展的规律。因此，在大数据时代所开展的调研，应该转向对相关因素分析和方法的转变，而不应再局限于因果关系的分析和研究。

例如，韩国卫生部通过建立社会福利综合管理网络，分析来自35个不同的部门、不同类型的政府数据，为中央和地方政府服务。公共行政和安全部联合农业、食品、渔业和森林部推出的预防手足口病的系统，可以直接利用和分析与此疾病相关的养殖厂、牲畜迁移及海关的数据等，实现对该疾病预防的目的。

类似的案例有很多。由于海量数据不断产生，自然就加速了这方面技术的研发，对于海量数据的采集、检索和处理的能力也得到了不断的提高。通过利用大数据、云计算技术对于海量数据的分析、比较、归纳等统计性的计算和分析，发现原本似乎完全不相关的事物的关联度，相较于因果关系的分析，为决策和分析提供了另一种方法和思维。

当然，相关关系的分析方法是政府适应大数据时代进行决策分析的重要方法，但并非要摈弃因果关系的分析方法。大数据长于分析相关关系，而非因果关系。但是如果大数据技术能够从海量相关关系中推断出因果关系，这才是大数据

---

❶ 从因果关系到相关关系,2014.1[EB/OL].[2016-6-13].http://www.d1net.com/bigdata/analysis/250640.html.
❷ 百度上线"疾病预测".利用大数据预测流感、肝炎、肺结核和性病发病趋势,2014.7[EB/OL].[2016-6-10].http://www.36kr.com/p/213481.html.
❸ 孟小峰,李勇,祝建华.社会统计-大数据时代的机遇与挑战[J].计算机研究与发展,2013(12):2488.

技术真正所要致力的方向❶。例如，由于移动互联网的发展及微博、微信的广泛使用，为出行方向数据的收集提供了方便，通过出行方向数据的分析，就可以很好地分析和预测公民办理事务的方向。以上海的圈子出行 App 为例，民政局是为公民办理结婚和离婚登记的机构，通过圈子出行 App 中到民政局的出行方向的出行量，就可以大概判断公众结婚和离婚的情况（图 4-2）。

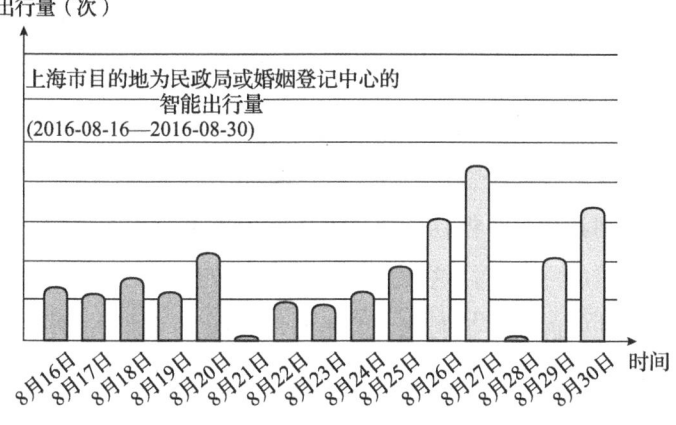

图 4-2　圈子出行与上海离婚率❷

4.1.1.2　精准性和混杂性

政府各个部门掌握着大量构成社会基础的原始数据，比如，气象数据、金融数据、信用数据、电力数据、煤气数据、自来水管理数据、道路交通数据、客运数据、刑事案件数据、住房数据、海关数据、出入境数据、旅游数据、医疗数据、教育数据、环保数据等。随着大数据时代的来临，数据的类型和数量不断激增，其主要原因是非结构化数据的增多。

从类型上看，大数据更多的是非结构化、半结构化或者异构的数据，这里面包括一切多样化、非标准、可存储、可记录，但是却不能用传统的统计或者图表方式展示的数据。这部分数据将在当前的数据中达到了 80% 以上，并预计在 2020 年将会以 44 倍的速度飞速增长。而结构化数据是保存在政府部门具有标准的格

---

❶　大数据中的因果关系及其哲学内涵, 2016.10[EB/OL].[2016-6-16]. http://www.cbdio.com/BigData/2016-10/08/content_5313049.htm.

❷　圈子出行与上海离婚率[EB/OL].[2016-6-16]http://www.askci.com/news/finance/20160901/14594658879.shtml.

式，并且可以通过常用的统计工具或者图表加以分析和利用的数据[1]。

非结构化数据的增多扩大了政府数据决策的来源，同时也为政府部门的决策带来了更大的挑战。如何在海量的数据中找到有价值的信息为政府决策服务，这就涉及从小数据到大数据的思维转换中精确性与混杂性的问题。在数据迅猛增长的今天，不精确已经成为决策中可以允许而非缺点的一种事实。[2]

在小数据时代，对于样本数据的要求有两个：精确性和准确性。精确性一般指以抽样分布的标准差来衡量样本统计量的离散程度。准确性是指观察值和真实值的吻合程度。[3]在小数据时代，通过数据的抽样进行统计和分析，因此存在抽样所产生的误差。除了抽样误差外，还有一种误差称之为非抽样误差，即不是在抽样中所产生的误差。在小数据时代，样本量小，对非抽样所产生的误差通常可以进行一定的控制和预防。但在大数据时代，因为可以采用全数据和全样本，就只存在非抽样误差的问题了。这就意味着，在大数据时代，数据的准确性成为重要的问题，精确性的问题将被弱化。但是海量数据所产生的另外一个问题尤为凸显，那就是数据的混杂性所产生的非抽样误差很难控制和防范。但是当数据量庞大到一定的程度，在数据中存在的错误或者重复数据的影响在分析中就可以不用考虑。在小数据时代，数据分析追求的是精确，而大数据时代虽然不再以精确为目标，但是精确却可以为决策提供更多的视角和整体观（表4-1）。[4]

表4-1 小数据时代和大数据时代数据分析的目标

时代	目标
小数据时代	准确性和精确性
大数据时代	准确性

例如，北京市的智能交通分析平台采集的数据来源：地面公交、出租车、地铁、省际客运、摄像头、视频系统、传感器及地理信息系统等数据。数据产生的体量是巨大的，每天产生的数据量包括交通卡刷卡记录1900万条，出租车运行数据100万条，高速ETC数据50万条，浮动车产生的记录有2000万条等。这

---

[1] 国脉电子政务网[EB/OL].[2016-6-10].http://www.echinagov.com/index.php?m=content&c=index&a=show&catid=13&id=36112.

[2] 维克托·迈尔-舍恩伯格.大数据时代[M].杭州：浙江人民出版社,2013：12.

[3] 李金昌.大数据与统计新思维[J].统计研究,2014（1）：13.

[4] 余志为.大数据方法与中国哲学思维的关系及其影响[J].现代传播,2016（7）：71.

些海量的数据为政府部门采用大数据的思维去分析，找到数据间的关联性，为交通和相关行业的管理和服务的优化提供了重要的依据。❶

4.1.1.3 抽样调查和全样本调查

抽象调查是非全样本调查的一种。其主要方法是从调查对象的总体中抽取一部分的数据样本分析，以对总体样本一定目标量的参数进行估计、判断的过程。❷

人类对数据采集和分析的方法也经历了漫长的探索过程。早期的调查属于人工的全样本调查，这种方法费时费力，收集完数据并分析完毕时其分析成果已经过时了。一直到1895年，挪威统计学家安德斯·基埃尔才提出了代表性样本的理论，将统计的理论提升了一大步。

随着代表性抽样理论的广泛适用，1924年，伦敦大学教授鲍利在前人研究的基础上进一步完善了该理论，提出了除了"样本性理论"之外的随机抽样理论。虽然随机抽样理论有其优越性，但依然存在一定的缺陷。在1943年，汉森和赫维茨又提出了多阶段抽样理论。虽然抽样调查的方法在不断的完善，但其基本内涵都是采用样本来评估整体趋势的一种方法。抽样方法是小数据时代的一种很好的分析方法，因此这种方法后来被广泛应用于政府和企业的统计工作当中。

随着大数据时代的来临，政府的统计不再仅仅依赖于调查问卷和样本分析，大数据的分析将会成为替代样本分析的主要方法。大数据强调数据分析的依据是全部数据，而非样本数据。数据的特征只需要进行计量分析就可以达到，而不是过去的依据分布原理来进行总体特征的判断。并且可以利用全数据有效进行分析某类事件出现的概率情况，概率是基于实际的多少分析得出的，而非事前假设得出，因此这种整体的逻辑推断关系就可以按照以下过程进行：数据的实际分布状况—数据的总体特征分析—概率的判断。❸

样本分析采用的是以局部推演整体，而大数据则采用的是以全部数据推演整

---

❶ 大数据漫谈三：多样性和混杂性[EB/OL].[2016-7-10].http://www.huxiu.com/article/14635/1.html.

❷ 百度百科,抽样调查[EB/OL].[2016-7-10].https://baike.baidu.com/item/%E6%8A%BD%E6%A0%B7%E8%B0%83%E6%9F%A5/1237873?fr=aladdin.

❸ 分析数据的思维变化,2016.8[EB/OL].[2016-7-11].http://mp.weixin.qq.com/s?__biz=MzI0NTExODM5NQ==&mid=2651633298&idx=1&sn=9d1286874adf2664c65aae3165eece37.

体趋势。在数据和资源有限的情况下，采用抽样的方法是非常有效的。但是随着数据分析技术方法的进步，采用大数据全样本的分析将成为未来政府决策的主流，而抽样则成为其有益的补充。

例如，Xoom是专业从事跨境汇款业务的一家公司。由于运用了大数据的技术，该公司可以对某笔交易所有相关的数据进行分析。如果发现某笔交易比平常的交易频繁和活跃，出现了反常的情况，系统就会自动报警。❶而发现异常的唯一方法就是重新检查所有的数据，找出样本分析法错过的信息。

▶▶▶ 4.1.2 政府部门基于大数据决策模式的特点

在大数据环境下，由于社会化媒体的出现，为社会大众参与政府决策提供了重要的平台，而政府的决策依据也因为大量非结构化数据和半结构化数据的产生，开始有了更加丰富的数据资源支持。云计算的出现则为政府部门快速、有效地存储和挖掘这些数据资源，实施主动、即时、预判、精准及个性化的决策提供了重要的技术工具。

4.1.2.1 政府决策的主体——社会化决策的兴起

大数据时代，推进我国国家治理体系与能力的现代化，提高政府的决策能力将成为重要的举措。政府决策的快、准、及时、合意与其获取的数据直接相关。互联网时代，为政府获取公众数据和公众参与政府决策提供了重要的工具，尤其是社会化媒体的兴起在这方面功不可没。首次提出社会化媒体理念的美国学者安东尼·梅菲德指出，社会化媒体是一种新型的为用户提供极大参与能力与空间的在线媒体❷，具有交流、参与、联通性等特点，其主要形式有微信、微博、论坛、博客、社交网站等❸。社会化媒体的兴起为决策的社会化提供了必要条件，而大数据技术的成熟为决策的社会化创造了重要的工具。在大数据时代，与过去的精英、专家和权威人士主导的政府决策模式不同，大数据决策将有助于推动自下而上、去中心化、非线性、集纳集体智慧的政府决策模式的逐步产生。❹大数据时

---

❶ 13个经典大数据应用案例,2017.7[EB/OL].[2016-6-17].http://www.sohu.com/a/154289652_99921745.

❷ 孙楠楠.对社会化媒体的传播学思考[J].新闻爱好者,2009(9):16-17.

❸ 百度百科.社交媒体的含义[EB/OL].[2016-6-17].http://baike.baidu.com/view/1349672.htm.

❹ 赛迪网.大数据价值:决策支持系统[N].2013.5[EB/OL].[2016-6-17].http://news.ccidnet.com/art/1032/20130507/4914719_2.html.

代,以人为中心的虚拟世界和现实世界构成了人类生活的重要领域。尤其是网络出现后,当人们在网络浏览的过程中,同时也留下了"足迹",这些足迹可能是以文本、图像、视频、音频的形式留存于网络空间。而这些足迹恰好成为观察人类个体和群体心理行为特征与规律的宝贵资源。[1]

以微博为例,微博的出现使人们的信息沟通更加便捷和及时,也使人们在向社会"喊话"时有了一个"点对面"传播的"麦克风"。[2]贝拉克·侯赛因·奥巴马在两次总统竞选中获胜,都借助了"微博"的力量。在竞选中,奥巴马的"推特"微博赢得了868万关注者,他在"脸书"网站上人气更高,共有2160万名支持者。[3]当然,唐纳德·特朗普也曾充分利用脸书等社会化媒体为自己的总统大选助力。同样,在我国,微博也在政民互动中发挥着越来越重要的作用。例如,网友就个税起征点从2000元提高至3500元的问题提交了23万多条的意见,创造了我国单项立法目前征求意见最多的一次,"微力量、大影响"成为现实。[4]因此,社会化媒体是政民互动的重要工具,对于政府政策的参与性、合意性、回应性起到了积极的作用。据统计,目前我国政务微博账号近28万,政务微信公号已逾10万。[5]

社会化媒体的利用加快和扩大了信息传播的速度和范围,提高了信息传播的效力,增强了公众之间信息的交流与互动,并为社会大众参与到政府决策当中提供了渠道和平台[6]。过去以精英为主导,主要通过直觉、经验和自上而下的决策模式将会逐渐淡化,而以社会大众意愿为中心、自下而上、利用社会计算方式的社会化决策模式将会兴起。

4.1.2.2 政府决策的依据——混合大数据

小数据时代,结构化数据的存储和利用成为政府决策的主要依据。但是,在

---

[1] 陈浩,乐国安,李萌,董颖红.计算社会科学:社会科学与信息科学的共同机遇[J].西南大学学报(社会科学版),2013(5):87.
[2] 喻国明.社会化媒体崛起背景下政府角色的转型及行动逻辑[J].新闻记者,2012(4):3-8.
[3] 奥巴马利用新媒体互动 竞选时微博或发挥关键作用[EB/OL].[2016-6-17].http://www.echinagov.com/news/14864.htm.
[4] 新浪财经,23万条个税民意是多是少?[EB/OL].[2016-6-17].http://finance.sina.com.cn/roll/20110602/04019935054.shtml.
[5] 2015全国政务新媒体报告[EB/OL].[2016-6-17].http://www.bj.xinhuanet.com/bjyw/2016-01/19/c_1117826546.htm.
[6] 肖维.社会化媒体时代的电视剧营销传播策略——以《后宫:甄嬛传》为例[J].东南传播,2012(10):98-99.

大数据时代，开放式共享和分散式合作形成了政府决策的不确定性和不可预测性，大量半结构化和非结构化数据的涌现，加剧了政府决策的风险。

结构化数据是指存在于关系数据库中，具有一定的逻辑结构。结构化数据的结构性特点明显，由固定的基本要素组成，能通过一个或多个二维表表述的数据。❶非结构化数据一般指结构化数据以外的数据，这些数据不存储在数据库中，而是以各种类型的文本形式存放，尤其以存放在网络上的数据最为典型。而那些具有一定的逻辑结构和物理结构的数据，被称为半结构数据（表4-2）。❷

表4-2 结构化数据、非结构数据和半结构化数据的对比❸

对比项	结构化数据	非结构化数据	半结构化数据
定义	有数据结构描述信息的数据	不能用固定结构来表现的数据	介于结构化数据和非结构化数据之间的数据
结构和内容的关系	先有结构再有数据	只有数据没有结构	先有数据再有结构
举例	各类表格	图形、图像、音频、视频信息	HTML文档，自描述的状态，数据的结构和内容混在一起

结构化数据主要产生于关系型数据库，而非结构化数据主要产生于视频、音频、图片、图像等，半结构化数据主要产生于HTML、XML语言等。

作为政府来说，如何搜集、处理、分析和存储这些数据成为重要的难题和挑战。因此，政府如何充分利用云计算技术和数据管理平台，处理和分析来源复杂和类型多样的数据，如何将数据转化为知识、将知识付诸行动成为政府决策的重要特点。

而且近年来，随着电子政务的发展和信息资源的开放与利用，政府的数据服务业开始走向了主动、动态、集成和精细化的发展阶段，告别了过去被动、滞后、零散和粗放的阶段。以美国政府数据开放网站Data.gov为例，它的核心目标是通过开放美国联邦政府数据，让数据走向公众，鼓励数据的创新性利用。早在2016年12月，美国政府各部门在美国政府数据开放网上就已经开放了193141个数据集，185个组织机构的数据。其中美国联邦政府有150747个数据集，州政府有9619个数据集，城市政府有5641个数据集，大学有8337个数据集。政府数据开

---

❶ 万里鹏.非结构化到结构化数据转换的研究与实现[D].西南交通大学硕士学位论文,2013:5.
❷ 张枝令.结构化数据及非结构化数据的分类方法[J].宁德师专学报(自然科学版),2007(4):417.
❸ 大数据技术研究[EB/OL].[2016-6-17].http://www.docin.com/p-817790105.html.

放网站在法制部门、经济部门、舆论和民众的监督等力量的联合推动下,正在不断地向纵深发展。在大数据时代,数据的作用之所以被提高到至高无上的地位,这是因为数据为研究和模拟社会的动态、趋势与问题提供了史无前例的机遇。❶

4.1.2.3 政府决策的技术工具——云计算

云计算是一种按需使用且付费,提供便捷与高效的计算资源,包括服务器、网络、存储、软件应用和服务等方面共享和分配的服务模式。❷

在大数据时代,云计算为大数据进行分析和预测,做出精准的决策提供了重要的工具。有人曾形象地描述云计算与大数据的关系:没有大数据的信息积淀,则云计算的计算能力再强大,也无用武之地;没有云计算的处理能力,则大数据的信息积淀再丰富,也终究只是镜花水月。❸云计算是并行计算、分布式计算和网格计算的综合发展,或者说是计算机科学概念的商业实现,同时又提升了虚拟化、效用计算、基础设施即服务(IaaS)、平台即服务(PaaS)、软件即服务(SaaS)等功能。云计算的发展经历了网格计算、共用计算、软件即服务和云计算等四个阶段(表4-3)。❹

表4-3 云计算的演进历程❺

第一阶段	第二阶段	第三阶段	第四阶段
网格计算	共用计算	软件即服务	云计算
利用并行计算解决巨型复杂的问题,如集群系统	将计算数据作为可计算的服务提供(20世纪90年代末出现)	用户只关心软件的服务(2004年出现)	下一代互联网技术、下一代数据中心

在云计算出现之前,传统的计算机是无法处理海量的"非(半)结构化数据"。云计算的出现为政府决策模式的变革提供了重要的技术工具。云计算可以将海量、类型复杂的数据用便宜、有效的方式进行存储、分享和挖掘,为政府的决策服务。

4.1.2.4 政府决策的效果——主动即时性、预判性、精准性及个性化

第一,政府决策的主动即时性。在传统的决策环境中,政府在决策过程中通

---

❶ 孟小峰,李勇,祝建华.社会计算:大数据时代的机遇与挑战[J].计算机研究与发展,2013(50):2484.
❷ 百度文库.云计算和大数据基础知识[EB/OL].[2016-6-17].https://wenku.baidu.com/view/1d3a895cba68a98271fe910ef12d2af90342a84c.html.
❸ 迪莉娅.基于云计算的政府门户网站知识管理研究[J].现代情报,2014(3):55.
❹ 迪莉娅.数字图书馆联盟云资源管理模式构建研究[J].图书馆,2013(12):72-75.
❺ 迪莉娅.数字图书馆联盟云资源管理模式构建研究[J].图书馆,2013(12):72-75.

常是以问题为导向，依据发现的问题做出决策。在大数据环境中，政府数据系统在不必发出指令的情况下，主动为其提供感兴趣的数据并毫无延迟地做出决策，即决策的自动化。实现决策的自动化就需要系统具备一定自动推理的功能，当系统数据发生变动，预定的时间以及所设计的系统指标达到指定的阈值，系统就会自动做出反应，为客户主动提供决策的数据。❶

里昂市政府为了解决交通拥堵的问题，采用了IBM为其优化设计的"决策支持系统孵化器"。虽然传统的交通决策支持系统也制定了应急预案，当遇到突发事件的时候，也能即时做出反应。但其弱点是既不能调出过去的交通模式也不能预测未来的交通模式。而"决策支持系统孵化器"可将里昂市的交通实时数据和历史数据有效地结合起来，并采用大数据的算法、模型和分析方法，预测出事故条件和正常条件下的交通状况，并及时、主动地做出决策。

该系统不仅能够解决堵塞交通的问题，还可以为危机事件提供必要的帮助。例如，当系统发出危险信号时，车辆交通员可以通过改变交通信号，为救护车辆的救援提供各种方便等。

我国政府也在积极探索和实施利用大数据提高交通管理的效率问题，很多省、市都在积极的建设智能交通项目，不仅为市民方便出行服务，而且不断提高预防各种交通风险和快速处理各种危机的能力。深圳市政府在"十三五"期间将依托大数据、移动互联网、大数据技术建立智能交通系统，主动实时地提供交通信息、停车场信息、换乘信息等，还为出行者自动推荐出行路线、出行方式，依据用户的需求不断提高交通管理的品质。智能交通系统还利用手机屏、电视屏、车载屏、电脑屏、室内屏和户外屏及服务热线为公众及时、主动地提供最佳方式的服务。❷

第二，政府决策的预判性。数据无疑有助于提高决策的前瞻性，增加预测时间，排除随机性，以时间序列的平稳性求得数据之间的相关性。大数据强化了各种预测手段，尤其在预防和避免损失与灾难方面更为有效。具有前沿的预测性功能的大数据技术，应当运用于防范决策失误，避免为追求政绩而急功近

---

❶ 黄霞,姜震.商业智能中,主动实时决策的方法研究[J].淮海工学院学报(自然科学版),2008(4):32.
❷ 深圳"十三五"期间将建智能交通服务系统[EB/OL].[2016-6-17].http://www.sznews.com/news/content/2016-06/19/content_13501621.htm.

利的短期行为。❶

数据本身是不会"说话"的,但是它通过数据所总结出的历史、反映出来的现状、呈现出的趋势却能够"说话"。❷预判分析是大数据决策的核心功能。决策的预判性是指通过对大数据和预判模型来分析未来某件事发生的概率。这就意味着政府的决策从过去面向已经或正在发生的事情走向即将发生事情的决策分析态势的转变。尤其在当今的风险社会中,预判风险、防止风险发生是政府防止危机发生的重要手段和方法。而政府决策的依据从过去采用样本到现在的全数据,从过去的小概率到现在的大概率,从而使政府能够做出比以前更准确的预测。❸

以美国加利福尼亚州的电网系统运营中心为例,该中心为加州80%的居民输送电力,管理着2.5万英里的电力线,每年为用户提供2.89亿兆瓦电量。该中心利用了智能Space-Time Insight的软件进行管理,通过分析传感器、计量设备、天气的各种海量数据,有效地对电能进行智能化调度、平衡供需,并能对各个地方能源需求的变化及潜在的风险做出预测和及时的响应。

第三,政府决策的精准化和个性化。决策的关键环节之一是对数据和信息的占有情况。大数据为政府决策提供了重要的决策来源,并通过整合数据,利用数学的模型分析数据,应用可视化技术提高政府决策的精确化和个性化。

例如,自2006年上海启动"医联工程"以来,已经对38家三级甲等医院的数据进行了完整的收集,连接着6000多个门诊医生工作站、5100多个住院医生工作站、2900多个检验工作站,累计为3900万就诊人建立了健康档案❹。现在,该工程收集范围又扩展至武汉、广州及20多个地级市,有将近一亿的就诊人的相关数据、信息被纳入其中。通过医联工程,上海市可以为医生、公众和政府的服务提供精准和个性化的决策(图4-3)。

---

❶ 刘在平.大数据时代的决策思维,2015.5[EB/OL].[2016-6-17].http://blog.sina.com.cn/s/blog_7d9fd0b20102vnzj.html.

❷ 赛迪网.大数据的一大价值-预测,2013.9[EB/OL].[2016-6-17].http://www.ciotimes.com/bigdata/84839.html.

❸ 同❷.

❹ 郭永谨.基于医联平台开展数据分析[EB/OL].[2016-6-17].https://wenku.baidu.com/view/cae22b49773231126edb6f1aff00bed5b9f3733c.html.

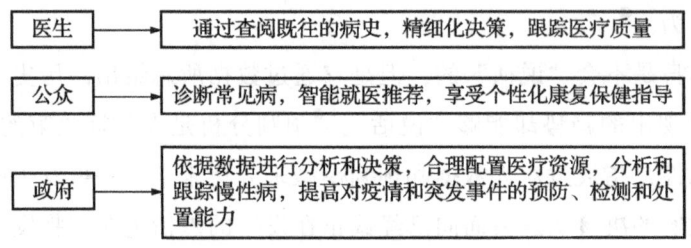

图 4-3 医联工程提供服务图

大数据同样给教育带来了重要变化,其表现为:促使教育领域的决策、管理和服务更加个性化和精细化,促进教育质量大幅度的攀升。例如,美国的肯尼迪小学是坐落在美国威斯康星州简斯维尔市最年轻的一所小学,成立仅14周年,但却是美国"蓝带学校"殊荣的获得者,因为该校采用了数据驱动的教学模式。其经验如下:①教师们每年必须参加学校所收集的数据挖掘分析工作,尤其是深入剖析每一位学生的考试数据,找出学生学习的不足之处;②教师们通过共同协作,一起设计班级的小组活动、课程设置,以及依据学生的不同情况,采用差异化的教学方案;③教师们依据课程的评价工具收集相关的数据,来确定详细的教学活动和教学策略,以满足学生的个性化需求。

4.2 政府部门基于大数据决策模式的功能

政府部门基于大数据的决策模式在促进政府传统决策模式向着基于证据的决策模式演变、有助于拓展政府决策的信息来源、有助于提高政府决策程序与过程的透明度、有助于增强其危机风险防范和应对的决策能力,有助于提升电子政务和政府数据效率5个方面将发挥重要的作用。

▶▶ 4.2.1 促进政府决策模式向着基于证据的决策模式演变

决策是政府的主要职能。随着公共政策科学的兴起,政府决策模式和个体决策模式发展道路基本相同,也走过了从理性决策模式到有限理性决策模式的发展阶段。可以说,政府决策模式的探究也是一个循序渐进的过程,可以将其概括为从理性决策模式向有限理性决策模式反转的过程中,渐进式决策模式成为拐点,而基于证据决策的模式有可能成为向理性决策模式回归的拐点。

传统的理性决策模式强调的是决策"最优方案"的选择，而基于证据的决策模式则强调"最佳证据"的选择。根据百度百科的解释，方案就是进行工作的具体计划或对某一问题制定的规划。证据则指证明事实的依据[1]。

理性决策模式在当时信息源有限、信息工具不发达，以及政府垄断信息和决策者又具有自身偏好等条件下，严重影响了政府的决策。随着现代信息技术的发展，社交网络媒体及移动网络广泛的应用，尤其是大数据的兴起，为政府决策"有限理性"的扩展提供了重要的方法和工具。当然，从严格意义上讲，大数据并不可以称为证据。因为大数据的杂乱、无序、来源的广泛性、数量大等因素对于证据所要求的真实性、关联性、合法性来说还相差甚远。但是大数据的这个特点，在现代技术的环境下反而为大数据作为证据提供了可能，因为这些海量的数据中蕴含着事实，而事实的挖掘必须依靠科学的技术。大数据转变为证据需要具备以下3个条件：①数据内容的完整性和真实性；②数据来源的复合性，复合性是指基于具体的事务和目标，需要通过不同来源的信息或者数据库的互相关联和印证，应用多维分析和挖掘的手段对事实提取的过程；③处理数据的技术必须具有科学性，海量数据提炼出证据、事实，必须借助技术手段才能实现。因此，技术本身的客观、公正、成熟性至关重要。虽然大数据转换成证据需要一定的条件，但无可否认的是，大数据为政府部门向着基于证据决策模式的转变提供了资源、方法和工具。[2]

第一，政府决策获取的数据从过去的"抽样数据"向"全数据"过渡。获取信息是政府决策的基础。由于技术条件、环境、人类理性不足等因素，获取全数据成为不可能。因此，通过抽样的方式从假设的研究总体中抽取一部分代表性样本的方法来为决策提供依据。虽然抽样有其优势，但也只是政府决策方法的权宜之举，与真正全数据的精准决策还是有一定差距的。因此，基于证据的决策是建立在客观事实基础上的决策，与最优方案的决策比较，更能体现决策的客观性，这是因为在大数据环境下具备了全数据决策可能性的基础，从而为决策的科学性、合意性和民主性打下了重要的基础。

例如，在过去，政府人口数据的获取主要通过走访调研的方式。以美国人口普查为例，1880年，美国人口普查耗时8年。随着人口的增长，1890年美国人口

---

[1] 百度百科.证据的含义[EB/OL].[2016-7-11].http://baike.baidu.com/item/%E8%AF%81%E6%8D%AE/31088.
[2] 中国长安网.大数据成为证据的新标准[EB/OL].[2016-7-21].http://www.chinapeace.gov.cn/2016-12/07/content_11384781.htm.

普查预计需要花费 13 年才能汇总完数据。但 1890 年，美国人口普查局改变了获取信息的工具，用穿孔卡片的方式用了 1 年的时间完成了人口普查。后来，在人口普查过程中，采用了样本的分析方法获取人口发展的动态变化趋势。在大数据时代，通过建立全国的人口数据库，包括人口信息采集系统、人口业务执行系统、人口信息服务系统和人口决策支持系统，就可以随时获取人口变化的动态发展状况（图 4-4）。传统人口数据统计采用抽样调查的方法，虽然能够获取绝大部分人口动态发展状况，但仍旧存在一定的误差。大数据开启了"全数据"决策的时代，为获取更全面的数据提供了条件，避免误差，从而能够做出更加明智的决策。

第二，利用大数据技术有助于政府通过微信、微博、留言和评价中获取各种数据，分析民众的兴趣、偏好和舆情。微信、博客、微博等自媒体的出现，改变了人们的生活行为和习惯。通过即时、随时随地的交流，可以分享人们的智慧与经验，表达人们各种的利益诉求和建议。如此一来，一个思想的大数据市场形成了。❶依据人民网舆情频道统计，在 2018 年第二季度全国范围内共涉及 20 个领域的网络舆情，其中排在前五位的是城市管理、社会安全、企业舆情和教育舆情、网络治理（图 4-5）。

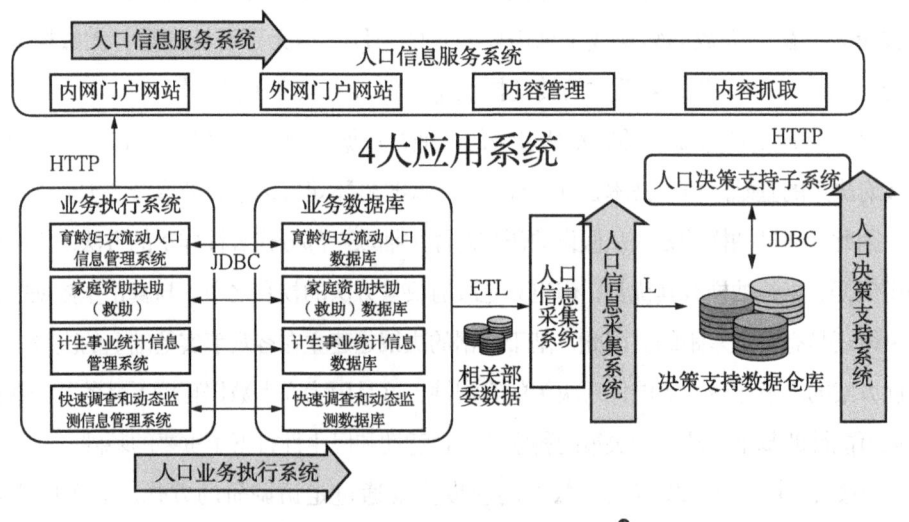

图 4-4　我国人口数据库建设模式❷

---

❶ 大数据时代已然到来[EB/OL].[2017-3-11].http://blog.sina.com.cn/s/blog_c223517d0102vvfx.html.
❷ 我国人口数据库建设模式[EB/OL].[2016-7-11].http://wenku.baidu.com/link?url=Q29SkGk0ClVFK-deEKTNN-eoo5cXSPb9E3X9athe0GLXD5pN5o5sjIMBgxueAjCkdgL5FhtkyVlEXNNLP9op8x8GteL2G3CtUKd_eoLb5_na.

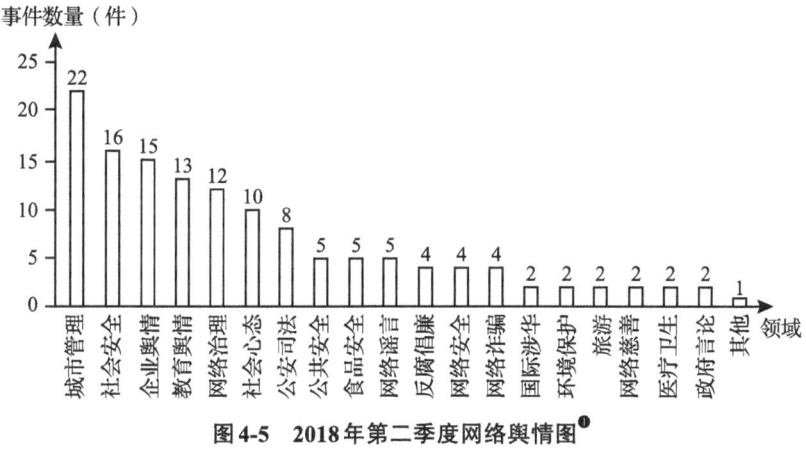

图4-5　2018年第二季度网络舆情图[1]

第三，基于大数据的决策模式，通过海量数据的分析，将数据变成信息，从信息中获取决策中的知识，为政府的决策提供"证据的选择"。证据是基于大数据决策模式的核心概念。证据是什么呢？证据是指以合理的方式采集数据和信息并将其加工和组织起来的事实。证是指逻辑合理的推理，据是指事实的根据。以证据为基础的决策和管理，就是要全面、系统地采集数据和信息，并以合法和合理的方式组织起来作为决策和管理的依据和基础。[2]其特点：①基于大数据的政府决策强调基于证据的选择，而非理性决策模式中的"方案选择"；②将渐进决策模式和垃圾桶模式的制度分析和行为分析的方法纳入决策分析的方法当中；③凸显决策过程的民主化、信息化和知识化；④强调政策评估的重要意义和作用，将其视为政策过程必不可少的环节。[3]

4.2.2　有助于拓展政府决策的信息源

西蒙认为，在决策过程中，决策主体本身的有限理性的特点就决定了其不可能做出完全理性的抉择，因此决策不能达到最优化而只是满意化的结果。而基于大数据的政府决策则可以充分利用大数据技术，获取数据，挖掘和分析数据，为决策者提供全面、准确的信息保障，避免了靠经验决策和决策信息不完备所导致

---

[1] 人民网舆情频道.图解互联网热点2018年第二季度[N].2018.7[EB/OL].[2019-5-11].http://yuqing.people.com.cn/n1/2018/0720/c209043-30161056.html.

[2] 赵炬明.现代大学与院校研究:美国院校研究发展述评[J].高等教育研究,2003(3):35-45.

[3] 郭巍青.政策制定的方法论:理性主义与反理性主义[J].中山大学学报,2003(2):40-45.

的盲目现象。

学者夏义堃指出,决策信息的有效和畅通与否是政府决策的重要条件。信息的主要作用就是降低决策的不确定性和风险,尤其是在复杂而又重大的决策事宜方面,信息的作用就会更为凸显甚至承担关键的角色。[1]在反理性的决策模式中,其假设前提是因为决策过程中存在信息不对称和决策者理性不及的现象,为了克服和减少不确定的因素,决策者通过扩大参与主体或者渐进的方式弥补决策信息的不足(表4-4)。

表4-4 反理性决策模式克服信息不足的方式表

决策模式	克服信息不足的方式
有限理性决策模式	决策目标的修正,选择"适合",放弃"最优"
垃圾桶决策模式	多元主体的参与
渐进决策模式	过程改进以及时间与量的积累
多角度决策模式	实施角色扮演和相关利益者参与
自然主义决策模式	专家参与和实证的方法

非对称信息是指政府拥有但公众没有的信息。在大数据时代,随着自媒体技术的发展、移动网络和社交网络的兴起,政府也增加了微博、微信、简易信息聚合(RSS)平台和技术,通过网络加强与公民的互动,更好地获取民意和及时交流与回馈公众关心的各种问题,有效地减少了政府和公众信息不对称的问题。此外,我国电子政务系统经过多年的发展已经积累了大量的基础数据、民意数据和环境数据等,为政府的智慧决策奠定了重要的基础。政府在资源配置中离不开充足信息的支撑,大数据是资源配置的左右手。完全理性的决策是人类曾经无法企及的目标,但是在大数据环境中,海量数据的支撑为无论是政府、企业还是公民做出理性的决策提供了可能,因为其克服了信息不对称的现象,改善了决策的重要条件和环境。[2]

▶▶▶ 4.2.3 有助于提高政府决策程序与过程的透明度

大数据时代,是数据高度开放和大规模强力度流动的时代,数据的开放和流

---

[1] 郭巍青.政策制定的方法论:理性主义与反理性主义[J].中山大学学报,2003(2):40-45.
[2] 中国经济时报.大数据改变人类决策方式[N].2014.1[EB/OL].[2016-7-11].http://www.d1net.com/bigdata/news/251166.html.

动,意味着知识在政府管理中得到深度挖掘和更加广泛的利用,这将促使政府的决策和服务更加开放和透明。❶

美国在2009年建立了政府数据开放网站Data.gov,其重要意义不仅仅是开启了美国政府开放数据的里程碑,更是开启了世界开放数据的序曲,促进了数据在社会和公众的自由流动,推动了全世界数据开放的热潮。❷

2011年,美国、印度、巴西、挪威、墨西哥、南非、菲律宾和英国八个国家共同签署了《数据开放声明》,建立了开放政府合作伙伴关系,并宣布了《开放政府宣言》。该宣言明确指出,人民有权利获取政府代表其收集或者保存的各类信息,同时以上八个国家还承诺:政府部门主动及时地用可重复利用的格式向社会开放包括原始数据在内的高质量的数据和信息❸。2013年,英国、法国、日本、美国、德国、加拿大、意大利和俄罗斯八国在北爱尔兰峰会上签署了《开放数据宪章》并承诺:于2013年年末前制定数据开放行动方案,并且于2015年年底前根据宪章与技术的条件和要求向公众进一步开放机器可读的政府数据。❹截至2014年2月,全球已经有63个国家加入开放政府合作关系当中。

▶▶ 4.2.4 增强政府风险与危机的决策能力和应急能力

1986年(乌尔里克·贝克)首次提出"风险社会"的概念。他在《风险社会》一书中指出:人类面临各种风险中的重要一部分是由社会本身制造出来的,因为社会当中组织性的不负责任成为常态,而制造风险者常常为了维护个人的利益而牺牲社会的利益。西方的政治、法律及经济等制度在这方面不仅加入了风险的制造,而且为掩盖风险的事实和真想不遗余力。反思现代性是贝克解决问题的重要方式,通过反思发现困境,并用理性的精神解决困境问题。❺

贝克的"风险社会"理论虽然带来了很多批判,但是人类社会发展到今天,

---

❶ 迪莉娅.基于云计算的电子政务大数据管理研究[J].图书馆理论与实践,2013(12):49-52.
❷ 姚乐,樊振佳,赖茂生.政府数据开放与智慧城市建设的战略整合初探[J].2013(13):12.
❸ 刘燕.大数据博弈:信息公开与合理流动[EB/OL].[2016-10-19].http://www.fortuneworld.com.cn/cflm/fm-dh/201306/t20130603_269664.shtml.
❹ 中国经济网.全球开放数据的特点[N].2014.2[EB/OL].[2016-10-18].http://finance.huanqiu.com/data/2014-02/4848088.html.
❺ Urieh Beck. worldrisk[M].Cambridge:Polity Press,Malden,MA:Blaekwell,1999:3-4.

无论是人们的认知度提高感受到了更多的风险，还是由于现代文明的不断发展而制造出更多的风险，有一个不争的事实就是人类社会的风险在不断增加。正如岑晓芳所言：风险的发生对社会稳定构成了最直接的威胁，如何去规避、减少和分担风险，这是个人、社会和国家维持与发展必须解决的首要问题，也是对政府决策能力和效力的全面考察与综合鉴定，对风险的处理不仅关系到个别风险事件处理的成败，更重要的是关系到一个国家是否能真正长治久安。[1]因此，在风险社会，政府在面临风险和危机时具备风险预测、防止和处置的决策能力是非常重要的。

预防风险发生的决策能力主要指在充分利用信息的前提下，依据一定的规则、方法、模型对事物可能的未来发展进行判断，并制定方案以预防发生风险的能力。[2]而危机的决策能力则指政府等决策主体在未预警的情况下，对于突然爆发的情境或事件，特别是它们对国家生存、发展构成的可能威胁，以及给人民生命、财产带来的严重损失及其他不良后果，在极短的时间内做出预测和决策判断，并采取有效行动，将各种威胁和损失降低到最低程度的能力。[3]

在风险社会，风险的预测不仅要成为政府重要的决策思维，而且需要将风险管理常态化。这是因为风险来自不确定性，这种不确定性在决策中常常表现为决策问题的突发性或者超常规性、决策时间的滞后性、决策方向的不可预测性等特点。在现实中，其表现为经济、自然、政治等环境的波动、难以获取相关信息、技术能力或者相关知识欠缺，导致风险难以预测或者由于环境的波动所预测的方案具有明显的滞后性等。因此，一旦有风险出现，组织机构或者相关的制度、规则可能处于缺席的一种状态。[4]

然而，随着大数据时代的来临，为可测量、可追踪和精细化的危机管理提供了基本信息和管理方法。[5]大数据最主要的能力就是预测。政府依靠广泛的数据

---

[1] 岑晓芳.风险社会下的公共决策模式研究[D].郑州大学硕士学位论文,2007(4):1.
[2] 百度百科,预测的含义[EB/OL].[2016-11-19].http://baike.baidu.com/link?url=QyPLbnB70f6YCw03DN-MgPPjoBCWzeC98mTTkADRe8glBJaZIGqQj7wnV0Tn2yNCszsGw02kjoJ2c_oVb0YLiwv9nrDWbI-ca0DUc-mw0qAUu.
[3] 邓飞,吴金群.论危及情景下的政府决策[J].学术论坛,1999(6):49.
[4] 靳文辉.弹性政府:风险社会治理中的政府模式[J].中国行政管理,2012(6):22.
[5] 刘冰.大数据时代的应急管理变革[EB/OL].[2016-10-29].http://www.chinareform.org.cn/gov/governance/Practice/201412/t20141222_214805.htm.

来源，如政府业务数据、各类调查数据、网络挖掘数据、传感设备数据等，并采用先进的技术分析、挖掘数据，将其转变成决策的证据，从而可以更好地掌握、跟踪、发现可能存在的风险和化解风险。即使在危机事件中，大数据技术也可为危机的处置提供及时、可靠的信息，从而为危机决策提供重要的数据事实和信息来源，尤其能够动态监测、深度挖掘及分析网络舆情的状态和危机事件的发展趋势，提高政府风险的预测能力和危机的治理能力（图 4-6）。

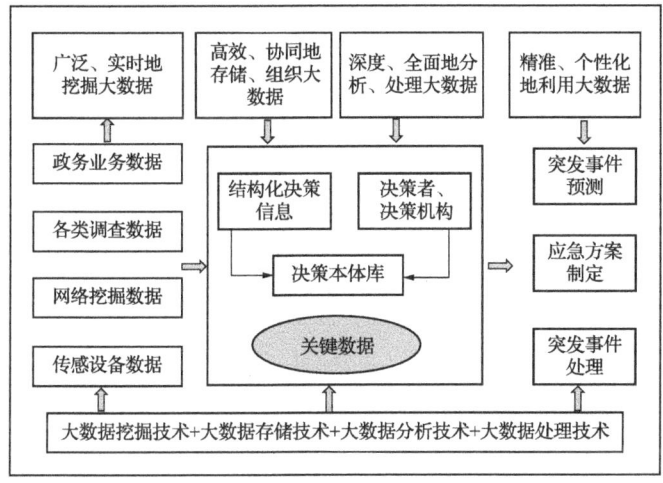

图 4-6　利用大数据制定突发事件决策方案的模型❶

4.2.5　有助于提升电子政务和政府数字治理的效率

数字治理是新公共管理运动之后的政府新的治理模式。该模式强调信息技术在整个政府组织和管理中的重要作用。信息技术不仅仅是一种在政府公共事务中应用的工具，而是通过信息技术引发了政治与社会权力的方式和模式的变革，包括简化行政事务程序、开放和监督政府、参与政治政策等方面的改变。信息技术在政府部门的广泛应用，不仅促进政府部门向扁平化的方向发展，而且促使政府的决策更加敏捷、精准和科学❷。

深度发展的电子政务能够跨越政府的层级和服务存在的障碍，具有提供整体

---

❶ 张倩.大数据在政府突发事件决策中的应用[J].东北农业大学学报,2013(6):78.
❷ Michiel Backus. E- governance and Developing Countries[EB/OL].[2016-11-19].http://www.ftpiicd.org/files/research/reports/report3.pdf.

性服务的能力。[1]而基于大数据技术的智慧政务是电子政务发展的又一个新阶段,这是因为大数据的包容性将有助于打破政府各部门间、政府与公民间的固有边界,"信息孤岛"现象将有可能大幅度削减,数据共享有望成为现实。[2]大数据可以提供政府决策所需要的基本信息支持,提高政府各机构协同办公的效率和为民办事的效率,极大地提升政府的治理能力和公共服务能力。[3]

---

[1] 韩兆柱,马文娟.数字治理理论研究综述[J].甘肃行政学院学报,2016(2):23-25.
[2] 迪莉娅.大数据环境下政府环境数据开放研究[J].绿叶,2013(9):21-26.
[3] 迪莉娅.国外政府数据开放研究[J].图书馆论坛,2014(9):86-93.

第5章 CHAPTER 5

政府部门基于大数据决策模式构建的理论基础

政府部门基于大数据决策模式的构建与开放政府理论、数据治理理论、大数据全生命周期管理理论、算法决策理论的发展、应用及借鉴息息相关。

5.1 开放政府理论

从世界范围来看，20世纪70年代西方政府兴起了新公共管理运动，该运动涉及政府的技术、管理、过程和程序等方方面面。在这个过程中，很多学者提出了无缝隙政府理论、服务型政府理论及责任性政府理论等。随着政府改革实践的不断深入，越来越多的学者和政府深刻意识到政府各种改革目标的实现，首先需要政府的开放。❶

具体而言，开放政府的概念缘起于20世纪50年代。1957年，华莱士·帕克在其文章《开放政府原则：在宪法下应用知情权》首次提出开放政府的概念。后来，1966年美国《信息自由法案》中也提出了开放政府的思想，但其所指的主要是政府的透明度。而1976年美国颁布的《阳光政府法案》对开放政府的含义有了进一步解释。在该法案中提出了合议制行政机构会议的公开，目的是让公众能够参与到公共决策当中。❷2009年奥巴马政府颁布的《开放政府指令》，在前期开放政府理念——透明度的基础上，增加了合作、参与、灵活性、效率等内涵，进一步阐释和深化了开放政府及其理论，符合大数据环境下开放政府的诉求，得到了学界和政界的积极响应。2011年，以美国领导的"开放政府联盟"建立，开放政府联盟的主要目标：联盟的国家和政府要为促进透明、赋权公民、反腐败和利用新的技术加强治理而付诸行动和努力。❸

开放政府理论是开放政府数据的重要理论基础，也为基于大数据的决策模式提供了重要的条件，因为只有政府的开放才能更好地促进数据的共享和流动，数据才能被广泛利用并展示其重要价值。

---

❶ 迪莉娅.大数据环境下政府数据开放研究[M].知识产权出版社,2014(8):12-14.
❷ 美国的《阳光下的政府法》[EB/OL].[2016-11-19].https://www.baidu.com/link?url=Ari9sJHoHfvyoJnVH0sj-Si2tyJ8TgWI8CI0wHwp7Mxq_BEOvICiuHNHbbqW06x-79tDubANDV0imAWUPMnGgm6aJ_ukw0x8U4y_pXE7oSdm9RrTi5UJe0SuHPp-PyATGTxoQuPTJW_LLFKGf4BBEfcwc-OivDHopify9PPWSenlZ6jG7IAAEc5m98R4AdfDzMzlFLUcZaJXWgPe46eaFRq&wd=&eqid=d4ff8bc700024f82000000035b288f48.
❸ 同❶.

5.2 数据治理理论

在大数据环境下,为了确保决策数据的质量,数据治理成为政府管理中的重要任务。目前,学界关于数据治理的含义尚未有定论,但总结起来,相关的基本观点有两种:

第一种是从广义的角度定义,这类定义对于数据治理的内涵的认识涉及数据管理的所有环节,并认为数据治理是指数据和信息管理的组织方法所形成的,对数据从获取、利用、处理的程序和政策等方面全生命周期的治理,包括建立领导机构,制定政策、程序、数据安全和隐私保护的标准、数据目录、内容和文件管理的方法,共享和传播数据和与其相关的监管活动。[1]例如,洛辛认为数据治理是指对与数据有关的法律、透明度和为了达成工作目标对个人和信息系统应承担责任的所有的控制和管理活动。[2]

第二种是从狭义的角度来讲,数据治理等同于数据质量的管理。例如,克里斯汀·温德认为一个机构在信息系统方面的治理,包括两方面,即信息技术的治理和数据的治理。而数据治理包括数据管理战略、数据标准和政策、数据质量管理、数据架构等方面,其核心是数据质量的管理(图5-1)。[3]

在大数据环境下,本书认为政府数据的治理,包括数据自身的治理和信息技术的治理。信息技术的治理主要指在政府内外部数据共享和开放中,异构系统的对接、整合及系统安全问题的治理。数据的质量和信息技术的治理是政府部门基于大数据决策模式应用的关键和重要保障。数据治理理论为政府部门基于大数据决策模式构建的条件提供了重要的理论基础。

---

[1] Data governence checklist[EB/OL][2017-12-07].http://ptac.ed.gov/sites/default/files/data-governance-checklist.pdf.

[2] D.Loshin,Chapter5-data governance for big data analytics: considerations for data policies and processes[M]. in:D.Loshin(Ed.), Big DataAnalytics,MorganKaufmann,Boston,2013:39-48.

[3] Kristin Wende. A Model for Data Governance -Organizing Accountabilities for Data Quality Management [R].18th Australasian Conference on Information Systems,2007(12):418.

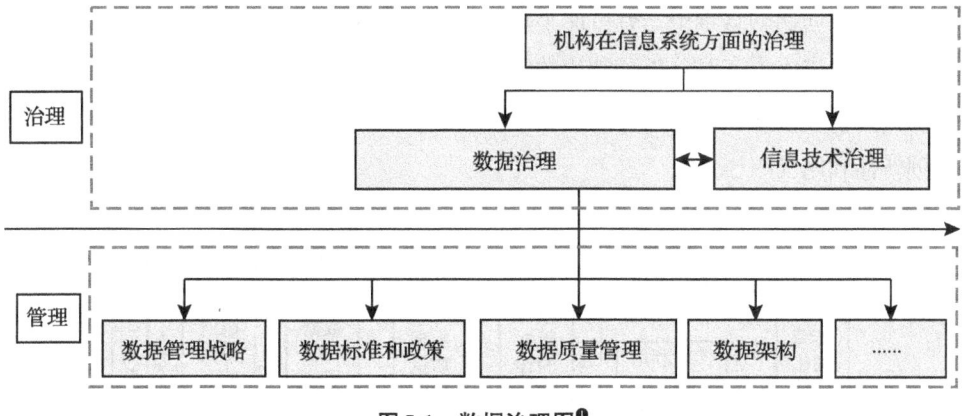

图5-1 数据治理图[1]

5.3 大数据生命周期管理理论

传统的政府数据生命周期理论是指从数据采集、数据处理、数据存储、数据鉴定到数据归档、数据利用或数据销毁的整个数据生命周期管理的过程（图5-2）。在大数据环境下，由于大数据具有价值密度低、处理速度快、数量大、类型复杂等特点，在数据管理方式上将会产生一定的变化，尤其是数据管理在支持决策管理方面将会与传统的数据管理方式有所不同。

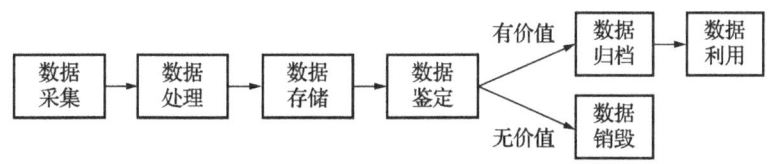

图5-2 传统的政府数据生命周期管理图

在大数据时代，以传统的数据存储为目标的政府数据生命周期的管理将逐渐演变为以促进数据利用为目标的管理。一方面，政府部门不仅要采用结构化数据，而且要采集非结构化和半结构化的数据，数据的类型增多和数量增大，增加了数据采集的难度；另一方面，由于政府数据的智能化、实时性得到充分体现，有些大数据

---

[1] Kristin Wende, A Model for Data Governance -Organizing Accountabilities for Data Quality Management[R]. 18th Australasian Conference on Information Systems, 2007:418.

在整个生命周期的管理中,有可能不经过传统的采集—处理—存储—鉴定—归档阶段,而直接进入了实时分析和利用的阶段,然后再进入存储和归档阶段。这部分数据经过分析和鉴定,进入内部共享和外部开放阶段,最终通过用户的使用达到数据的创新性利用(图5-3)。

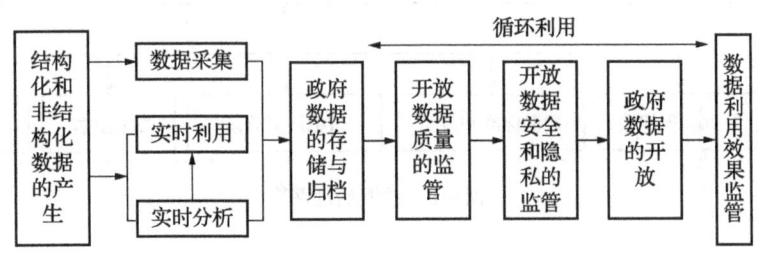

图5-3 大数据生命周期管理过程图❶

政府部门基于大数据决策模式的构建是以政务大数据生命周期管理理论为基础,依据政务大数据的特点,采用不同的方法和理论进行采集、存储、分析与决策。大数据生命周期的每一个环节都与决策的效果和质量息息相关。因此,为了提高大数据的决策效力,需要重视政府数据管理中的每一个环节,不断提高数据的质量,同时还要加强数据安全和隐私的监管。

5.4 算法决策理论

数学和计算机科学中,算法是为了解决一类问题所设计和执行任务的模型、逻辑、步骤、规范。算法决策是大数据环境下决策自动化的重要条件。未来的社会将是人机决策的社会,算法是人工智能、机器学习、深度学习的重要基础。算法决策理论(ADT)认为,在即时反馈、可控与环境重复的情景中,人类可以称其为天赋的决策者。但是在其他的许多环境中,由于受到偏见、框架效应或者锚定效应的影响,人类往往会做出非理性或者错误的决策。而算法决策则不会受到认知行为的影响,尤其是大数据环境下,决策存在大量的不完整性、不可靠性和不确定性数据因素的影响,仅靠人类去分析和了解这些数据做出决策的难度很

---

❶ 迪莉娅.政府开放数据的监管模式研究[J].情报理论与实践,2018(5):26-28.

大，算法决策理论的目的是通过使用理论计算机科学的方法，特别是算法方法来提高决策者在面对这些新的挑战和问题时的能力。[1]

目前，在学界有很多算法，如决策树、贝叶斯网络、社会计算、深度学习等，其目的是依据不同的算法原理提高决策的科学性。同样，基于大数据的决策模型，需要依据不同的数据特点采用不同的算法，为决策提供依据（图5-4）。

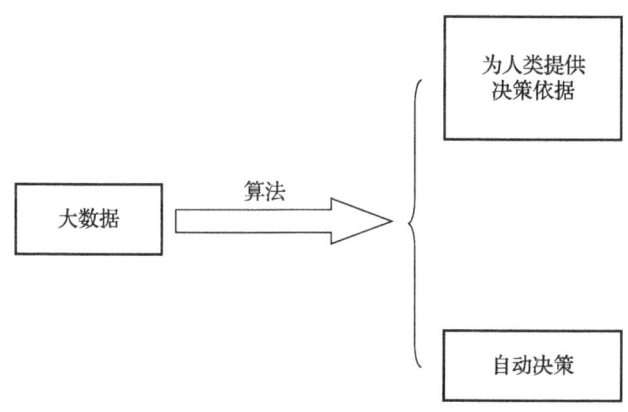

图5-4 算法决策过程图

---

[1] Algorithmic Decision Theory[EB/OL]. [2018-06-07]. https://wwwen.uni.lu/research/fstc/computer_science_and_communications_research_unit/research_groups/algorithmic_decision_theory_team_bisdorff.

第6章 CHAPTER 6

我国政府部门基于大数据决策模式的需求分析

我国政府部门基于大数据决策模式的构建不仅顺应了经济与社会发展的需要和要求。我国多年电子政务的应用、数据开放逐步开展，以及大数据决策在政府各个领域的崭露头角，都为我国构建和采纳基于大数据的决策奠定了重要的基础。调查数据显示，政府部门迫切需要决策模式的转型，以适应大数据时代政府治理能力现代化的需求。

6.1 经济与社会的发展需要和要求促进了我国政府决策模式的转变

党的十八届三中全会提出，全面深化改革的总目标是完善和发展中国特色社会主义制度，推进国家治理体系和治理能力现代化。2013年的《大数据发展纲要》也明确指出："实现基于数据的科学决策，将推动政府管理理念和社会治理模式进步，加快建设与社会主义市场经济体制和中国特色社会主义事业发展相适应的法治政府、创新政府、廉洁政府和服务型政府，逐步实现政府治理能力现代化。"国家治理体系和治理能力现代化的重要内容之一是政府决策能力的现代化。为了适应社会政治、经济发展的需要，我国政府部门需要转变传统的决策模式，采纳和应用基于大数据的决策模式，为国家治理能力现代化创造良好的环境。

（1）多元共治，即政府决策主体的多元化是提升国家治理能力现代化的重要方向。多元共治是指政府部门以民主决策为核心，依托大数据的资源，提升政府决策主体的多元性、决策的科学性和民主性。[1]在传统的政府决策中，政府是国家治理的主体。但是随着现代社会的发展，网络社会的崛起，大数据时代的到来，社会的复杂性和风险性因素不断增多，自然国家内外部事务复杂性也在不断提高，对国家治理能力和方式带来了极大的挑战，迫切需要社会多方力量的参与，[2]也为国家治理主体范围的拓展奠定了基础。另外，大数据不仅重新塑造了国家与社会之间的赋权结构和治理关系，形成了开放性、多元化的主体治理结构，而且进一步加强了科学和民主在政府决策中的地位，有助于大幅度提高决策的科学性与预见性。[3]

---

[1] 蔡剑桥.基于大数据的公共管理决策模式演进与趋势[J].吉首大学学报(社会科学版),2017(5):107.
[2] 胡洪彬.大数据时代国家治理能力建设的双重境遇与破解之道[J].社会主义研究,2014(4):90.
[3] 王向民.大数据时代的国家治理转型[J].探索与争鸣,2014(10):59.

(2) 以风险预测和防控为导向的决策成为政府治理能力现代化的重要体现。随着我国政治、经济的不断发展，公共领域不断涌现出新的问题和情况，风险防控成为政府决策的重要内容。而大数据最擅长的是预测性决策，包括对风险的防控，以及战略性决策，因为大数据决策突破了传统政府科层制的信息壁垒，能够精确、动态性地掌控政府事务发展的趋势和规律，降低政府治理的成本，提高决策的针对性和科学性，为政府基于问题、被动回应式决策模式转变为积极主动、预测风险防范式决策模式创造了重要的条件。

(3) 政府决策技术工具的智能化是实现国家治理能力现代化的重要条件。在传统的政府决策环境中，我国政府决策数据的采集、整合、分析基本上都是通过手工、报表简单分析的方式完成。随着大数据时代的来临，为了提升政府决策的效率，采用大数据、云计算、物联网、移动互联网等技术能够快速、高效地采集、存储、分析数据，提高政府科学决策的效率已经成为不可阻挡的趋势，不仅有利于实现政府管理和服务的实时决策，而且在全数据的环境下，为精准决策、智慧决策打下了坚实的基础。

(4) 政府决策过程的透明化是政府治理能力现代化的重要标志。透明化是提升政府治理能力与化解社会矛盾的重要前提，也是国家治理能力现代化——善治的根本趋向和重要特性的体现。❶政府数据的开放是政府治理透明化的重要内涵。数据的开放和共享打破了政府对数据的垄断，数据的流动也意味着权力的流动，伴随而来的是政府权力结构从金字塔形态向着扁平化方向的发展，也促进了政府决策程序、内容的公开化和透明化。我国在2013年《大数据发展纲要》中提出了在2018年年底前建成国家统一的政府数据开放平台，不仅会促进政府的开放和透明，而且将会极大地促进基于数据的创新性利用，不断提升政府的治理能力、经济与社会的繁荣和发展。

6.2　我国政府部门构建基于大数据决策模式的客观条件分析

随着国家治理体系现代化进程的加快，我国已经为政府部门基于大数据决策模式的构建和实施创造了一定的基础。

---

❶ 胡洪彬.大数据时代国家治理能力建设的双重境遇与破解之道[J].社会主义研究,2014(4):89-90.

首先,我国电子政务经过多年的发展,积累了大量的数据,为政府决策模式的转型提供了重要的条件。没有信息化就没有现代化。❶目前,我国四级网络平台在全国已经基本建成,省级政府部门、地市级政府部门政务外网专线的普及率达到了100%,区县级的政府部门也已经达到了96%,将近50%的区县所在辖区的乡镇政府部门也已经覆盖了政务外网专线。❷经过多年的建设,我国已经建成了经济、法人、人口、税收、社保等方面大量的信息库,为政府的服务、决策提供了重要的支撑。随着大数据、物联网、云计算、移动互联网技术的发展,我国也制定了《大数据发展纲要》《国家大数据产业发展规划2016—2020》《政务信息系统整合共享实施方案》等政策,积极推动大数据在产业和政府部门的应用,促进智慧政务的发展,为革新政务部门的决策模式创造了良好环境。

其次,地方政府数据开放的格局正在逐步展开。只有政府数据的共享和开放才能促进数据的不断流动和应用。虽然在《大数据发展纲要》中提出,我国将在2018年年底前建成国家统一的政府数据开放平台,但实际上我国的部分地方政府数据开放平台已设立。例如,上海早在2012年就已经开始推广政府数据的开放,并建立了上海市政府数据服务网图6-1。目前,已经开放的数据项达到25636条,开放数据资源1612个,开放数据的部门42个。❸

除了上海之外,我国已经有18个省、市级政府建立了数据开放平台。虽然当前我国政府开放数据的质量、数量、机器可读性、格式等方面还存在很多问题,但是政府数据开放的格局已经逐步展开,为政府部门获取数据,利用数据进行决策提供了重要的便利条件。

最后,基于大数据的决策在政府部门已经开始使用。例如,贵州省所建立的贵州大数据智库平台,就以大数据和大数据技术为基础,以服务智慧政务决策为中心,利用新一代的人工智能技术,汇聚数据、信息、知识、专家等资源,为政府科学而精准的决策提供支持。❹而深圳智慧交通系统在大数据的创新实践中也取

---

❶ 杨道玲,王璟璇.中国电子政务"十三五"面临的机遇与挑战[J].电子政务,2015(4):11-17.
❷ 国家信息化中心.《"十三五"国家政务信息化工程建设规划》深度解读[EB/OL].[2017-7-19].http://www.gov.cn/zhengce/2017-08/31/content_5221708.htm.
❸ 上海政务服务网,2017-07-02[EB/OL].[2017-7-19].http://www.datashanghai.gov.cn/home!toHomePage.action.
❹ 新华网.贵州省推出大数据智库平台 将更好地推进各级政府决策科学化[EB/OL].[2017-7-19].http://www.xinhuanet.com/city/2018-01/19/c_129794821.htm.

图 6-1　上海市政府数据服务网截图❶

得了卓越的成就。该智慧交通系统以大数据、人工智能、物联网、云计算、无人驾驶等技术为基础，结合品质出行的理念，为民众的出行提供全链条的智慧服务。该系统分为智慧办公、智慧生活、智慧安全、智慧停车、智慧服务、智慧环境、智慧管理、智慧招商、智慧楼宇和智慧分析等模块（图 6-2）。

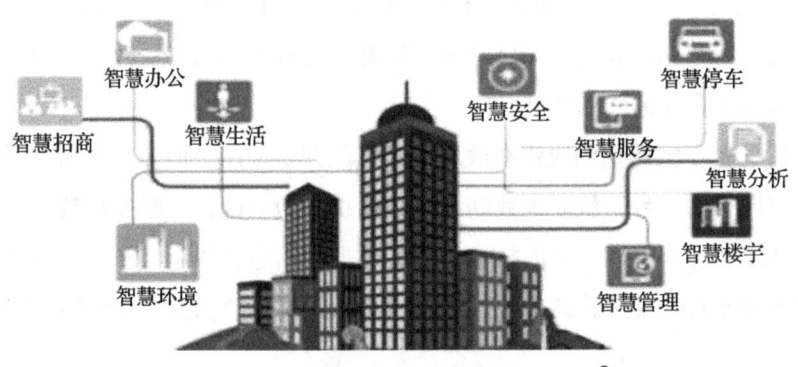

图 6-2　深圳智慧交通系统服务模块截图❷

---

❶ 上海政务服务网.2017-07-02[EB/OL].[2017-7-19].http://www.datashanghai.gov.cn/home!toHomePage.action.

❷ 搜狐新闻.深圳：顶层设计引领下的智慧交通创新实践[EB/OL].[2017-8-19].http://www.sohu.com/a/192864913_649849.

除了省级、市级政府部门在积极推广大数据决策的应用之外，我国的基层政府部门在大数据的应用方面也在积极尝试，并取得了一定的成绩。以北京市西城区长安街街道为例，在2016年该街道就建立了我国第一个基层政府大数据中心，打通了数据孤岛的壁垒，将碎片化的数据整合起来，为社会的治理提供精准化的服务。

政府治理能力的现代化迫切需要政府决策模式的现代化，而我国多年的电子政务系统的建设、政府数据开放的逐步展开和政府管理、交通、医疗、教育及社区治理等领域对基于大数据决策的尝试，都为我国政府部门采用基于大数据的决策模式提供了重要的基础条件。

6.3 我国政府部门大数据的认知度和利用数据决策与管理现状的调查

虽然我国电子政务经过多年的建设，积累了大量的数据，为政府部门基于大数据的决策提供了一定的客观条件，但是政府数据的管理现状直接影响了政府部门是否或者方便应用数据为政府决策提供支持。项目组采用"问卷调查+访谈"和实地考察的方式，对我国各级政府部门大数据的认知度、利用数据决策与管理的现状和政府部门基于大数据决策模式需求的制约因素进行了调查。

"问卷+访谈"调查法是指在调查过程中，调查人员除了发放问卷外，还对部分的调查对象就所在政府部门数据管理的状况进行了深入的分析和交流。除了采用"问卷+访谈"的方式进行调查外，还实际考察了许多地方政府部门的电子政务和智慧政务网站的建设和运营的情况。

在调查中，我们向每一位被调查者发放《政府部门关于利用数据决策与管理现状的调查问卷》《政府部门关于大数据认知度的调查问卷》《政府部门关于数据开放认知度的调查问卷》三份问卷进行填写。三份问卷各发放了1030份，填写1030人，去除无效问卷各30份，实际有效问卷各1000份。无效问卷是指被调查者在填写问卷过程中存在有部分内容漏答的问卷。调查时间历时一年零八个月。在调查中，被调查者所在的政府部门在省级以上的占了3.69%，省、自治区、直辖市级，市级和县级所占比例分别为37.29%、34.43%和18.44%，乡（镇）级的比例为6.15%。

被调查者的学历分布情况：专科占 9.84%，学士占 47.54%，硕士占 28.69%，博士为 13.93%（图 6-3）。被调查者的性别比例：男 52.05%，女 47.95%。

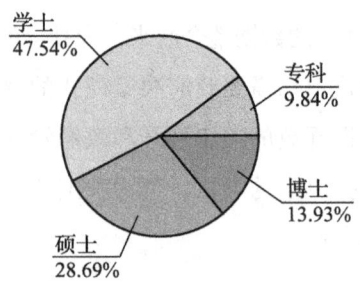

图 6-3　被调查者学历分布图

被调查者首先是来自从事综合管理岗位的政府部门工作人员，占到被调查者的 56.96%；其次是来自专业技术类岗位的政府工作人员，占到被调查者的 25.32%；最后是来自行政执法类岗位的政府工作人员占总被调查者的 17.72%（图 6-4）。

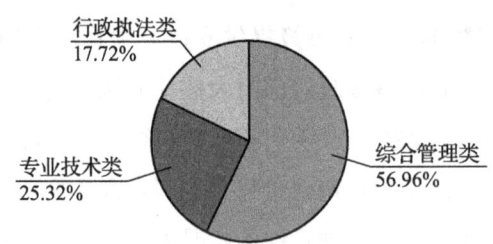

图 6-4　被调查者从事岗位的分类图

这部分调查主要分为两个部分：一部分是对政府部门工作人员关于大数据认知度的调查；另一部分是关于政府部门基于数据决策与管理现状的调查。通过大数据认知度的调查，主要分析了政府部门对于什么是大数据、大数据与政府决策的关系、大数据对于政府本身的影响，了解政府部门对于大数据的重要性和意义的认识程度，为政府部门基于大数据决策模式的应用提供依据。而政府部门基于数据决策与管理现状的调查，为分析基于大数据决策模式应用的制约因素提供依据。

▶▶ 6.3.1　政府部门大数据认知度的调查

第一，什么是大数据的调查。在何为大数据的多项选择的调查中，81.63%

的被调查者认为大数据是指一种新型的数据分析,66.43%的被调查者是更大范围的信息;55.48%的被调查者认为大数据就是指大量的数据;53.71%的被调查者认为大数据是来自新技术的信息涌入;41.34%的被调查者认为大数据是实时的信息;26.15%的被调查者认为大数据是非传统信息的媒体;5.30%的被调查者认为大数据是最新的流行语,不了解(图6-5)。此外,在调查过程中,依据访谈发现有些被调查者在此之前,并没有听说过"大数据"这个词,而有些被调查者表示虽然听说过"大数据"这个词,但是并不了解其具体的含义。

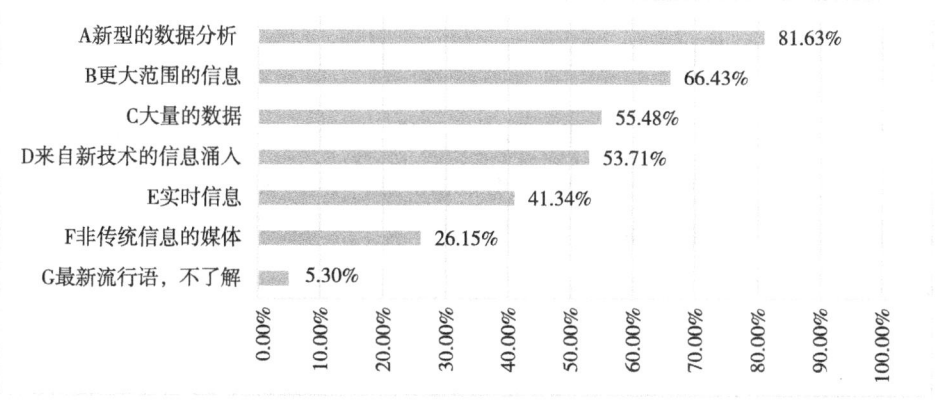

图6-5 "什么是大数据"的调查结果图

第二,大数据与政府决策关系的调查。

(1)大数据对于政府决策的功能分析调查。在调查中,有51.59%的政府部门工作人员认为,大数据对政府决策起到很大的作用,有一定帮助的占到40.28%,而帮助不大或者不清楚的比例分别为2.47%和5.65%。

(2)基于大数据的决策分析对于政府决策过程作用的调查。78.45%的被调查者认为,大数据决策分析对于政府决策的过程起到优化作用。但是约占13.07%和8.48%的被调查者认为不一定或者不清楚,从访谈中发现除了对大数据本身不了解成为主要原因之外,还有被调查者认为数据的质量和真实数据的获得对于数据的决策起到关键性的作用,数据量大,其分析决策的成本和计算设施的要求会比较高,对于某些政府部门来说,小数据对于决策起到更为重要的作用(图6-6)。

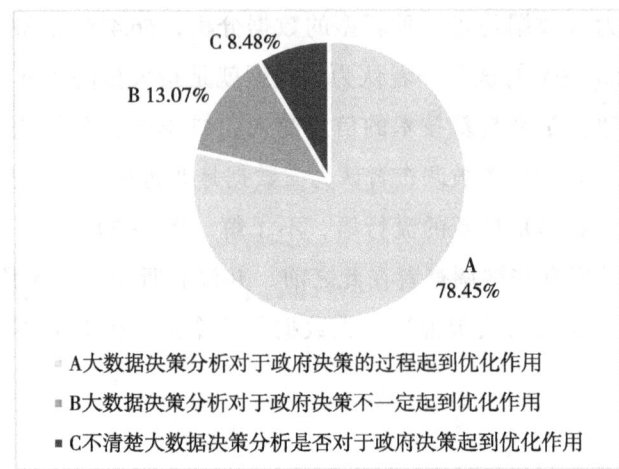

图6-6　基于大数据的决策分析对于政府决策过程作用的调查图

（3）基于大数据的决策对于政府决策效果的调查。71.38%的被调查者认为，依据大数据分析的决策使政府决策更有依据、更科学；19.79%的被调查者则认为大数据分析不一定使政府决策更有依据、更科学，认为基于数据决策的科学性还需要由数据本身的质量及决策者是否完全采纳数据分析的结果等因素来决定；8.83%的被调查者则表示不清楚大数据分析决策使政府决策更有依据、更科学，依据访谈发现其主要是因为对大数据不了解或者本单位并没有相关的决策经验等（图6-7）。

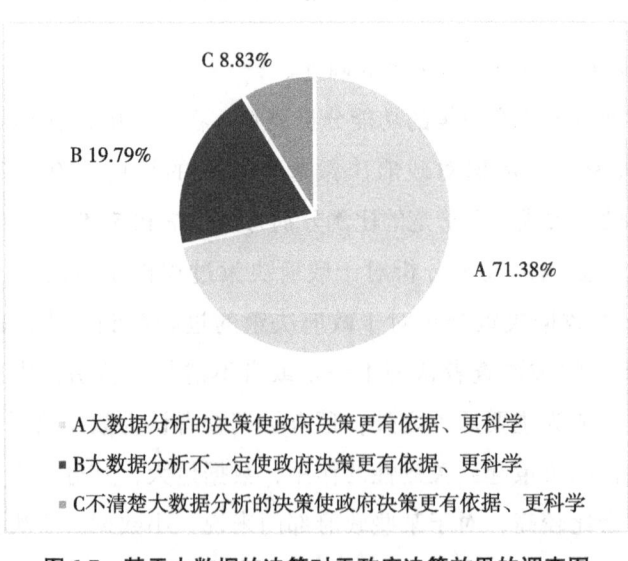

图6-7　基于大数据的决策对于政府决策效果的调查图

第三，基于大数据的决策对于政府管理本身影响的调查。基于大数据决策对于政府管理影响的调查中，被调查者认为政府基于大数据的决策对政府管理有很大的影响的比例为41.7%；政府基于大数据的决策对政府管理有一定影响的比例为47.7%；政府基于大数据的决策对政府管理没有太大的影响的比例为3.89%；不清楚政府基于大数据的决策对政府管理是否有影响的比例为6.71%（图6-8）。总体来讲，政府部门对于大数据影响的认知方面还是比较清晰的，只有一小部分的被调查者认为其影响不大，依据访谈分析其主要原因：政府的管理是一个复杂系统的工程，政府的管理文化如果不进行改革，只靠政府数据决策方面的提升是不够的。

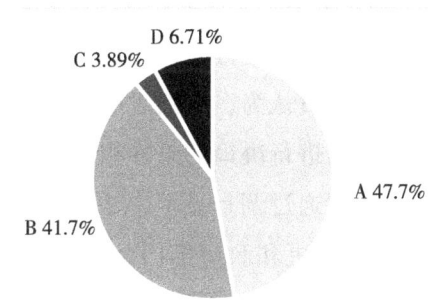

图6-8 政府基于大数据的决策对于政府管理本身影响的调查图

6.3.2 政府部门利用数据决策与管理现状的调查

在调查中，61.07%的被调查者认为政府部门利用数据进行决策，而38.93%的被调查者认为政府部门未利用数据进行决策（图6-9）。

我国电子政务系统经过多年的建设，积累了大量的数据，利用数据进行决策是发挥数据价值的重要方面。虽然在调查中超过一半以上的政府部门工作人员表示在决策中有利用数据进行决策的经历，数据利用的程度要低于本项目组的预

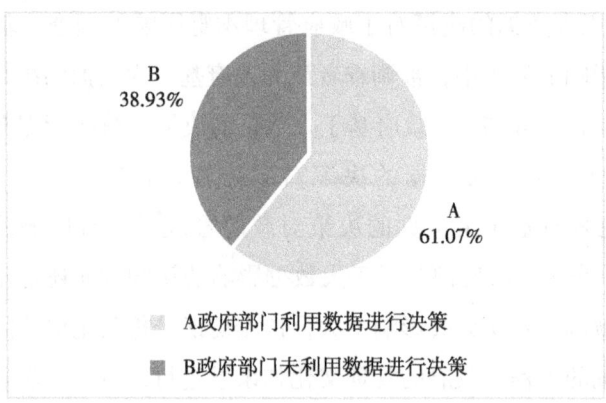

图6-9 政府部门利用数据进行决策现状的调查图

期。首先,从调查访谈来看,具有以下特点:

(1)不利用或者很少利用数据进行决策的部门在每一个级别的政府部门都存在。从预期来看,项目组成员认为,级别越高的部门,其电子政务系统的建设会相对比较完善,利用数据进行决策的条件相对比较成熟,与利用数据进行决策的相关度就会比较高,但通过调查显示,是否利用数据进行决策与数据管理的环境有一定的关系,但是更和政府部门的文化和决策者的管理风格更为相关。

◆ **访谈案例一**

某乡工作人员,本科学历,在某校攻读 MPA。在与他交流中,他认为领导的数据意识非常重要。他大学毕业去乡里工作,目前经历了两任领导。以扶贫工作为例,第一任领导期间,关于扶贫款的发放和地震抗震房的修建,每一年都有村民不满,感觉不公平。在第二任领导上任之后,他首先要求将近10年扶贫工作的档案梳理了一遍,要求乡里负责扶贫工作的同志,挨家挨户进行贫困户的家庭状况、实际收入及收入来源的情况、家庭贫困的原因、房屋破损情况进行实际的调查之后,依据以上的指标进行了评估和分析,召开大会告知村民扶贫款发放的依据和优先建抗震房的依据,并制定了每家每户定期的回访制度,获得了村民的极大认同。在乡里并没有信息系统,很多数据的收集和分析依靠手工来完成。该工作人员认为,利用数据进行分析带来了很好的决策效果。

从某种意义上来讲，领导者的数据意识决定了政府部门在决策中是否愿意收集数据、分析数据并采纳分析结果的程度，也直接关系到该部门是否愿意为获取、存储、分析数据构建平台进行投入意愿性的强烈程度。

（2）在访谈中，可以发现与横向管理部门比较而言，纵向管理部门采用内部数据进行决策会比较常见。但在跨部门数据共享中，利用数据决策的难度比较大，成为调查中普遍反映的难题。

◆ 访谈案例二

在访谈中，被调查者表示部门的属性和领导的风格不同，对于是否采用数据进行决策起着很重要的作用。通常在我国政府部门中，条管部门的管理信息系统比较完善，并且有一定的决策分析功能，因此采用数据进行决策的案例比较多。例如，我国的"金税工程"早在1994年就开始建设，其目的是建立国家税务总局与各省、市、县纵向管理的信息网络系统。该系统主要对企业增值税纳税和增值税专用发票进行监控的网络系统。经过"金税工程"一期、二期、三期的建设，系统已经比较完善。❶在访谈中发现，被调查的税务部门的工作人员利用数据管理和采用数据进行决策的意识比较强，这与"金税工程"的建设息息相关。

以在访谈中某市地税系统为例，涉税数据的利用为领导决策、税收征管和执法检查提供了可靠的信息依据，也为促进基层税收管理规范化提供了依据。该局在2012年通过国税增值税比对，发现城建税缴纳异常信息2171条。2013年，通过纳税信用等级机取指标评定工作，对18035户纳税人进行了分值评定。2014年，通过分析等级信息，发现登记信息录入错误的纳税人182户，纠正不完整纳税人信息3182条。

◆ 访谈案例三

在对某市人力资源和社会保障局领导的访谈中，被访者强烈呼吁能够在决策中，获取跨部门的数据，为科学决策提供方便。尤其是当前城乡社会保障体系的

---

❶ 中国税务网.神州信息承建"金税三期"管理决策平台 运用大数据打造税收新生态[N]. 2015.12[EB/OL]. [2017-1-7].http://www.ctax.org.cn/qydt/201512/t20151203_1025250.shtml.

完成，人社保障部门服务的对象更加广泛、服务周期很长，需要协同办公的部门越来越多，在工作开展中，与公安、市场监管、税务、医疗机构等多个部门需要交互数据。但是缺乏有效的管理机制，数据交互的通道很难打通，服务的时间成本和交易成本增加，成为人社部门的服务和决策工作的难点。

（3）从被调查者的职位类别进行交叉分析，可以发现被调查者所从事的职位对于是否采用基于数据的决策也有一定的关系。整体来讲，被调查者中采用数据进行决策的比例大致相当，排在第一位的职位专业技术类，排在第二位的职位是行政执法类，排在最后的职位是综合管理类（图6-10）。

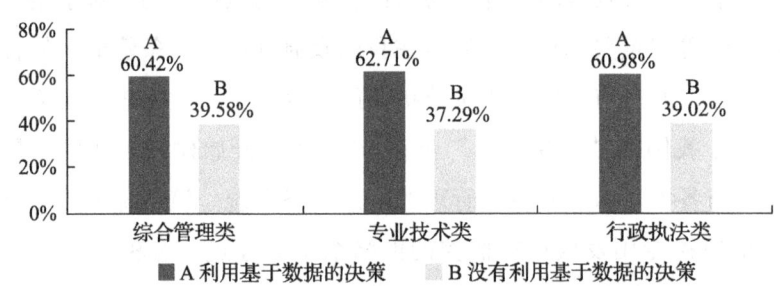

图6-10 不同职位类别的被调查者利用数据进行决策的比例图

从综合的数据分析来看，无论是综合管理类的机构还是技术类和执法类的机构，约有三成以上并没有利用数据进行决策的经历。根据访谈进行分析，具体原因除了领导本身的数据应用意识之外，可以将其分为两种情况：①被调查者所在部门没有数据管理信息系统，数据本身管理不完善，质量差等因素，导致部门利用数据决策的条件不成熟；②被调查者所在部门虽建有数据管理系统，但是功能单一，数据分析依然需要使用手工完成。

◆访谈案例四

在访谈中某市民政部门领导表示，目前，该部门信息系统有三个部分：居民最低生活保障信息系统、社会救助和优抚管理信息系统、市民政网。但是，该机构的信息管理系统功能单一，只是简单的基本数据录入和管理系统，并不具备数据汇集、统计分析及辅助决策的功能，很多分析工作还是需要手工来完成。

6.4 我国政府部门基于大数据决策模式制约因素的调查分析

6.4.1 政府部门数据资产管理的机制不完善

第一，政府信息主管机构不健全。政府部门数据管理的机构建设直接关系到政府数据有效管理和利用的程度。对所在部门"是否设有信息管理办公室和信息主管"的调查中，仅仅只有6.15%的被调查者表示建立了专门的信息管理办公室和信息主管负责制（图6-11）。

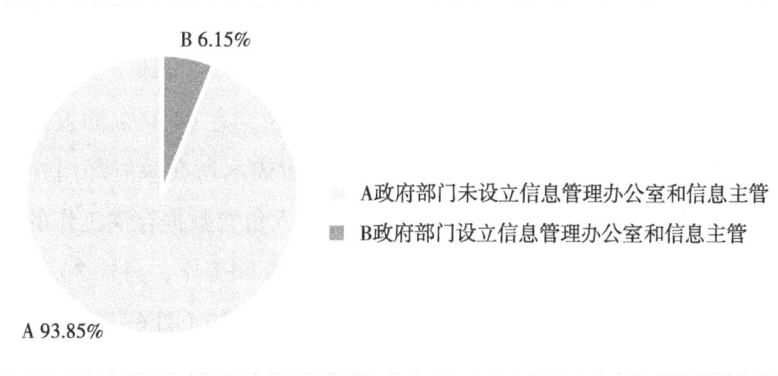

图6-11 政府部门"是否设立信息管理办公室和信息主管"的调查图

第二，政府信息管理系统的建设、管理和维护都不到位。在对政府部门"是否建立信息、数据管理系统"的调查中显示，只有一半的部门建立了政府数据管理系统。关于政府数据管理系统是否有专人维护和管理的问题，有69.26%的被调查者表示有专人对系统进行维护和管理，30.74%的被调查则表示没有专人维护系统。在访谈中，没有专人维护系统的原因主要有两种：①被调查者所在的部门没有建立属于自己的信息管理系统；②被调查者所在的部门属于纵向管理部门，信息系统的管理由上级部门统一维护，如税务部门等。

在对所在政府部门"信息系统是否进行了顶层设计"的问题上，只有35.25%的被调查者表示该部门所使用的信息系统进行了顶层设计（图6-12）。在访谈中，大多数被调查者认为没有对系统进行顶层设计的主要原因是，一些领导缺乏顶层设计的意识，导致部门内部数据管理系统的规划、招标都分属于不同的部门完成，致使异构系统丛生。

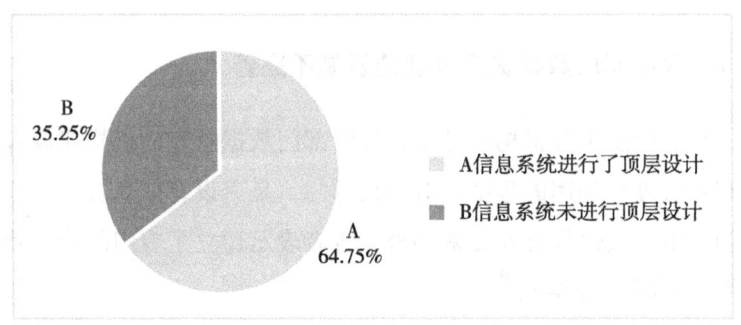

图 6-12　被调查者所在部门"信息系统是否进行了顶层设计"的调查图

第三，政府部门采集和存储数据的管理制度需要大幅度改进。调查和访谈显示：关于政府部门是否有专人负责数据管理的问题，有 64.34% 的被调查者表示有专人负责数据的采集工作，33.66% 的被调查者表示所在政府部门并没有专人负责数据的采集工作。而关于政府部门是否有专人负责数据存储工作的调查和访谈中，65.57% 的被调查者表示有专人负责数据的存储工作，另外 34.43% 的被调查者则表示所在政府部门没有专人负责数据的存储工作（图 6-13）。根据调查显示，高层级的政府部门，通常会有专人负责数据的采集和存储管理工作，而行政级别较低的县、乡（镇）的政府机构，数据的管理大都没有得到重视，更缺少专兼职工作人员。

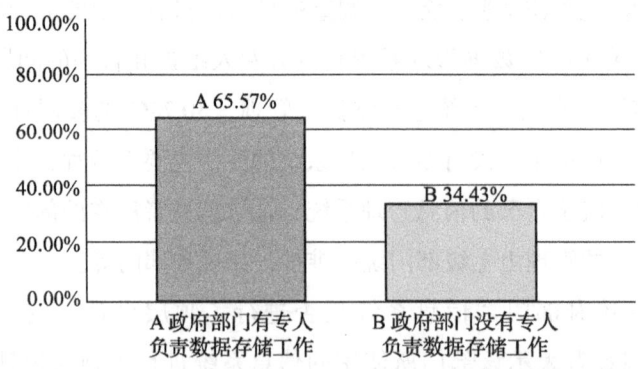

图 6-13　政府部门是否有专人负责数据存储工作的调查图

根据访谈显示，大多数的政府部门采集和存储的是本部门内部业务数据或者衍生出来的其他数据，对与本部门业务相关的互联网数据、社交网络数据及其他非结构化数据的采集和存储并不很重视。大多数政府部门认为，政府数据的采集和存储是非常重要的，但是由于缺乏领导的重视和统一规划，政府数据的采集和存储并不规范。

6.4.2 政府部门缺乏有效的跨部门数据共享机制

数据的跨部门共享是数据开放的前提，也是政府基于大数据决策的重要保障。在调查中显示，只有 39.75% 的部门表示建立了政府跨部门数据共享机制，60.25% 的部门表示未建立政府跨部门数据共享机制（图 6-14）。

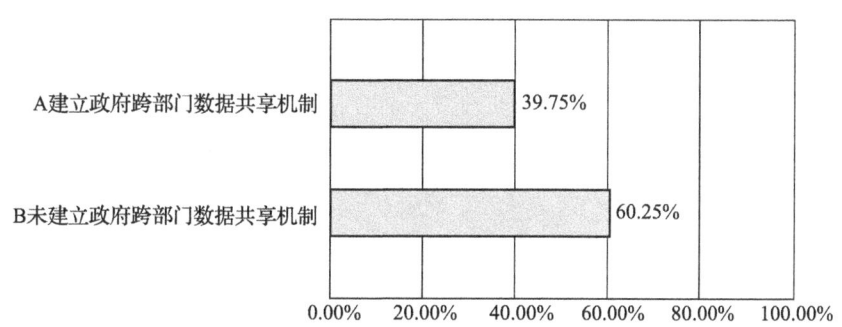

图 6-14　是否建立政府跨部门共享机制的比例图

首先是在对于政府跨部门共享数据的制约因素分析中，被调查者首先将政府部门缺乏数据跨部门共享的意识和缺乏统一的数据共享平台作为首要的两个问题，分别占了 77.87% 和 75%；其次是担心政府数据跨部门共享的安全保障问题，以及信息公开条例关于开放和共享数据的界定不够完善，对于数据跨部门共享造成巨大的隐患；第三方面的问题是政府数据管理系统的异构性，数据本身管理缺乏系统性、科学性导致政府数据属性的界定、共享的难度和成本增加，也是造成跨部门数据难以共享的重要因素。

在访谈中，大部分被调查者对于政府跨部门数据共享重要性有着比较清晰的认知，政府跨部门共享数据受到一定的条件制约，也很难打通数据共享的通道成为被调查者的共识。项目组对实现数据跨部门的共享所应具备的条件主要从以下 3 个方面进行了调查：

(1) 跨部门数据共享政府部门内部需要具备条件的调查。85.25%的被调查者认为，跨部门数据共享政府部门内部需要具备的条件应该是政府部门决策层包容开放的态度；81.56%的被调查者认为，跨部门数据共享政府部门内部需要具备的条件应该是选拔更多的专业人才；79.51%的被调查者认为，跨部门数据共享政府部门内部需要具备的条件应该是政府部门对数据共享战略意义的了解；70.08%的被调查者认为，跨部门数据共享政府部门内部需要具备的条件应该是定期开展讲座和专业技能的培训（图6-15）。

(2) 在法律层面，跨部门政府数据共享所应具备条件的调查。调查和访谈统计结果显示，绝大部分的被调查者认为完善《中华人民共和国信息公开条例》《中华人民共和国知识产权法》及出台有关数据共享的法律法规成为促进政府跨部门数据共享的重要保障。

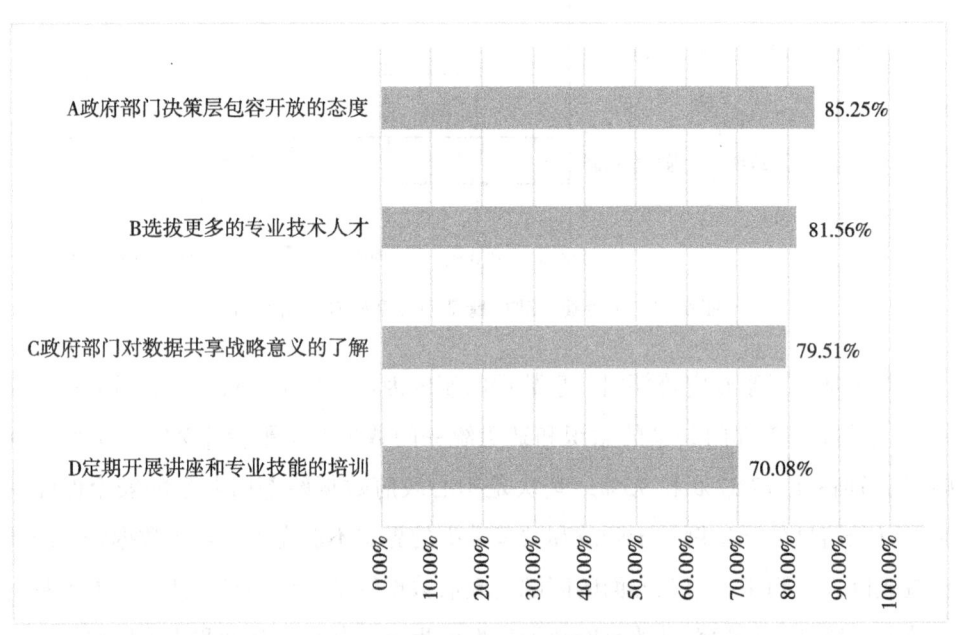

图6-15 数据跨部门共享政府部门内部需要具备条件的调查图

(3) 在管理层面政府数据跨部门，共享所应具备条件的调查。85.25%的被调查者认为，需要建立统一的信息资源管理平台；84.02%的被调查者认为，需要技术人员对信息进行系统化整理；83.61%的被调查者认为，需要建立数据保障安全系统；80.74%的被调查者认为，需要数据安全管理人员对数据安全等级的界定（图6-16）。

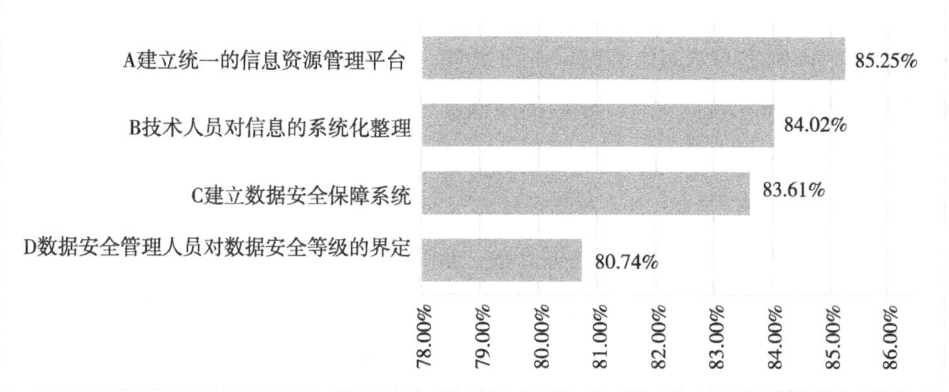

图6-16 政府部门数据跨部门共享在管理层面所应具备条件的调查图

6.4.3 政府部门数据开放的认知度和机制有待提高和健全

政府数据开放的程度对政府基于大数据决策的应用产生直接的影响。数据开放的主体是政府部门,其工作人员对于政府数据开放的认知和管理机制的健全与否,对政府数据开放的有效实施产生重要的影响。在调查中,同样采用了问卷调查和访谈的方式对政府工作人员进行了调查。

第一,政府数据开放的认知度有待提高。

(1)关于"什么是政府数据开放"的调查。在调查中,只有51.05%的政府工作人员了解政府数据开放的含义,而另外近一半的政府工作人员对于政府数据开放含义的认知则处于"不了解"或者"不清楚"状态(图6-17)。

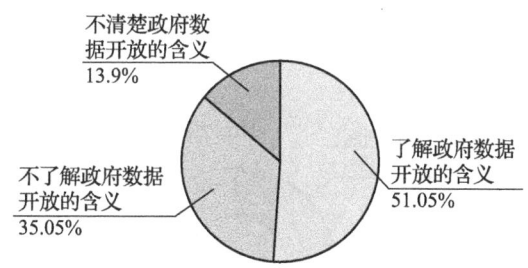

图6-17 "什么是政府数据开放"的调查结果图

在访谈中,很多被调查者表示对政府数据开放的概念不甚了解是因为所在部门并没有开展相关的工作。在交叉分析中可以看到,县级、乡(镇)级的政府部门对于何为政府数据开放不知道或者不清楚的比例比较高。同样，在省级以上的政府部门对于该概念的认知比例也只占到50%，省级部门对于数据开放的认知度相对比较高，达到66.67%。此外，学历的高低也直接影响政府数据开放的认知。在调查中发现，77.78%的拥有博士学位、52.17%的拥有硕士学位、49.22%的拥有学士学位、33.84%的拥有专科学历的被调查者表示对于何为政府数据开放有一定的了解。

（2）政府信息公开和政府数据开放之间关系的调查。整体来讲，在对政府信息公开和政府数据开放关系的调查中，大多数被调查者认为，政府信息公开为政府数据开放打下了基础，而政府数据开放是政府信息公开的跃升和发展，二者既有区别也有联系（图6-18）。

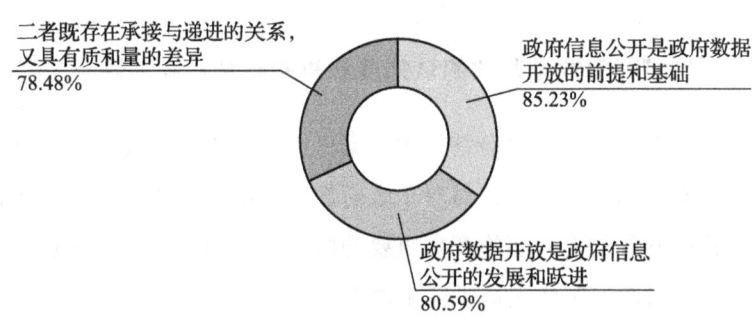

图6-18　政府数据开放与政府信息公开关系认知的调查图

（3）关于政府数据开放战略意义的调查。从调查来看，首先，政府数据开放首要的价值就是促进政府更加开放和透明，提高其公信力；其次，政府数据开放更容易促进公众参与政府决策；最后，政府数据开放可以促进大众创新和社会创新；最后，利用数据增值，促进经济的发展（图6-19）。

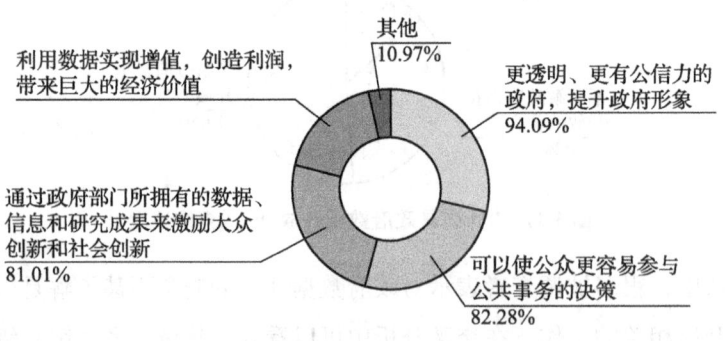

图6-19　政府数据开放战略意义的调查图

(4)我国政府数据开放主要需求认知的调查。被调查者认为,首要需求是我国透明化政府建设的需求,通过数据开放提升政府的透明度和信任度;次要需求是公众参与公共事务的强烈需求,获取数据和信息是参与公共事务的前提和基础;再次,大数据产业发展需要以数据的开放和易于获取为前提,企业对于数据开放的强烈需求成为我国政府数据开放的重要依据;最后,世界数据开放的浪潮及美国等国家和政府数据开放的成功经验,也对我国政府数据开放提供了借鉴(图6-20)。

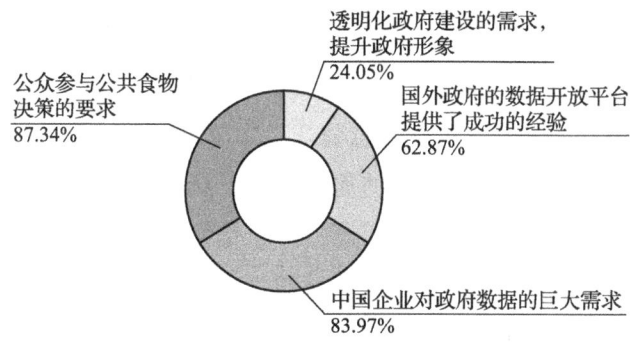

图6-20 我国政府数据开放主要需求的调查图

(5)开放的政府数据所具备条件的调查。从调研的数据来看,除了涉及隐私和安全,以及受版权、专刊、商标、贸易保密规则等限制之外的数据,被调查者认为开放的政府数据所具备条件的重要程度依次排序:完整的数据、原始的数据、机器可读并可处理的数据、完全公开共享不具有私人排他使用的数据、无须授权就可使用的数据(图6-21)。

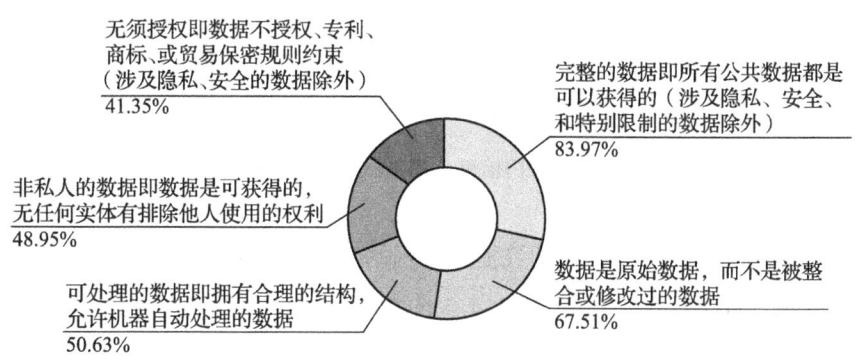

图6-21 政府数据开放所应具备条件的调查图

从调查的数据来看,政府部门对于政府数据开放本身的认识还有待提高,几乎有一半的被调查人员并不了解什么是政府的数据开放,对于政府数据开放的宣传和认识还需要进一步加强。政府数据开放的程度,从某种意义上决定了政府获取数据的便捷性和利用数据进行决策的可能性。

第二,政府数据开放的管理机制有待健全。

(1)政府部门是否有专人负责信息公开工作的调查。在此项的调查中,57.81%的被调查者表示其所在单位有专人负责信息公开工作;26.16%的被调查者表示其所在单位没有专人负责信息公开工作;16.03%的被调查者表示其不清楚所在单位是否有专人负责信息公开工作(图6-22)。访谈中,关于表示没有或者不清楚是否有专人负责信息公开工作的原因有两个:一是虽然信息公开是政府的义务,但是信息公开的需求量少,所在政府部门并没有设置专门的工作人员负责信息公开工作。因此,对于信息公开的具体流程和过程并不熟悉;二是虽然所在部门有工作人员兼职负责信息公开事宜,但工作效果并不清楚。在交叉分析中,省级以下机构的被调查者表示有专人负责政府信息公开的比例在50%~67%之间,而省级以上的机构有专人负责信息公开的比例在33%左右。

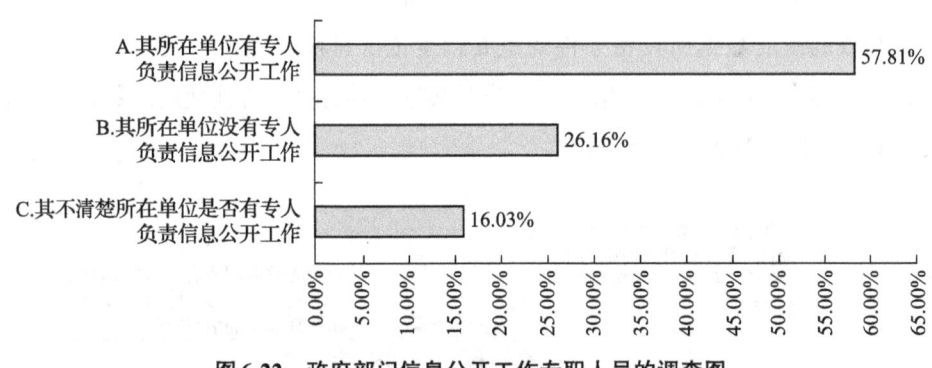

图6-22 政府部门信息公开工作专职人员的调查图

(2)政府部门是否有专门的数据服务网站的调查。以省级政府部门为例,调查数据表明,20.84%的被调查者表示没有建立专门的数据服务网站;33.33%的被调查者表示建立了专门的数据服务网站;45.83%被调查者表示不清楚是否建立了专门的政府数据服务网站(图6-23)。

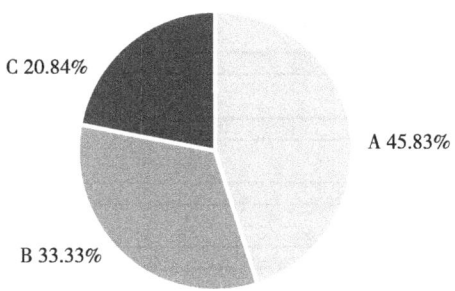

图6-23 省级政府部门数据服务网站建设情况的调查图

（3）政府部门信息公开方式的调查。通过调查显示，大部分政府部门在信息公开中首先是采用政府网站的方式，达到87.76%。其次是纸质的方式。例如，报纸、提供书面资料的方式公开，占到43.46%。另外，利用政务微博和微信也成为公开信息的渠道，分别占到29.54%和36.71%。

（4）政府数据利用存在问题的调查。根据调查有76.79%的被调查者认为政府数据难以获取；69.2%的被调查者认为政府数据难以查找。例如，数据无法在网上获得或者下载，并且通过依申请公开的方式也难以获取以及无法查找到所需数据成为主要的问题。75.11%的被调查者认为政府数据质量差影响了政府数据的利用。例如，数据的准确性、真实性、完整性等问题成为数据利用的主要问题。56.96%的被调查者认为政府数据授权不清，难以利用。39.24%的被调查者认为政府数据文件格式兼容性差，也是影响政府数据利用的重要问题（图6-24）。

（5）政府网站数据管理存在问题的调查。根据调查，政府数据管理存在的问题：88.19%的被调查者认为，政府部门之间分散数据的整合，大数据的有效整合成为首要的问题。将不同结构、来源和类型的数据进行有效整合是为政府决策服务的基础，数据的整合涉及数据的内部共享和开放前提下的整合，因此，政府数据的整合就要破解共享和开放的难题，尤其是破解部门间的利益格局，才能

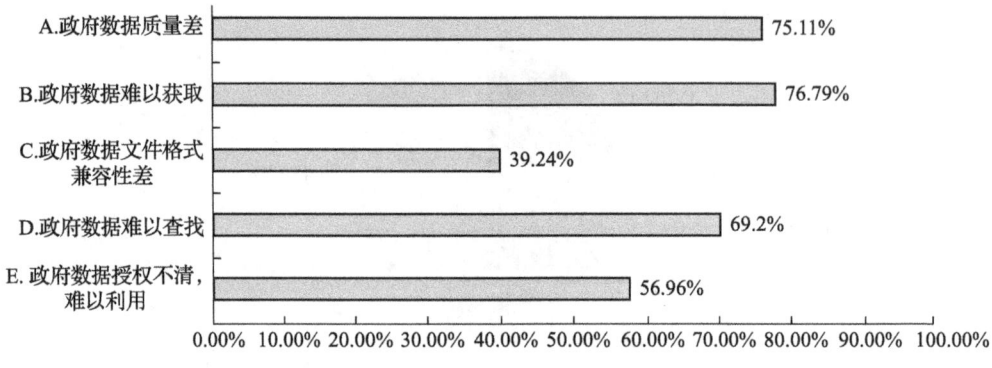

图 6-24 政府数据利用存在问题的调查图

促进数据的深度开放和有效融合。其次，存储技术。大数据时代下，政府海量数据的安全存储，高效率低成本的大数据存储成为政府部门所关心的问题，占到 69.2%。再次，政府数据管理中如何获得有效信息的问题，即去冗降噪的问题，因为在海量数据中，存在大量的无效和虚假的数据，这些噪声数据严重干扰着政府管理和决策的质量，这种技术的完善将会成为提高政府基于大数据决策模式应用的关键技术。被调查者选择大数据的去冗降噪技术，占到 63.29%。最后，被调查者认为，非结构化和半结构化数据的高效处理占到 50.21%。从调查和访谈中，有很多政府部门的数据管理系统并不完善，甚至有些部门并没有建立数据管理系统。虽然对于结构化数据的存储和管理还是较为完善，但是对于非机构化数据的管理显得力不从心，尤其是利用非结构化数据进行决策分析时，难度较大（图 6-25）。

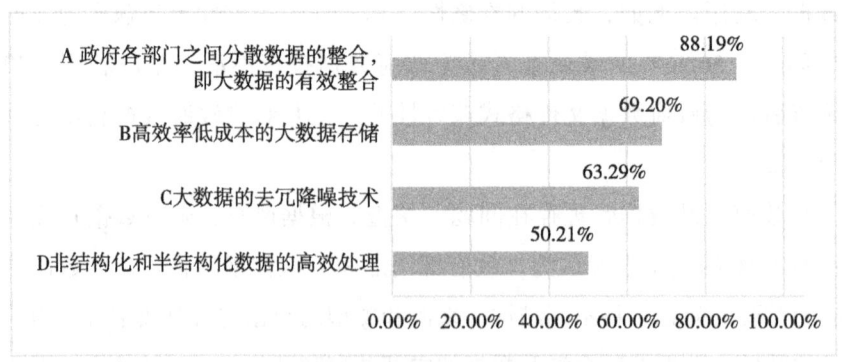

图 6-25 政府网站数据管理存在问题的调查图

6.4.4 政府部门数据安全和隐私的管理需要不断加强

根据所在政府部门是否建立了信息安全保障制度的调查中,53.69%的被调查者表示,其所在政府部门建立了信息安全制度;46.31%的被调查者表示,其所在政府部门没有建立信息安全的制度(图6-26)。

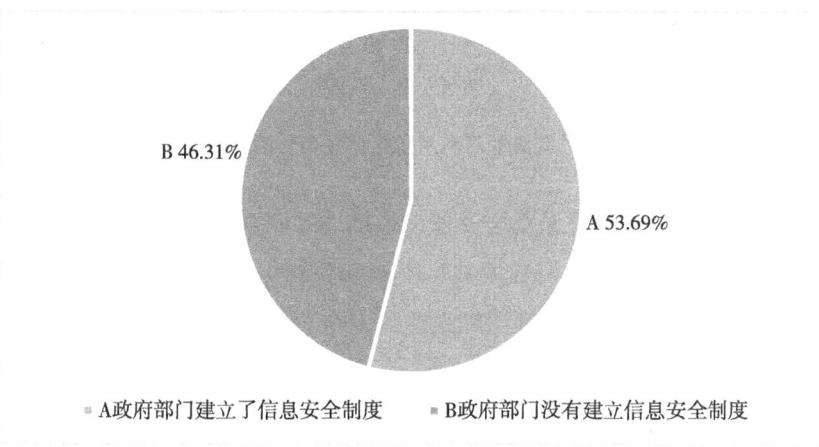

图6-26 政府部门是否建立信息安全制度的调查图

在调查中,安全和隐私的管理制度不健全是否与机构本身的认知有关联,项目组就此问题做了调查和访谈。但是从结果来看,无论是对政府部门利用数据所具备条件的认知度、安全和隐私的管理和保护还是对于政府数据开放的影响、大数据对于政府数据管理挑战的调查中,被调查者对安全和隐私的保护都有比较清楚的认识,但是在实际的安全和隐私管理建设中却出现了较为严重的错位现象。

(1)政府部门利用数据所应具备条件的调查。89.75%的被调查者认为,应该建立数据安全监控平台;88.11%的被调查者认为,需要完善数据信息安全管理体系;78.28%的被调查者认为,需要加大信息安全的监管力度;72.95%的被调查者认为,需要建设信息安全生态园(图6-27)。

(2)数据安全和隐私管理对政府数据开放影响的调查。81.01%的被调查者认为,政府数据安全级别的界定和隐私的正确保护成为影响政府数据开放的重要因素。

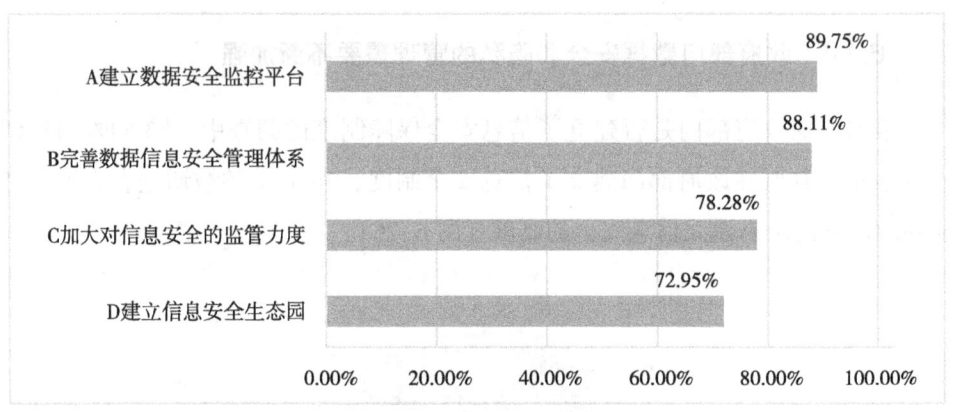

图6-27　政府部门利用数据具备条件的调查图

（3）大数据对于政府数据安全管理带来挑战的调查。根据调查，大部分的被调查者都认为，大数据给政府数据共享安全和隐私保护方面带来了巨大的挑战，如何加大力度保护数据的正确利用和系统的安全，成为政府部门利用大数据决策的重要条件。

从样本分析来看，政府部门工作人员对于数据安全和隐私保护的意识比较强，但是在政府部门实际管理中却存在制度不健全、技术不完善、管理不到位等问题。因此，整体而言，政府部门关于此问题的认知和行动之间还存在很大的距离。

第7章 CHAPTER 7

我国政府部门基于大数据决策模式的构建

从传统的政府决策支持系统来说，在政府数据库中获取和存放的是结构化数据，并且随着关系型数据库技术的发展，关联数据分析和数据挖掘对于政府关系型数据中的应用已经较为成熟。但是因为大数据时代的到来，政府的数据结构将改变过去小数据时代单一的数据获取模式，不仅增加政府获取数据的来源，而且更加注重利用多元化的数据结构类型，采用先进的数据分析和挖掘技术，为政府的决策服务。

7.1 政府部门大数据的采集

获取数据是政府决策的前提条件和基础。政府决策支持系统的发展为政府积累了大量的民生、环境和行业数据。我国经过多年的电子政务建设，大约80%的中央机构和省级政府部门都建立了政府业务数据库，已经积累了大量的数据和信息。例如，在2006年我国已经建成了世界上最大的人口数据库。而目前，北京、浙江、江苏、上海等十九个省市已经建立了省级的电子健康档案数据库。[1]另外，民政部和中央编制委员会建成了社会团体和事业单位信息库等。早期的政府数据库的建设为我国政府的管理和服务提供了决策方面的重要支持。例如，在上海市公共信用信息服务平台，收集了包括法人、自然人监管、审批、资质审核、执法等超过1200多个数据项和3亿多条数据，为信息主体和政府部门提供查询、决策和监管服务。[2]

传统的电子政务是基于关系型数据库的结构，所采集和生成的数据。例如，员工的工资、人员基本情况和业绩、成本核算数据、项目经费等，都可以用文字或者数字来表示，而这类数据具有相同的网状结构或者层次，故而被称之为结构化数据。但是随着大数据时代的来临和社会性网络的发展，政府公共服务门户网站、移动互联网数据、数据门户网站、企业数据、互联网数据，以及政府门户网站建立的论坛、微博、微信等所生成的各种动态页面和图像、影像、声音等各种格式的非结构化和半结构化的数据，导致数据库的并发负载程度高，关系型数据库是无法满足这种承载需求。在大数据时代，虽然大量核心的数据由政府所掌管，但在数据总量中，超过95%以上的非结构化数据却没有得到很好的利用。

---

[1] 国家卫生计生委.关于加快推进人口健康信息化建设的指导意见[N].2013.11.
[2] 刘维涛.大数据：政府治理"如虎添翼"[N].人民日报,2014.5[EB/OL].[2016-8-11].http://cpc.people.com.cn/n/2014/0521/c83083-25044169.html.

不仅如此，根据 IBM 的预测，目前所看到的数据也只是冰山一角，约有 80% 以上的非结构化数据还处于未接触状态（图 7-1）。❶

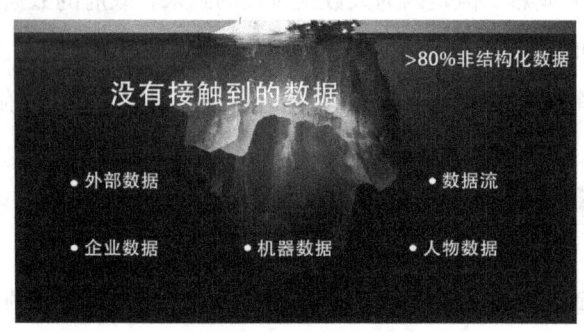

图 7-1　大数据分布图❷

因此，政府数据的采集过程中，除了注重内部业务数据的收集，如上级部门、下级部门、同级部门、政府决策部门等的数据之外，更应该重视大量非结构和半结构数据的采集和获取。例如，来自政府电子政务门户网站的数据、政府数据开放门户网站的数据、互联网数据、移动互联网数据、企业数据、GPS 和 FRID 产生的数据、社区管理和用户产生的数据、传感数据等，从中获取洞见，为政府的决策和管理服务（图 7-2）。

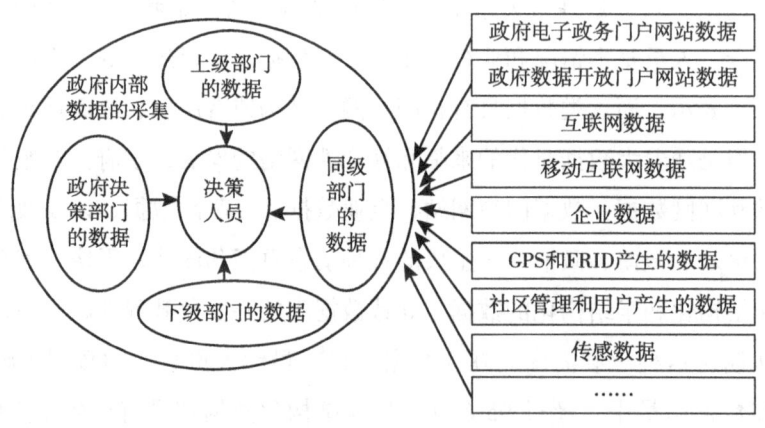

图 7-2　政府数据采集的来源和类型

---

❶ IBM，Big Data platform Turning Big Data into Smarter Decision [EB/OL].[2016-7-17].http://www.uicuneo.it/risorse/documenti/convegni/13-06-2013_CIOCUNEO%20IBM%20Cesati.pdf.

❷ 同❶。

7.2 政府部门大数据的存储

从传统电子政务数据的存储来看,政府数据的来源主要分为内部和外部数据。内部采集的数据具有结构化的特点,常常在关系型的数据库中存储。而这类数据库具有一定的规则和程序,数据的独立性强、结构化程度高,冗余度较低,易于扩展和编辑等优点。[1]但是,传统的结构化数据存储系统已经无法适应海量数据存储的要求。

(1)传统的电子政务平台难以支撑海量数据的高频率访问。尤其在智慧城市建设当中,海量存储的数据需要随时被访问和分析,传统电子政务关系型数据库容量有限,并且对于非结构数据的采集、存储和分析很难有效的处理。

(2)电子政务关系型数据库缺乏较强的灵活性。这种灵活性主要体现在可扩展性和可用性两个方面。面对海量的数据,由于关系型数据库横向的可扩展性比较差,因此无法通过添加服务节点或者增加更多的硬件而加强其负载能力。

(3)电子政务关系型数据库的互动读写能力弱。随着Web2.0技术的发展,政府部门与公众互动会越来越频繁,网页的动态性会变得越来越强。而传统的关系型数据库的动态读写输出能力较弱,很难适应当前我国智慧政务发展的需求。

海量数据的存储就意味着系统除了具备存储结构多样化、类型复杂化的数据能力之外,还要具备动态和静态海量数据存储的能力。因此,电子政务数据的存储已经告别过去单一的结构化数据存储模式,依据数据的特点分类存储才能更高效地为政府的决策和管理服务。根据数据的类型和结构不同,可将政府数据的存储分为政府高价值、高密度大数据的存储和低价值、低密度大数据的存储,而低价值、低密度大数据的存储又可分为静态的低价值、低密度数据的存储和动态的低价值、低密度数据的存储两种类型(图7-3)。

---

[1] 陈婕.文档型数据库与关系型数据库的比较[J].湖北工业大学学报,2008(8):98.

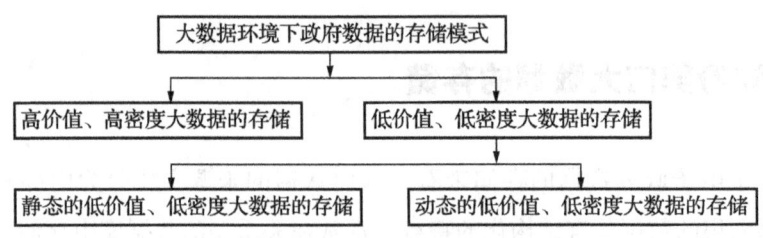

图7-3　大数据环境下政府数据的存储模式

▶▶ 7.2.1　政府部门高价值高密度大数据的存储

政府数据中存在一部分高价值和高密度的大数据，属于政府的主业务数据，具备价值高、结构化的特点。随着云计算技术的发展，存储海量结构化数据的数据库——大规模并行处理数据库（MPP[1]）出现，为政府存储结构化的数据提供了条件。MPP具有传统数据库技术所无法企及的能力，那就是能够对达到PB[2]级的结构化数据进行有效地存储与分析。这是因为MPP数据库在数据存储中，改变了传统的行式存储而采用了列式结构和大规模分布式并行存储的模式。

另外，MPP数据库采用了存储和计算的分布模式，改变了传统的关系型数据库的存储和计算集中的模式（图7-4），具有实时处理和分析数据的功能，以及高弹性和高性能的特点，极大地提高了数据的存储和计算的能力[3]。

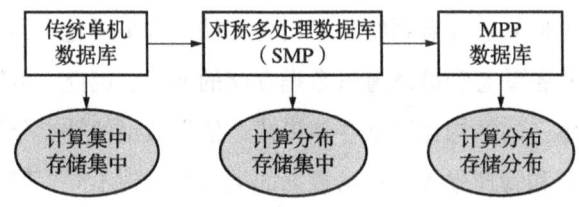

7-4　数据库发展过程图

---

[1] 大规模并行处理数据的英文名称：Massively Parallel Processing(MPP).
[2] PB为数据存储容量的单位1PB=1024TB.
[3] 孙淳晔,梁杨.探秘MPP数据库[J].互联网天地,2015(7):74.

7.2.2 政府部门低价值低密度大数据的存储

除了结构化数据之外，政府数据库中存在大量的非结构化数据库。而非结构化数据库的发展就有了用武之地。当然，非结构化数据库并不是最近几年产生的。非结构化数据库最早由卡洛·斯特罗齐于1998年提出，当时由于数据量不大，非结构化数据库更多地被应用于企业高端数据的处理。一直到2009年，随着大数据的兴起，非结构化数据存储问题日益凸显。学者艾瑞克·伊文思认为，这个问题的解决之道就是构建非结构化数据库。这一解决方案的提出，被业界称之为破解非结构化数据存储问题的"及时雨"。

政府的低价值、低密度大数据的存储分为两类：静态的低价值、低密度大数据的存储和动态的低价值、低密度大数据的存储。

第一，静态的低价值、低密度大数据的存储。如前所述，除了高价值、高密度的大数据之外，政府部门还存在大量半结构化和非结构化数据。如何存储这些数据，成为政府部门必须应对的一项挑战。为了解决此问题，基本方法之一是将电子政务系统中的半结构化数据直接转换为结构化数据，但必须指出的是在转换过程中存在的风险：①有可能丢失有价值的信息；②由于非结构化数据库采用键值（key-value）的形式存储，很难完成对原有关系型数据库数据复杂的查询和迁移的工作。

因此，如何能够适应大数据的特点，采用有效的方式存储数据是政府分析和决策的关键。针对目前政府数据的特点，基于云计算的分布式系统基础架构的平台成为储存静态的低价值、低密度大数据的重要方式。例如，微软的Hadoop数据平台很符合目前政府这一类数据存储和管理的需求。Hadoop的核心之一是分布式文件系统（HDFS），主要为海量的数据存储服务，不仅能够存储类型复杂的超大文件，而且能够很好地处理流式数据的访问。将政府数据中静态、低价值、低密度的大数据存储在分布式文件系统中，一方面可以满足非结构化数据结构多样性存储的特点，另一方面可以满足其海量存储的需求（图7-5）。[1]

---

[1] 单士华,曹社香.基于Hadoop处理大数据分析[J].创新科技,2013(12):66

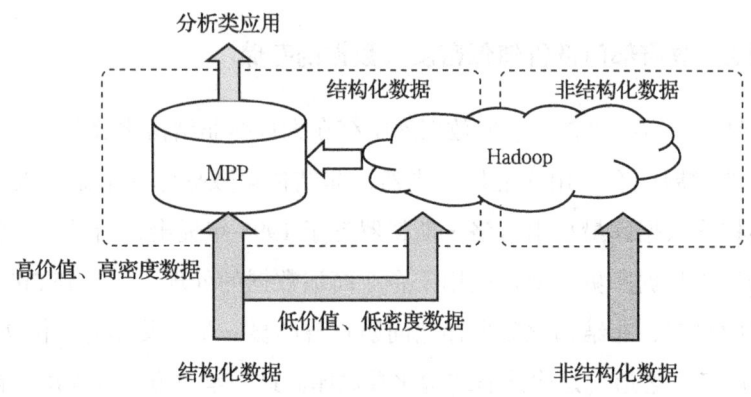

图7-5 政府结构化大数据与非结构化大数据分类存储图❶

第二，动态的低价值低密度大数据的存储。由于网络数据中动态数据的来源广泛、格式多样，并且处于连续流动的状态，这类数据在政府管理中主要表现在两个方面：一种是流式大数据的存储；另外一种是交互式大数据的存储。

流式大数据是指格式复杂、来源迥异和具有一定时序性、动态的无穷数据序列❷。流式大数据的实时存储主要应用于政府灾难预警、智慧交通、舆情分析等方面。目前，比较具有代表性的流式系统有推特的 Storm 系统，领英的 Kafka 系统，微软的 TimeStream 系统等。众所周知，推特是美国大型的社交网络和博客网站。以推特的存储处理系统 Storm 为例，Storm 处理系统具有很强的扩张性和容错的功能，以及快速实时处理数据的特点。政府部门如果能够充分利用这种非结构化数据库可以更好地解决流式数据的存储和计算问题。

动态大数据存储的另外的一种类型是交互式大数据的存储。在传统的电子政务系统中，交互式的数据处理是基于关系型数据的系统；在大数据环境下，非结构化、交互、动态数据的增长，已经无法适应政府管理的需要。因此，交互式大数据的存储需要系统具备弹性、易控制、便于操作等特点。典型的系统如谷歌的 Dremel 系统。Dremel 系统是对 Mapreduce 系统交互能力不足的重要补充。Dremel 系统采用的列式存储方式可以大量减少数据分析的时间，充分发挥系统的整体效能。Dremel 系统数据查询方面具有方法简单、速度快的特点。在

---

❶ 中国软件网.新型MPP数据库将支撑起大数据时代[N].2014.4[EB/OL].[2016-7-17]. http://www.soft6.com/news/201404/16/242130.html.

❷ 程学旗,靳小龙,王元卓,郭嘉丰,张铁赢,李国杰.大数据系统和分析技术综述[J].软件学报,2014(9):1892.

智慧政务的环境下,网上交互成为政府办理业务的必要条件,自然会生成大量的交互数据。这些数据的有效存储和计算为政务实时交易、查询和决策提供重要的支持。

7.3 政府部门基于大数据决策的计算

政府部门大数据决策的计算方式分为两种类型:①政府部门实时大数据的计算;②政府部门静态大数据的计算,即先存储后计算数据的方式。这种类型的计算方法基于其类型和特点,又可分为高价值、高密度大数据的计算和低价值、低密度大数据的计算。

7.3.1 政府部门实时大数据决策的计算

实时计算通常指时间以秒为单位对动态的海量数据所进行的计算。实时计算分为两个部分:流时计算和实时入库。[1]在智慧政务发展阶段,政府的数据分析中,交互式计算和流式计算将成为常态。大数据技术可以实现海量数据的实时分析和计算是因为其在分析的原理中采用了分布式并行计算的技术,这与传统的串行数据挖掘分析的原理有很大的不同。在分布式并行算法中,将并行的任务进行分解之后交给每一台空闲的机器处理,分解任务计算完成之后,再将其结果汇总起来。这种计算的原理,一方面充分利用了计算资源,极大地提高了数据计算的效率;另一方面,由于数据的非相关性,计算的弹性也得到了很好的保证[2]。实时数据的分析,在政府部门的管理当中经常发生,如智能交通、舆情数据分析、灾难预警等。

7.3.2 政府部门静态大数据决策的计算

(1)低价值、低密度大数据决策的计算。Hodoop 分布式文件系统以其容错性、水平扩展性和非结构化数据的存储能力成为大数据首选的分析平台,但其擅

---

[1] 中国软件网.新型 MPP 数据库将支撑起大数据时代[EB/OL].[2016-7-17].http://www.soft6.com/news/201404/16/242130.html.

[2] 迪莉娅.基于云计算的电子政务大数据管理研究[J].图书馆理论与实践,2013(12):49.

长处理和分析离线、静态的数据（图7-6）。

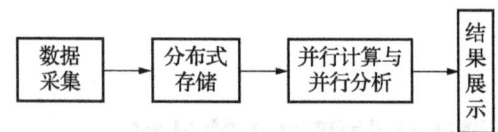

图7-6　政府静态大数据计算的过程图

因此，大数据环境下，大量低价值、低密度的数据可以由Hodoop的MapReduce来处理，它是分析和挖掘大规模数据集的典型模型。程序员通过映射函数（Map）规定各部分数据处理的方法和过程，而在规约函数（Reduce）中对处理各部分数据的中间结果进行归约（图7-7）。在政府大数据中应用这种数据处理的范式，不仅解决了非结构化和半结构化数据的分析和处理问题，而且推动了从过去围绕核心数据计算分布向集群式计算分布的演进，提高了计算效率并充分利用了资源，❶扩展性也得到了很好的保证。

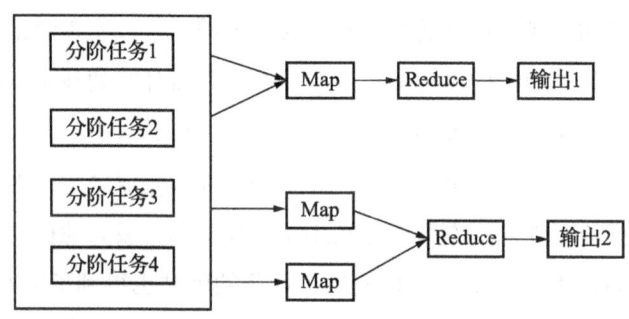

图7-7　MapReduce——政府大数据决策计算模型图

（2）高价值、高密度大数据决策的计算。传统的数据分析工具中，高价值、高密度的结构化政府数据处理和分析的技术主要有两种：一种是联机事务处理（OLTP），另一种是联机分析处理（OLAP）。联机事务处理主要通过关系型数据库负责日常运营的基本事务处理。联机分析处理主要通过数据仓库系统实现对复杂事物的分析，为决策提供服务（表7-1）。❷

---

❶ 中桥调研.大数据分析系列,大数据分析的业务价值和分析方法[J].电脑与电信,2013(10):13.
❷ 迪莉娅.基于云计算的电子政务大数据管理研究[J].图书馆理论与实践,2013(12):49-52.

表7-1　OLTP和OLAP区别表[1]

比较项	OLTP	OLAP
类型	事务操作	事务分析
数据特性	并发的大量用户对数据可进行多次修改和添加	对数据无需修改，支持并发的大量用户的查询
技术特征	数据读写实时性高 保持数据的一致性 确保事务的完整性	支持对多维数据的复杂分析
数据量	GB~TB级	TB~PB级

联机分析具有采用多维分析模型和方法对数据进行多层次、多角度分析的功能。如果联机分析与数据仓库结合起来，就会形成互补关系，[2]解决传统电子政务系统中无法实现对大量数据的处理和分析（图7-8）。

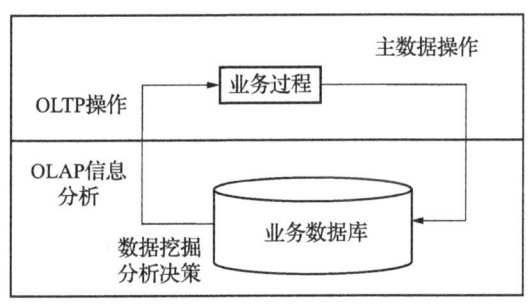

图7-8　OLTP和OLAP运行过程图[3]

但是传统的联机分析更适合于传统的关系型数据库类型，对于海量结构化数据的分析就显得力不从心了。虽然Hadoop具有强大的数据分析功能，在半结构化和非结构化数据，如图片、视频、传感器数据等方面具备难以媲美的计算能力，但是在处理关系型数据库所擅长的强一致性、易用性和多表关联方面能力较弱。[4]相反，MPP则在这方面的优势比较明显。从小数据到大数据时代，自然政府的结构化数据也在飞速增长。这部分数据属于高价值、高密度的数据，它们大

---

[1] 迪莉娅.基于云计算的电子政务大数据管理研究[J].图书馆理论与实践,2013(12):49-52.
[2] 联机分析处理数据模型及集聚的研究[EB/OL].[2016-7-19].http://www.docin.com/p-1236922292.html.
[3] OLTP-vs-OLAP[EB/OL].[2016-7-19].http://datawarehouse4u.info/OLTP-vs-OLAP.html.
[4] 辛晃,易兴辉,陈霞宇.基于Hadoop+MPP架构的电信运营商网络数据共享平台研究[J].电信科学,2014(4):132.

部分来自政府各种类型的数据库。例如，人口数据库、地理数据库、教育数据库、法人数据库，以及政府部门的主业务数据库等。MPP 因为很强的分布式存储和计算的能力，很适合政府部门高价值、高密度结构化数据的计算与分析，可以更好地为政府决策服务。

Hadoop 分布式文件系统以其水平扩展性、容错性和非结构化数据支持能力成为大数据非结构化数据处理与分析的首选，而 MPP 数据库同样是一种重要的大数据技术，对于快速读写、多表关联等 Hadoop 难以解决的问题，能够给出很好的解决方案。❶

由于目前 Hadoop 分布式文件系统和 MPP 各有其优缺点，因此，可以在大数据平台的搭建中，依据各个数据库的优点，在数据分析的过程中，发挥各自的优势。例如，经过 Hadoop 规范处理后的数据，通过数据线同步传输到 MPP 数据库中进行深度的关联分析和保存（图 7-9）。

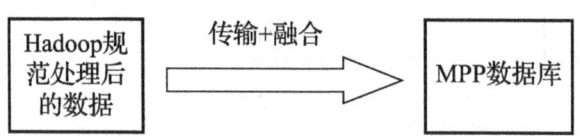

图 7-9　Hadoop 和 MPP 数据转换图

Hadoop 负责处理政府海量的发票、合约、采购记录、电子表格、音频、视频、图形等数据；而 MPP 则可以处理政府的业务数据、交易数据、用户数据等结构化的数据（表 7-2）。

表 7-2　政府部门大数据的分析技术

政府大数据的来源	政府大数据分析的技术
即时、动态的流式大数据	实时计算
高价值、高密度的大数据	MPP
低价值、低密度的大数据	Map Reduce

---

❶ 张雨,蔡鑫,李爱民,刘翼,姚晓辉:分布式文件系统与 MPP 数据库的混搭架构在电信大数据平台中的应用[J].电信科学,2013(11):14.

7.4 政府部门基于大数据的决策分析方法

同样原理,基于不同数据类型、特点和状态的不同,采用的数据分析方法自然也会有很大的不同。流式分析是针对政府动态大数据的分析方法,结构化大数据的分析方法已经比较成熟,而知识计算、深度学习、社会计算等的出现,对于挖掘和分析半结构化和非结构的大数据提供了重要的方法。

7.4.1 政府部门流式大数据决策的分析方法

大数据的批处理模式是将海量的数据进行存储或者累积之后进行分析和处理,很难实现数据分析的实时性。而流式大数据分析,顾名思义,即实现对大数据流即时到达、即时处理和即时分析的功能,提高了大数据分析的速度和能力。[1]流式大数据分析和 Map Reduce 批量静态大数据分析方法的不同之处在于先分析后存储。由于对数据处理的实时性要求,自然会对分析的精确度要求相对比较低(表7-3)。

表7-3 流式大数据分析和批量静态大数据分析的区别[2]

比较项目	流式大数据分析	批量静态大数据分析
分析方式	实时	批量
存储方式	先分析后存储	先存储后分析
数据精准度	较低	较高
数据量	无限	有限
有序性	无	有

流式大数据分析在实时分析智能交通、舆情、灾难和危机预警及政府与公众交互和交易服务的整体情况和特性中应用比较广泛。

以山东省智能交通为例,采用云计算和大数据技术所构建的交通安全防控云平台,采用 Kafka 系统的 Spark Streaming 计算交通实时流,实现了海量过程信息的查询、伴随分析、区间测试分析、套牌分析、跨区域和警域的信息共享及挖掘等功能,为实时监测公路运行行为、稽查违法行为、涉车的违法犯罪行为,提高

---

[1] 李圣,黄永忠,陈海勇.大数据流式计算系统研究综述[J].信息工程大学学报,2016(2):92.
[2] 孙大为,张广艳,郑纬民.大数据流式计算:关键技术及系统实例[J].软件学报,2015(4):44.

了公路安全和管控的服务水平（图 7-10）。❶

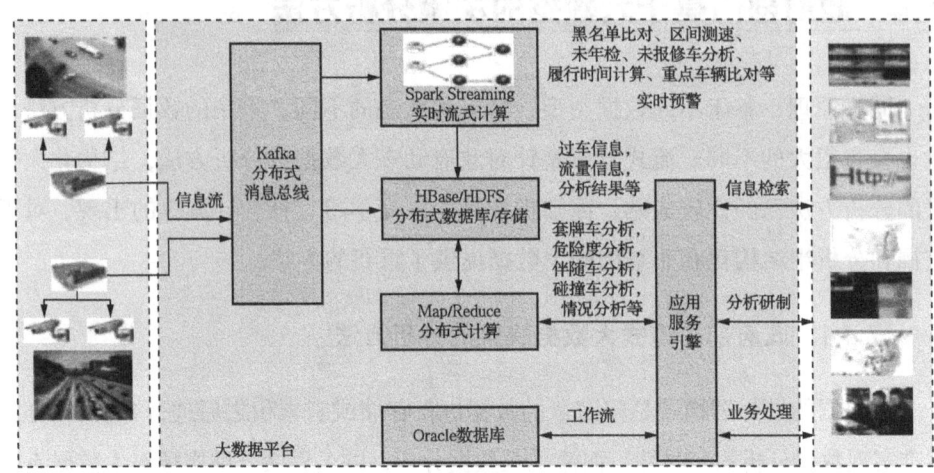

图 7-10　山东省智能交通主控平台图❷

7.4.2　政府部门高价值、高密度大数据决策的分析方法

高价值高密度大数据主要来自结构化业务数据库形成的大量数据。这部分数据来自政府的主业务数据库。数据挖掘技术为主业务数据库提供了重要的分析工具。

数据挖掘是指在数据库中从大量有噪声、模糊、不完全的数据中随机提取❸、转换和模型化处理数据并加以分析，找到数据中隐藏的有助于决策的关键性数据和信息，并提供决策分析的意见、建议和结论的过程和方法（图 7-11）。❹

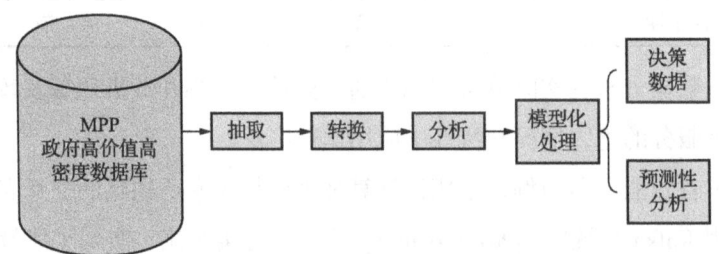

图 7-11　政府数据挖掘过程图

---

❶ 周建宁,徐晓东,蔡岗.流式计算在交通管理中应用研究[J].智能交通,2016(1):70.
❷ 同❶,71.
❸ 孔抗美,张莹,李韶斌,赵紫奉.医院医疗数据挖掘与分析[J].中国卫生信息管理杂志,2011(12):30.
❹ 肖攸安,李腊元.数据挖掘与知识发现的理论方法及技术分析[J].信息工程大学学报,2016(1):58.

数据挖掘的方法多种多样，其中常见的统计方法有回归分析、主成分分析、关联规则、聚类分析等。

（1）回归分析。回归分析是指通过采用数据统计的原理，建立自变量和因变量之间的回归方程式对政府数据进行分析。回归分析分为一元回归分析和多元回归分析。一元回归分析指只涉及因变量和一个自变量的因果分析；当涉及因变量和多个自变量的因果分析，称为多元回归分析。回归分析主要采用因果关系对事物的发展进行分析和预测，因此数据分析的结果比较精准。

（2）主成分分析。主成分分析是指利用线性变换的原理，将数据中涵盖的多个指标降维到几个主要的、少数的指标进行数据分析的过程。其原理是通过数据中的多个变量内部之间相互紧密和依赖的程度，对数据的基本结构进行分析，并主要通过少数几个不可观测、潜在的变量因子来表达数据的基本结构。[1]

（3）关联规则。关联规则是数据挖掘技术的主要方法之一。其主要原理是挖掘和发现数据库中数据内容之间的联系，提取未知、潜在的规则。通过这些规则的发现，可以推至其他事物的发展和联系，如经典的数据挖掘案例——啤酒和尿布的故事。众所周知，啤酒和尿布两个物品之间是没有关联的，但是沃尔玛通过顾客购物交易数据的分析，惊奇地发现购买尿布同时购买啤酒的比例极高，从而发现了美国年轻父亲购物的行为模式，也为沃尔玛啤酒和尿布的营销提供了证据。

（4）聚类分析。聚类分析是指根据相似的数据样本依据不同的类别归集到不同组的过程。[2]聚类分析法在政府空间地理分布、医疗、交通等行业的数据分析中应用非常广泛。通过聚类分析，可以更好地发现数据之间的本质特点和数据分布的规律，挖掘出隐形的数据内容和知识。

7.4.3 政府部门低价值、低密度大数据决策的分析方法

（1）知识计算。知识计算是指在海量数据中发现潜在有用知识的计算模型。知识计算是政府知识管理的重要方法。在大数据环境下，既存在显性的问题、规则和方法通过可计算的方式获取信息和知识，同时也大量存在那些不太清楚、没

---

[1] 韩冰.主成分分析和神经网络在工业经济数据中的应用[D].吉林大学硕士学位论文,2014(12):10.
[2] 陈学进.数据挖掘中聚类分析的研究[J].计算机技术与发展,2006(9):48.

有感觉到、没有意识到和未察觉到的数据。这些潜在的、隐形数据的挖掘，也是政府大数据决策和管理的重要方面。知识计算是数据挖掘的进一步发展。数据挖掘擅长在结构化数据中进行分析，而知识计算则擅长在非结构化和半结构化的海量数据中进行分析和挖掘知识。在政府的海量数据领域，存在非结构化、低价值、低密度的数据，通过知识计算可以深度挖掘潜在、隐形的知识，为政府的预测性管理和决策服务。

在政府决策和分析中，数据挖掘和知识计算是重要的分析工具和技术，因此依据其特性进行利用，可以更好地发挥其重要的作用（表7-4）。知识计算的主要分析方法有人工神经网络、决策树、贝叶斯网络等。

表7-4 数据挖掘和知识计算的区别[1]

比较项目	数据挖掘	知识计算
数据项	不可以分割	可以分割
数据特点	结构化	半结构化、非结构化
技术路线	统计、规则	推理、归纳与演绎
典型的主要方法	回归分析、主成分分析、多元分析、关联规则、聚类分析等	人工神经网络、机器学习、遗传算法、决策树、聚类分析、范例推理、贝叶斯、信念网络等
结果	精确的、定量的	模糊的、定性的
应用领域	统计、数据分析	人工智能

第一，人工神经网络。最早由神经生物学家和心理学家提出的人工神经网络理论，其目标是对神经的计算和模拟进行开发和测试。[2]因为人工神经网络是基于生物神经网络结构和原理的启示模拟而成，和传统的数据挖掘不同的是其具有很强的自适应性和容错性，以及记忆联想能力很强和高度的鲁棒性等特点。人工神经网络是一种实用的、简单的数据挖掘工具，具有很强的自学习能力。在挖掘过程中，不必了解变量之间的具体关系，只需根据实际问题确定网络的拓扑结构，就可对其进行学习[3]和构建模型，按照一定的规则自动调节神经元之间的输

---

[1] 化柏林.数据挖掘与知识发现关系探析[J].情报理论与实践,2008(7):09.
[2] 邓茗春,李刚.基于人工神经网络的智能数据分析方法研究[J].信息技术与信息化,2008(5):50.
[3] 韩彦峰,段向前.人工神经网络在数据挖掘中的应用[J].西安建筑科学大学学报(自然科学版),2005(3):122.

入、输出，改变内部状态，使输入、输出呈现出某种规律性和发现新的知识。❶人工神经网络在非结构化数据的语音识别、画像识别、故障判断方面特点突出，在政府非结构化数据的分析和应用方面将会起到重要的作用。

第二，决策树。决策树是指在知识计算中，利用树形结构来表示数据集分类规则的决策方式。决策树由决策的分支、叶子和节点组成。而处于最上面决策树分支的节点属于根节点，叶子的节点属于类节点。每个节点代表着某一问题或者决策。从根节点开始，每个节点就会遇到一个测试，每一个节点的测试都会产生不同的分支，然后到达叶子的节点。这个过程实际上是利用多个变量进行分类的过程。❷

以群体性事件为例，通过网络舆情数据和政府信访机构、公安局、交通局等部门数据的采集与分析，从参与群体性事件人员的利益表达、诉求方式、聚集情况利用决策树就可以构建出一个清晰的分析框架。

第三，贝叶斯网络。贝叶斯网络是指连接变量集概率分布的因果模型图。因为贝叶斯网络各个节点计算是相互独立的，所以其学习既可以自上而下，也可以自下而上地在各个节点中推理，在不确定环境下可以完成预测、聚类、因果分析、分类、决策等任务，经常用于医疗诊断、经济预测、语音识别等领域。

（2）深度学习。20世纪40年代在机器人的研究领域，由于神经脑科学的发展，为机器人具备类似人类大脑的智能提供了可能。科学家们采用人工神经网络的机理来模拟人脑分析和处理信息的流程。当时，罗森布拉特所设计的"感知机"当属于最有名的算法。感知机是一种具有学习能力的神经网络，可以很好地完成图像识别。但是感知机的缺点是无法进行富有逻辑的有效计算。又过了40年，美国的物理学家霍普菲尔德提出了全互联型神经网络，以及学者谢诺沃斯基和辛顿提出了波尔兹曼机模型为人工神经网络的再次兴起和应用起到了重要的作用。而在2006年，加拿大学者辛顿等在《科学》杂志发表的论文，对传统的主成分❸降维的方法进行了挑战，采用了超级深的神经网络模型原理对数据实现了成功的降维，得到了学界的认可，也是对深度学习研究的开端（图7-12）。❹

---

❶ 韩彦峰,段向前.人工神经网络在数据挖掘中的应用[J].西安建筑科学大学学报(自然科学版),2005(3):122..
❷ 决策树简介[EB/OL].[2016-8-12].http://blog.sina.com.cn/s/blog_4d8d630301000930.html.
❸ 主成分分析法（principal component analysis，PCA）.
❹ 余滨,李绍滋,徐素霞,纪荣嵘.深度学习:开启大数据时代的钥匙[J].工程研究,2014(3):234.

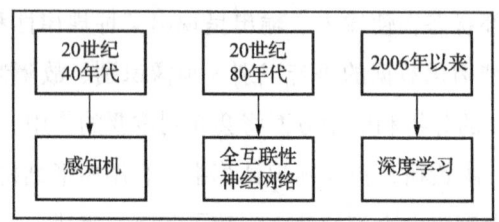

图7-12 深度学习发展图

深度学习是机器学习和人工神经网络研究的进一步发展。数据特征表示的质量直接影响机器学习的性能。面对海量的数据，传统的机器人对结构化的数据和文本挖掘比较擅长，而对图片、视频、符号等非结构化数据的挖掘却力不从心。[1]

深度学习是一种在大数据中抽取特征并深层学习特征的一种算法。该方法改变了传统的机器学习方法，其核心原理采用的是非线性的算法，进行由底层到高层、由具体到抽象、由一般到特殊的数据特征的抽取和分析方法。在大数据环境下，政府数据的类型将会越来越复杂，数据的规模也会越来越庞大，所设计的数据模型分析参数的类目和拟合的方式、方法将会更加繁杂。因此，利用手动的方式去设计特征的原理已经不能适应海量数据处理的要求了。深度学习方法可以有效的降低人工干预，并且能够自适应的从数据中提取有关的内部表示特征。深度学习模型具有很强的泛化性能，可以应用于各种场景。深度学习尤其在OCR识别、语音识别、人图像搜索、人脸识别等方面分析效果显著。[2]

例如，我国环境保护部采用微软的Urban Air系统，通过利用来自不同来源的数据，对空气质量数据、厂矿部门的数据、交通流量数据、气象数据等相互补充和叠加，应用机器学习和深度学习的方法来检测、分析及预告空气的质量。该系统按照城市群，省份、直辖市、自治区，地级市进行划分，可对我国未来48小时之内不同地区的空气质量，如细颗粒物、可吸入颗粒物、二氧化碳、二氧化氮、臭氧、一氧化碳进行有效的预测。

（3）社会计算。社会计算发展缘起于20世纪90年代，它是指以人工智能、数据挖掘和系统科学作为研究的方法，将计算理论和社会科学理论有机地结合起来，为人类认识与改造社会，解决复杂的社会性问题提供决策的一种方

---

[1] 王馥芳.大数据新发展：面向机器人的大规模知识引擎诞生[N].中国社会科学报，2015-05-25.
[2] 余滨,李绍滋,徐素霞,纪荣嵘.深度学习：开启大数据时代的钥匙[J].工程研究，2014(3)：240.

法论体系。❶

在人机交互的时代，人们的行为数据留在了现实社会空间和网络空间中。而这些数据包含着个人与群体的各种行为规律，通过利用社会计算的理论和方法，有助于分析和挖掘社会关系和知识，加强社会的联系和沟通，探索社会的发展规律，解决社会存在的各种难题。其核心就是用社会科学的方法计算社会。

政府在决策中，常常由于缺乏必要的技术和理论的支持与指导，往往在解决问题中过于盲目或者抓不住核心问题的症结，不仅未能很好地解决问题反而激化了矛盾。社会计算利用科学的理论和新型的信息技术，为政府的决策和管理创新提供了重要手段。❷社会计算主要利用数据和实验来描述和分析社会平台。一方面采集虚实世界的互动关系数据，实现二者的无缝对接；另一方面利用计算机的复杂建模和仿真技术和方法，推动社会系统的静态性向实时与动态社会实验的方向转变。❸社会计算在政府决策中的应用有两个突出的特点：

第一，跨界的决策思维。社会计算促进了技术、自然科学和人文科学决策思维的融合。在传统的学科建制中，人为地将学科体系分为自然科学和人文科学，从而造成了人为的学科界限。但是，随着20世纪90年代现代信息技术的发展，以及社会计算的兴起，为它们之间的交叉和融合提供了基础，同时为跨界的决策思维实践提供了理论和方法的基础。社会计算倡导在决策中融合经济学、政治学、人类学、语言学等人文学科和数学、物理、系统科学的决策思维，从而为政府的决策和管理提供了新的视角。有学者这样形容社会计算：社会计算就是自然科学和人文科学中间的一条河，左边是自然科学，右边是人文科学，而社会计算搭起了二者结合的桥梁。❹来自政治学、经济学、语言学、传播学、人类学等社会和人文学科的研究者，联手计算机、物理、数学、控制等科学技术界专家，兴起了规模更大、参与更广的计算社会科学。

第二，决策方法——ACP。ACP是指将人工社会（Artificial societies）、计

---

❶ 孟小峰,李勇,祝建华.社会计算:大数据时代的机遇与挑战[J].计算机研究与发展,2013(50):2486.

❷ 王博,李生.基于社会计算视角的社会管理科学化与创新方法研究[J].哈尔滨工业大学学报(社会科学版),2011(9):10.

❸ 杜海峰,张楠,牛静坤,朱正威.群体性事件中的集群行为—个基于社会计算的研究框架[J].中国人民公安大学学报(社会科学版),2014(6):84-86.

❹ 孟小峰,李勇,祝建华.社会计算:大数据时代的机遇与挑战[J].计算机研究与发展,2013(50):2486.

算实验（Computational experiments）、平行执行（Parallel execution）之间有机组合的一种社会计算方法。❶ACP 的关键理念是在大数据环境下，将虚拟的网络世界和现实世界的复杂系统建立起来，并通过计算的方式，为政府的决策提供依据。

ACP 包括三方面内容：① 人工社会建模。人工社会建模与传统的自上而下建模的方法不同，是采用基于智能体的自下而上的建模方法，这种方法对于在网络环境中，网民动态群体的行为、心理发现和评估，对于热点问题和趋势的发展及演化规律的计算和解析具有很重要的作用。② 计算社会实验。通过网络数据的挖掘，分析个人和动态网络群体的行为状态，分析人与人和人与群的交互方式，以及社会群体在网络空间的形态和发展演化机制。③ 平行系统计算。平行系统计算是指由某一个自然的现实系统和对应的一个或多个虚拟或理想的人工系统所组成的共同系统实现对其完成控制和计算任务的一种解决问题的方式和方法❷。平行系统计算和目前流行的并行计算还是有很大的区别。平行计算是将复杂问题扩展成虚与实互动方式处理问题的一种计算方法。并行计算是将复杂问题分解成不同的子问题进行同时处理问题的方式。虽然这是两种不同解决问题的思维，但是平行计算中可以容纳并行结算。

7.5 政府部门基于大数据决策分析的可视化

一幅图胜过千言万语，有研究成果认为，人类从外界获得的信息约有 80%以上来自于视觉系统。❸可视化分析是科学可视化、人机交互、认知科学、数据挖掘、信息论、决策理论等研究领域交叉融合所产生的新的研究方向❹。

数据挖掘和知识计算可以发现规则性、关联性、差异性、预测性、偏离性等方面的知识，但是如何更直观地展现政府领域中海量知识之间的关系和发展趋势，则需要依靠可视化的技术来完成。❺

---

❶ 王飞跃.平行控制:数据驱动的计算控制方法[J].自动化学报,2013(4):295.

❷ 王飞跃.平行系统方法与复杂系统的管理和控制[J].控制与决策,2004(4):85.

❸ Ren L.Research on Interaction Techniques in Information Visualization [D].[Ph.D.Thesis].Beijing:The Chinese Academy of Sciences,2009 (in Chinese with English abstract):22.

❹ Keim D, Andrienko G, Fekete J, Görg C, Kohlhammer J, Melancon G.Visual Analytics: Definition, Process, and Challenges[R]. In: Kerren A, ed. Proc. of the Information Visualization. LNCS 4950, Berlin: Springer-Verlag, 2008. 154,175. [doi: 10.1007/978-3- 540-70956-5_7.

❺ 数据挖掘概念综述[EB/OL].[2016-7-17].http://www.zhixing123.cn/lunwen/38781_2.html.

可视化是一种用图像解析多维复杂数据的一种计算方法和工具。[1]可视化工具得到广泛的应用是因为人类的大量数据是通过视角系统获取的，而且人类的视角系统具备快速处理大量信息的特点。[2]

大数据可视化技术的发展也是循序渐进的过程，其技术的开端要从科学可视化说起。科学计算可视化是1987年在美国华盛顿所召开的计算机会议中首次提出的，其基本内涵是指将科学计算的过程及结果用图形和图像展现出来的方法和技术。[3]1989年，斯图尔特卡德、约克·麦金利等提出了信息可视化的概念，主要指以认知为目标，应用信息技术展现交互式非数值型和非空间性多维度信息的技术、理论与方法。[4]信息可视化超越了视角变量和传统符号可视化的水平，使可视化的研究进入了新的阶段。[5]而数据可视化是指对大型的数据仓库和数据库可视化的方法、理论和技术。[6]数据可视化不再通过关系数据来分析数据，而是将海量的数据直接转换成静态或者动态的图形或者图像展现出来，为人们利用和分析数据提供了强有力的工具。[7]2004年，两位学者布卡和伊普勒在以前可视化技术基础之上又提出了知识可视化的概念，[8]知识可视化的主要目标是指应用可视化技术、方法来实现或者促进知识的共享、交流及传播，达到知识创新的目的（图7-13）[9]。

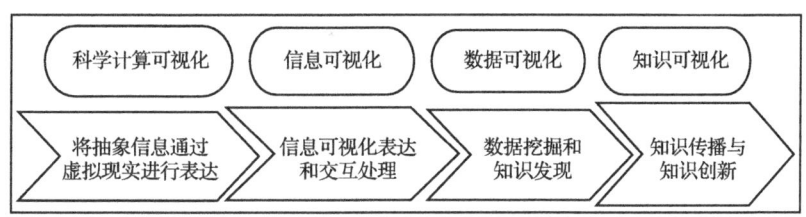

图7-13 可视化发展的阶段[10]

---

[1] 林茂松.科学计算可视化应用研究[D].西南交通大学博士学位论文,2006(9):2.
[2] 杨峰.从科学计算可视化到信息可视化[J].情报杂志,2007(1):18.
[3] 刘晓强.科学可视化的研究现状与发展趋势[J].工程图学学报,1997(2,3):124.
[4] 杨峰.从科学计算可视化到信息可视化[J].情报杂志,2007(1):19.
[5] 宋绍成,毕强,杨达.信息可视化的基本过程和主要研究领域[J].情报科学,2004(1):15.
[6] 杨峰.从科学计算可视化到信息可视化[J].情报杂志,2007(1):19.
[7] 王维江,张俊霞.数据可视化技术研究的新进展[J].计算机时代,2002(5):4.
[8] 付鸿鹄.e-Science环境下知识可视化技术应用研究[J].现代情报,2007(4):63.
[9] 同[8].
[10] 谭章禄、方毅芳、吕明、张长鲁,信息可视化的理论发展与框架体系构建[J].情报理论与实践,2013(11):16.

7.5.1 政府部门基于大数据决策分析可视化的理论基础

（1）分布式认知理论。分布式认知理论是由美国加利福尼亚教授 Ed Hutchins 与其同事在 20 世纪 80 年代提出。埃德·哈钦斯认为，分布是指缺乏明确的定位，也指分享的意思。[1]分布式认知理论认为，认知并非传统认知理论所认为的是一种个体现象，即仅指为个体的数据处理方式和过程。他认为，认知不仅仅存在于个体内部，还存在于个体与个体之间，甚至是环境、媒介、社会、时间和文化等之间。[2]分布式认知是对传统认知科学的进一步发展，拓展了人类对自身和认知本身认识的能力和水平。分布式认知的思想广泛应用于信息系统领域。例如，詹姆斯·霍兰、埃德温·哈钦斯、大卫·基什认为，分布式认知为人机交互奠定了重要的基础。[3]赖特、菲尔兹、哈里森以分布式认知的理论为依据，构建了人机交互中的信息资源模型。[4]萨姆·哈维、托尼·罗伯逊、珍妮·爱德华兹提出了信息技术社区中如何应用分布式认知的方法去理解信息建构。[5]

分布式认知理论强调参与者之间进行协作式的知识传播。而为了能够使个体参与者利用到系统的资源，必须采用外在于个体的形式对思想或者观点进行表征，即思想和观点的外部化和可视化。分布式认知理论认为通过不同的媒体表征系统发布和共享信息的认知，被认为是通过媒体间的传播而发生的运算。在这里的媒体，包含个人，即内部表征，也包括各种媒介，即外部表征，如纸

---

[1] Cole M, Engestrom Y A. Cultural-historical Approach to Distributed Cognition.In:Salomon G.ed.Distributed Cognitions: Psychological and Educational Considerations[M].USA: Cambridge University Press,1993:35

[2] Solomon G., No Distribution Without Individuals' Cognition: A Dynamic Interactional View. In: Salomon G. ed. Distributed Cognitions: Psychological and Educational Considerations[M]. USA: Cambridge University Press,1993:23

[3] James Hollan, Edwin Hutchins, David Kirsh. Distributed Cognition: Toward a New Foundation for Human-Computer Interaction Research[EB/OL]. [2016-9-11]. https://www.lri.fr/~mbl/Stanford/CS477/papers/Distributed-Cognition-TOCHI.pdf

[4] Wright P, Fields R, Harrison M. Analysing Human-Computer Interaction as Distributed Cognition: The Resources Model (Draft PDF version)[J]. Human Computer Interaction Journal, 2000, 51(1):1-41

[5] Sam Harvey, Toni Robertson, Jenny Edwards. Towards Understanding Information Architecture:A Distributed Cognition Study of an IT Community of Practice[EB/OL]. [2016-9-8]. http://www.ozchi.org/proceedings/2004/pdfs/ozchi2004-168.pdf.

张和计算机等。分布式认知理论强调了媒体之间交互和表征的可视化和外部化对知识传播的重要意义，为数据可视化架构的设计与应用奠定了重要的基础。

（2）活动理论。活动理论来源于认知心理学家维果茨基的文化—历史心理学。该理论认为人类的活动是一种机构化、多维度的交互系统，而文化—历史的角度可以更好地解析人类社会实践活动的变化。活动理论受到文化—历史心理学的影响，主要研究人与形成事物的社会环境和物理环境双向互动的过程及其实践发展的路径和结果。

活动理论强调工具作为中介在人与环境之间的重要作用。该理论认为人类的活动一定会涉及工具并受到工具的影响，这种影响包括改变人类活动的性质、行为，甚至还包括智力的发展。[1]活动理论和认知科学理论在理论主张中有相近之处，如在对环境的认同方面，但认知理论更侧重信息、表征和传播方面，而活动理论更侧重实践，体现在人类活动外部设备和工具的掌控方面。在信息社会，计算机网络是连接沟通和交流必不可少的工具，而工具本身的优化和完善对于人类行为方式和决策思维的变革将产生重要的作用，可视化技术的发展为创新知识和应用知识提供了重要的工具。

7.5.2 政府部门基于大数据决策分析可视化的特点

大数据可视化技术是政府大数据服务与管理过程中重要的工具。在云环境中，大数据可视化技术帮助政府加深对大数据含义的理解，提高导引和检索效率，并形象地展示多维数据的趋势和规律，为政府的决策服务。因此，很多国家对大数据可视化技术的发展非常重视。例如，美国专门建立了可视化研究所，并投入大量资金研发相关的技术。[2]政府大数据可视化技术具有以下特点：

第一，动态大数据的可视化分析。政府大数据决策可视化分析需要对流式、动态的数据进行可视化分析，是对时间顺序无限增加的数据观测值向量所组成数据序列的可视化，也是对历史数据和不断增加与更新的数据并集的可视化过

---

[1] 百度百科.活动理论[EB/OL].[2016-7-18].http://baike.baidu.com/link?url=Dib5rSkbKNpxPlaOehUJUI4Jo0RuEBI2TezNr5bbPzk44LOd4x33iiGa90S17bCWO5P-yYAOKcxNX8UPjmfPW.

[2] 东方财富网.透视美国大数据爆发全景[N].2013.1[EB/OL].[2016-8-17].http://finance.eastmoney.com/news/1360,20130115268289651.html.

程。[1]传统的可视化分析需要经过数据存储的环节，才可以进行数据的分析，而政府大数据的可视化可以在数据的形成过程中进行可视化分析，加速了动态决策的应用和知识的传播。

第二，并行计算的可视化分析。因为大数据本身的特点，这就要求政府大数据的可视化分析具有并行计算的能力。在大数据环境下，传统的可视化算法已经无法适应，因此需要基于大数据的特点，重新设计可视化分析的算法。这一方面需要提高可视化视觉的表现方法和感知度，另一方面还需要加强与用户的交互手段和提高交互的能力。在可视化方面，不仅具备超高分辨率和加速性能的图形输出能力，还具有交互式的触控和各类数据的同步切换和跟踪功能，可以满足各类用户各种不同的展现需求。[2]

第三，多维度、多变量、多视图的对比分析。学者施奈德曼依据信息展现的方式和维度特征，将信息可视化技术分为时序信息、层次信息、网络信息及一维信息、二维信息、三维和多维信息的可视化。[3]在大数据环境下，单一变量与维度的可视化分析方法已经无法适应政府的需求。多变量和多维度的可视化分析方法的应用势在必行，通过新型、专业的统计方法，理清海量数据中的维度和坐标，勾勒出复杂数据背后的关系和规律，实现多视图整合、单一视图多种展现等功能，形象地展示结果和过程的互动性，方便用户实时、有效地捕捉到有用的数据和信息[4]。

例如，美国政府自从2014年用大数据可视化的方式展现超过500个政府部门、机构、项目财政预算的死亡和税收（Death and Taxes）信息图。信息图通过多视图的整合涵盖了大量的数据和信息，便于用户查询和政府的管理和利用。

为了促进统计数据的利用，我国国家统计局将许多数据做成可视化产品，形象且直观地显示我国工业、农业、人口、国内贸易、建筑业、固定资产投资、邮

---

[1] 朱建平,来升强.流式数据挖掘的现状及统计学的研究趋势[J].统计研究,2007(7):84.
[2] 2015大数据可视化最新趋势[N].2014.12[EB/OL].[2016-8-11].http://ido.3mt.com.cn/Article/201412/show3926593c7p1.html.
[3] 段建,瞿慧敏,程杰.大数据背景下可视化设计趋势应用研究[J].电脑知识与技术,2015(4):3-4.
[4] 大数据可视化最新趋势探析[N].搜狐资讯,2014.12[EB/OL].[2016-8-11].http://roll.sohu.com/20141217/n407040580.shtml.

电、旅游、城乡居民收入、交通运输等方面的发展情况。以我国城镇人口就业情况为例，通过可视化图，可以动态查询和显示我国2013年到2017年就业人员、城镇就业人员、城镇新增就业人员、年末城镇登记失业率、全国农民外出情况等内容（图7-14）。

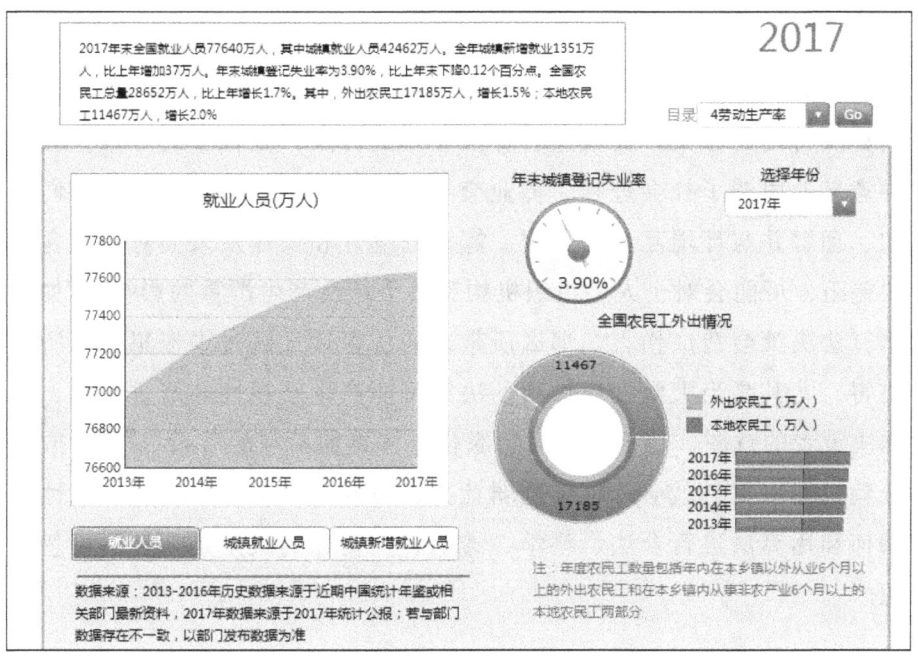

图7-14　我国城镇就业人口可视化截图

资料来源：国家统计局.城镇就业可视化产品[EB/OL].[2018-5-19].http://data.stats.gov.cn/swf.htm?m=turnto&id=561.

7.6　政府部门应用基于大数据决模式的伦理

未来社会是人机合一的社会，很多日常性、事务性的决策将会交由机器自动决策完成。例如，我国很多房产局采用房主产权信息自动验证系统，以方便用户自主查询房产的各种信息。这种验证性决策支持系统，将房产类有关的各种信息集合在数据库中，依据比对验证性方式提供相关的信息。这类决策系统的原理比较简单，在保证数据库系统数据真实、完整的情况下，系统很容易自动做出决策。但是，大数据最擅长战略性、预测性的决策。政府部门战略性、预测性的决策直接关乎社会政治、经济的发展，以及人民安居乐业。因此，政府部门在采用大数据进行决策时，必须遵守一定的决策伦理规则才能保证大数据决策的客观性、公正性、透明性和科学性。政府部门基于大数据决策的伦理是指在应用大数据进行决策及决策结果的应用中所应该遵守的道德行为规范，其核心是算法决策伦理。因为在大数据的环境下，过去依靠人类自己做出的决策逐渐委托机器算法代替人类做出决策，虽然算法决策有可能并非最终的决定，但是算法决策建议了数据如何被阐释及行动的方案，而且随着算法应用的普及，在很多的时候，算法从某种意义上协调了社会进程、商业交易和政府决策，甚至构建了人们如何感知、理解并与环境互动的过程。算法的设计和操作及人类对伦理含义理解的差距，可能会对个人、组织机构和整个社会产生严重的影响。❶如果大数据算法决策会造成伤害，那么所带来的伤害远远超过了侵犯隐私所产生的伤害，尤其是当大数据所做出的决策可能产生歧视性的严重影响，即使并非决策者的意图，也会产生对边缘化群体更加不利的后果。❷盲目或者过度依赖机器决策，就会忽视和削弱社会成员参与社会的动力和积极性。未来如何利用算法进行合法、科学、透明、负责任的决策是人类不可忽视的问题。

▶▶ 7.6.1 政府部门应用基于大数据决策伦理问题的特点

第一，基于大数据的算法决策承载着价值取向。基于大数据的算法往往被认为是不含有价值判断的实体，这种认识是错误的。实际上，大多数的算法或多或少都含有一定的价值导向性。❸即使基于算法的决策结果不具有明显的意图歧视

---

❶ Brent Daniel Mittelstadt, Patrick Allo, Mariarosaria Taddeo, Sandra Wachter, Luciano Florid. The Ethics of Algorithms:Mapping the Debate[J].Big Data & Society, July – December 2016:1-21.

❷ White House[EB/OL]. [2018-5-19]. http://www.whitehouse.gov/sites/default/files/docs/big_data_privacy_reportmay_1_2014.pdf.

❸ Felicitas Kraemer, Kees van Overveld, Martin Peterson. Is There an Ethics of Algorithms?[J].Ethics Inf Technol, 2011, 13:251 – 260DOI10.1007/s10676-010-9233-7[EB/OL]. [2018-5-19].https://link.springer.com/content/pdf/10.1007%2Fs10676-010-9233-7.pdf.

某方，但是作为应用算法的机构依然要承担相应的责任。[1]因为算法不可避免地会承载着价值的取向。在算法设计中，操作参数由开发商设计，并基于预期的假设而指向某些用户，这本身就具有明显的价值倾向性。即使所采用的算法是在可接受的范围之内，也会不经意间对弱势群体造成歧视性的后果。因此，如何规制算法伦理对大数据决策将产生重要影响。[2]

第二，基于大数据算法决策的不可控性。基于大数据的算法决策之所以令人担忧，是因为算法似乎是在一定的背景或规则下运作的，但具有很强的不可控性。因为无法直接检查作为对象代码或机器可执行代码，即源代码，所以即使能够阅读源代码，当对5000万行源代码进行检查时，似乎也不太可能完全检查其行为的确切性质。另外，还有很多决策的算法不受决策者控制。算法的执行主要依赖主体的自律行为，并且很少采用直接和复杂的监管行为，况且算法本身在应用中也比较分散而难以监督。正如鲍曼的著作《流动性的监视——一个对话》中所言，无论是公共机构还是私立机构，大量各种类型的算法都是相互联系的，通过计算的技术和规则来实施和管制目标。这些算法形成复杂且成为任何时间渗透社会的物质组合，而这种社会物质组合具有分散性、碎片化、流动性。[3]这就意味着算法的不可控性容易导致算法的监督实施起来很困难。

第三，基于大数据算法决策的非透明性。2016年美国总统办公室发布的《大数据：算法系统、机会、人权报告》指出，当公司、机构和组织使用算法系统和自动化流程来做出影响人们生活的决策时，如是否有资格获得信贷或就业机会以及金融业务等。算法的透明度起着至关重要的作用。为了打开算法的黑匣子，避免将偏见转化为技术系统，就需要制定"设计均等机会"的原则来设计数据系统，为了促进公平、防止歧视就要从算法的第一步开始，并贯穿于算法决策

---

[1] Kevin Petrasic, Benjamin Saul, James Greig, Matthew Bornfreund and Katherine Lamberth. Algorithms and bias: What lenders Need to Know[R][EB/OL].[2018-5-19].http://www.fsroundtable.org/wp-content/uploads/2017/05/White-and-Case-Algorithms-and-Bias.pdf.

[2] Brent Daniel Mittelstadt, Patrick Allo, Mariarosaria Taddeo, Sandra Wachter, Luciano Floridi. The Ethics of Algorithms: Mapping the Debate[J].Big Data & Society July – December 2016:1-21 [EB/OL].[2018-5-19].http://journals.sagepub.com/doi/pdf/10.1177/2053951716679679.

[3] Bauman, Zygmunt, David Lyon. Liquid Surveillance: A Conversation[M].1st ed. Cambridge, UK: Polity Press,2012:22.

的整个生命周期。●互联网和人权中心的报告同样认为，决策算法迅速成为无所谓对与错的主观性决策，即使是所谓正确的答案，也成为没有透明度、责任性和没有解决问题的方案。尽管算法决策的影响力巨大，但是关键的算法，如脸书的算法对所有的用户是不透明的，所产生的影响过于复杂而难以预测，即使是脸书的算法工程师也很难掌控。●而且有越来越多的证据显示，基于数据的算法和分析的不透明性，导致决策结果的偏差性和错误性。虽然算法的透明度成为普遍的诉求，但是算法错误的难以监控和纠正就会导致不可解释性。因此，在自动算法决策中，算法的透明性成为重要的挑战。●

▶▶▶ 7.6.2 政府部门应用基于大数据决策伦理问题的原因分析

第一，算法决策中数据的质量。大数据所带来新的挑战就是数据质量管理的问题，由于数据量大、来源广泛且结构多元化，自然就会在算法决策中快速去除错误数据成为重要的难题。●算法决策对数据有天然的依赖性，如个性化推荐、机器学习、仿真等都要依赖于数据。而数据的真实性、可靠性、完整性、来源性、一致性等因素，对算法系统的决策起到了至关重要的作用。●数据的质量是影响机器算法结果的重要因素，因此在机器学习的设计中应该考虑如何保证数据的质量，以提高机器算法的可靠性。●

第二，算法设计中的偏差问题。算法并非客观与中立，而是承载了设计者的

---

❶ Executive Office of the President, Big Data: A Report on Algorithmic Systems, Opportunity, and Civil Rights[R].May 2016:1.

❷ Center for Internet and Human Rights, The Ethics of Algorithms: from Radical Content to Self-driving cars [R] [EB/OL]. [2018-6-19]. https://www. gccs2015. com/sites/default/files/documents/Ethics_Algorithms-final%20doc.pdf.

❸ Diakopoulos, Nicholas. Algorithmic Accountability: Journalistic Investigation of Computational Power Structures[J]. Digital Journalism 2015,3 (3):398 - 415.

❹ Barna Saha, Divesh Srivastava. Data Quality: The Other Face of Big Data[R][EB/OL].[2018-7-19].https://people.cs.umass.edu/~barna/paper/ICDE-Tutorial-DQ.pdf.

❺ Nicholas Diakopoulos, Michael Koliska. Algorithmic Transparency in the News Media, Digital Journalism, 2016[EB/OL].[2018-6-19].DOI: 10.1080/21670811.2016.1208053 To link to this article: http://dx.doi.org/10.1080/21670811.2016.1208053.

❻ Valerie Sessions, Marco Valtorta. The Effects of Data Quality on Machine Learning Algorithms[R][EB/OL]. [2018-6-19]. http://mitiq. mit. edu/ICIQ/Documents/IQ% 20Conference% 202006/papers/The% 20Effects% 20of%20Data%20Quality%20on%20Machine%20Learning%20Algorithms.pdf.

目标和价值导向，因此算法如何保证公平和科学成为普遍关注的问题。基于大数据的算法偏见通常分为两种，一种是算法设计者存在歧视性意图，设计的算法系统自然具有歧视性的后果；还有一种是算法设计者没有歧视性意图，算法结果仍然存在很大的偏差，如来自数据源本身。基于数据的决策可以反映甚至放大历史歧视的结果，即使在输入中采取了一定的措施，如抑制某些敏感的属性，一个经过良好训练的机器学习算法仍然可能因为数据中存在的相关性而对这些敏感属性进行区别对待。[1]隶属美国公共政策委员会的计算机协会在《算法透明和问责制声明》中指出，算法偏见主要来自三个因素。①技术因素。从技术层面，算法本身无法得到通透的解释和说明；②经济因素。提供算法透明度的成本过高，例如涉及商业机密等；③社会因素。揭示算法过程将会违反隐私的相关规定等。另外，即使是精心设计的算法决策系统也可能导致无法解释的结果或错误，或者因为算法本身包含了错误，或者算法使用的条件发生了变化，从而使分析所基于的假设失效等。[2]由于决策者的偏见或者数据反映出现存社会的偏见，决策算法可能会复制和扩大歧视的形态。[3]

第三，算法决策的不可解释性。算法决策的不可解释性将会对决策内容的应用产生负面的影响。在算法伦理问题上，除了要求算法过程的透明度，而且要有可解释性。算法决策的可解释性是指算法结果的可解释性，包括使用自然语言进行解释，模型学习过程的可视化以及其他类型的解释和说明。[4]因此，在大数据决策中，为了保证决策的客观、公正和科学性，就需要在决策中建立相应的决策伦理制度。

---

[1] Francesco Bonchi, Carlos Castillo, Sara Hajian. Algorithmic Bias: From Discrimination Discovery to Fairness-aware Data Mining[R][EB/OL].[2018-5-20].http://francescobonchi.com/tutorial-algorithmic-bias.pdf.

[2] Association for Computing Machinery US Public Policy Council (USACM), Statement on Algorithmic Transparency and Accountability[R][EB/OL].[2018-6-19].https://www.acm.org/binaries/content/assets/public-policy/2017_usacm_statement_algorithms.pdf.

[3] Pager D, Shepherd H. The Sociology of Discrimination: Racial Discrimination in Employment, Housing, Credit and Consumer Market[R].Annual Review of Sociology 2008(34):181–209.

[4] Bruno Lepri, Nuria Oliver, Emmanuel Letouz´e, Alex Pentland, Patrick Vinck. Fair, Transparent and Accountable Algorithmic Decision-making Processes-The premise, the Proposed Solutions, and the Open challenges[R][EB/OL].[2018-6-20].http://www.nuriaoliver.com/papers/Philosophy_and_Technology_final.pdf.

7.6.3 政府部门应用基于大数据决策的伦理保障策略

首先,建立算法决策透明度监督委员会。在算法决策透明度的监督方面,一般的公众很难具有这样的权利,建立专门的算法决策透明度委员会监督公共机构和私营机构自动决策的算法,将会在很大程度上提高其科学性和公平性。[1]著名的国际咨询公司德勤认为,算法监督委员会的功能主要是防止算法伦理问题的风险,算法委员会需要认识到算法产生的积极作用,支持和建立算法决策的风险机制,以便更有效地利用算法的功能。算法决策透明度委员会的具体职责:①普及算法决策风险的知识;②与管理层合作,建立与算法决策风险有关的可接受的风险层级;③确定算法决策风险的关键区域;④建立算法决策风险定期审查的规则。[2]

其次,建立基于大数据算法决策伦理的制度。算法决策的伦理问题已经受到了很多国家的重视,如欧盟新的《通用数据保护法》对算法决策做了规定,严格限制基于用户层面对其产生重大影响的算法决策。隶属美国公共政策委员会的计算机协会也对算法决策的透明度和问责制做了公开的申明,并指出使用自动决策的算法可能对个人造成歧视与伤害,主张自动决策的组织机构需要采用人类传统决策的标准来进行分析和应用自动决策的内容。[3]2016年美国总统办公室发布的《大数据:算法系统、机会、人权报告》同样提出中,大数据的算法系统虽然具有提高和预防歧视性伤害的风险。但是,如果这个技术未能被谨慎地使用,同样会造成甚至加剧歧视性的伤害,主张建立相应的制度,防止算法决策伦理的风险。[4]许多政府机构已经或正在考虑制定有关法律,包括信贷等机构允许个人退出基于个人数据的"自动决

---

[1] Bruno Lepri, Nuria Oliver, Emmanuel Letouz´e, Alex Pentland , Patrick Vinck. Fair, Transparent and Accountable Algorithmic Decision-making Processes-The premise, the Proposed Solutions, and the Open challenges[R][EB/OL].[2018-6-20].http://www.nuriaoliver.com/papers/Philosophy_and_Technology_final.pdf.

[2] Deloitte. On the board's agenda US Board Oversight of Algorithmic Risk[R].2017[EB/OL].[2018-6-19]. https://www2. deloitte. com/content/dam/Deloitte/us/Documents/center-for-board-effectiveness/us-cbe-nov-board-oversight-algorithmic-risk.pdf.

[3] Association for Computing Machinery US Public Policy Council (USACM) , Statement on Algorithmic Transparency and Accountability[R][EB/OL].[2018-6-19].https://www.acm.org/binaries/content/assets/public-policy/2017_usacm_statement_algorithms.pdf.

[4] Executive Office of the President. Big Data: A Report on Algorithmic Systems, Opportunity, and Civil Rights[R] .2016(5).

策"。如果个人选择基于个人数据的自动决策，那么必须告知被决策者决策的过程，并且被决策者还可要求自动决策机构重新考虑决策的结果。❶

最后，建立基于大数据的算法伦理运行模型。关于如何解决算法所产生的伦理风险，很多学者认为从技术的角度建立有关的模型解决算法的质量、运算偏差及运算结果的可解释性是解决算法论伦理问题的重要方面。为了保证数据的质量，在算法设计中，构建数据质量评测模型，来测评数据的准确性和一致性，发现数据中的错误，提高决策数据的质量❷。而在人工智能系统的应用中，基于大数据的道德决策非常重要。因此，在系统的设计中，应该将道德的因素纳入其决策模型当中，通过机器学习而自动化道德判断也许是解决基于大数据算法决策伦理问题的重要方面。❸

党的十九大报告明确提出了我国要加强和推动互联网、大数据、人工智能和实体经济的深度融合，促进我国经济和社会的繁荣发展。大数据自动决策技术在政府中的应用将会是未来发展的重要趋势。随着大数据产业的发展，我国对利用大数据所存在的伦理问题也开始重视起来。例如，2015年制定的指导大数据发展的纲领性政策《促进大数据发展行动纲要》，对我国大数据应用中隐私的保护做了一定的说明，但是对于大数据应用的算法决策伦理问题尚未涉及。算法伦理是大数据应用中的核心问题，未来随着信息技术的发展，实时、智能、自动决策在政府领域的应用将成为必然的趋势。因此，我国政府部门需要提高基于大数据算法决策中伦理问题的认识，加强基于大数据算法决策伦理制度的构建，保证算法决策能够客观、科学、透明，不断促进社会的和谐发展和大数据技术的科学利用。

---

❶ Kevin Petrasic, Benjamin Saul, James Greig, Matthew Bornfreund and Katherine Lamberth. Algorithms and Bias: What Lenders Need to Know[EB/OL]. [2018-6-19]. http://www.fsroundtable.org/wp-content/uploads/2017/05/White-and-Case-Algorithms-and-Bias.pdf.

❷ Ian Davidson, Ashish Grover, Ashwin, Satyanarayana, Giri K Tayi. A General Approach to Incorporate Data Quality Matrices into Data Mining Algorithms[R][EB/OL]. [2018-5-19]. http://web.cs.ucdavis.edu/~davidson/Publications/Davidson105.pdf.

❸ Vincent Conitzer, Walter Sinnott-Armstrong, Jana Schaich Borg, Yuan Deng, Max Kramer. Moral Decision Making Frameworks for Artificial Intelligence[R][EB/OL]. [2018-5-19]. https://users.cs.duke.edu/~conitzer/moralAAAI17.pdf.

第8章 CHAPTER 8

我国政府部门基于大数据决策模式建构中的国际经验借鉴

大数据为政府部门决策模式的革新提供了技术、方法和管理的契机。国外政府部门为了积极构建和推广基于大数据的决策模式,在决策平台的构建、政府数据开放的推行、数据的安全管理和治理等方面,采取了一系列的方法和措施,具有一定的借鉴意义。

8.1 政府部门构建基于大数据的决策平台

如蒂姆·奥莱利所言,政府就是平台。❶基于大数据决策模式的应用,需要政务云平台的支持。政务云平台的基础是云计算,这是由云计算的技术特性和服务特性所决定的。当然,云计算的出现,并非偶然现象,而是经过长期的计算模式研究和发展而来(图 8-1)。

图 8-1 政务云服务可视化图❷

分布式计算、并行计算和网格计算的发展促使了云计算的产生,云计算从根本上来讲是计算科学概念实现商业化的产物。不仅如此,它还提高了效用计算和虚拟化的功能。云计算具备资源服务化的特点,主要表现为高扩展性的计算和存储能力、计算资源的虚拟化和按需服务,并可以很大程度地实现资源的节约。❸云计算不仅是一种技术的进步更是计算服务模式的革新。政务云的采纳,不仅节约政府的管理费用,而且由于其本身的技术特点,有助于打破政府间数据共享的

---

❶ Tim O'Reilly. Government as a Platform[EB/OL]. [2016-9-15]. http://www.mitpressjournals.org/doi/pdf/10.1162/INOV_a_00056.

❷ Exploring the Cloud[EB/OL]. [2016-9-15]. http://www.kpmg.com/ES/es/ActualidadyNovedades/Articulosy-Publicaciones/Documents/Exploring-the-Cloud.pdf.

❸ 迪莉娅.基于云计算的政府门户网站知识管理研究[J].现代情报,2014(3):55-59.

技术壁垒，加强政府服务的协同化和一站式服务的能力（图8-2）。[1]

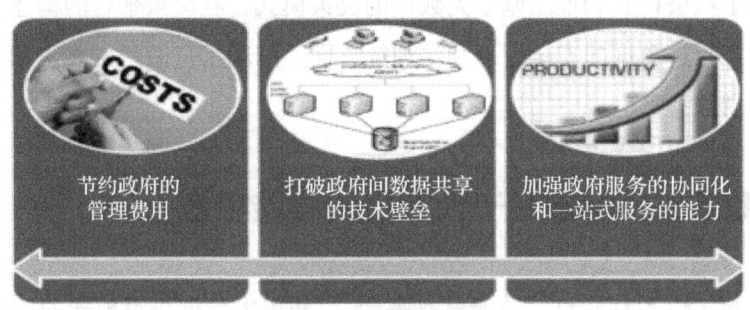

图8-2　政务云的优点[2]

8.1.1　大数据和云计算的关系

大数据的核心业务是数据，即侧重于与业务有关数据的采集、存储、分析的能力；而云计算侧重于数据的处理能力，即计算的能力，着眼于数据技术的基础架构搭建和技术方案的解决。[3]当然，大数据和云计算之间在产生背景、目的、对象、价值和应用的企业等方面还有一定的差别（表8-1）。

表8-1　云计算和大数据的区别[4]

比较项目	云计算	大数据
产生背景	与互联网有关的服务日益丰富	原有的数据处理技术无法胜任物联网和社交网络所产生的高价值的异构数据
目的	利用互联网提高数据的调用、扩展和管理方面的计算及存储能力	充分挖掘海量数据中蕴含的信息和知识
对象	IT的数据、能力和应用	数据
价值	节省IT部署成本	发现数据中的价值
应用的企业	生产计算及存储设备的厂商、拥有计算及存储计算的企业	从事数据存储与处理的软件厂商和拥有大量数据的企业

---

[1] 毕建新，郑建明.基于政务云的政府业务流程一体化研究——以南京市政务服务中心为例[J].电子政务，2015(7):107-113.

[2] SamuelTweneboah-Koduah1，Barbara Endicott-Popovsky，Anthony Tsetse.Barriers to Government Cloud Adoption，International Journal of Managing Information Technology (IJMIT) Vol.6，No.3，August 2014[EB/OL].[2016-9-15].http://airccse.org/journal/ijmit/papers/6314ijmit01.pdf.

[3] 迪莉娅.基于云计算的电子政务大数据管理研究[J].图书馆理论与实践，2013(12):49-52.

[4] 迪莉娅.基于云计算的电子政务大数据管理研究[J].图书馆理论与实践，2013(12):49-52.

8.1.2 政务云平台为基于大数据的决策提供重要的条件

基于大数据决策模式的应用，需要政务云平台的支持。政务云平台的基础是云计算。如果没有政务云平台，基于云计算的大数据模式的应用就无用武之地。因为云计算为政务云提供了技术实现手段，并且有效地推动政府大数据资源的整合，为大数据的分析提供数据基础。而大数据可以为政务云的建设及政务决策提供预测和数据支持。❶具体来讲，主要表现在两个方面：

（1）政务云数据资源统一池化为政府决策提供大量的数据来源。因为云计算的优势，可以将传统的电子政务分散的数据资源统一池化，为政府的决策提供跨界、大量而又有效的数据支持。政府数据资源统一池化是指以业务为中心，对数据系统进行整合，实现模块化、通用化和平台化的过程。政务资源的统一池化，打破了过去数据割据的现状，为业务系统提供具有弹性、通用、透明化和跨界可用、新型的数据系统架构。❷众所周知，政府的数据资源管理由各个部门掌控，难以实现数据资源的开放、利用和共享。在云环境下，通过顶层设计，依据有关协议和法规，将共享的数据资源放在池中，不仅可以避免长期以来电子政务建设中所诟病的重复建设问题，还可以实现资源的协同共享，为公众提供高效的服务。❸

（2）政务云平台可将异构数据资源同构化，进而为政务部门基于数据的决策提供有效的分析基础。在传统的电子政务环境中，大量异构数据的存在，对政府部门基于数据的决策具有很强的制约作用。而云计算不仅可以对资源进行动态配置，保证资源的有效利用，❹而且因为其强大的容错能力和扩展能力，还将资源池中异构的资源同构化，并应用虚拟技术和集群技术实现资源的无缝隙对接和超级共享，❺这就为政府部门决策资源的充分利用提供了极大的便利条件。

8.1.3 国外政府部门政务云平台的建设经验

（1）制定实施政务云方面的政策。美国是最早实施政务云的国家。在 2009

---

❶ 知乎.政务云与大数据如何协调发展?[EB/OL].[2016-9-15].http://www.zhihu.com/question/23706582.
❷ 王健伟.一种全新的IT建设架构-统一资源池[J].数据通信,2011(5):11-12.
❸ 迪莉娅.云环境下数字档案馆资源的管理过程研究[J].档案学研究,2014(5):72.
❹ 吴吉义,傅建庆,张明西,平玲娣.云数据研究管理综述[J].电信科学,2010(5):34-41.
❺ 迪莉娅.云环境下数字档案馆资源的管理过程研究[J].档案学研究,2014(5):73.

年，美国就实施了联邦云计算创意，推进云计算战略，并将数据存储迁移到以云为基础的服务上，提高政府部门的效率和透明度，同时节省大量的费用。依据美国政府的评估，政府一年总共在 IT 上花费 760 亿美元，其中超过 190 亿美元用在基础设施的维护上。一般来说，每个机构都有自己的数据中心和服务器群，整个国家加起来就会产生几百个联邦数据中心。通过建立云平台就会减少多余的基础设施和相关的服务并提高联邦、州和本地政府间的数据分享。❶为了进一步推动政务云的建设，美国在 2010 年制定了《改革联邦信息技术的 25 点实施计划》，并提出了云优先战略。在此之后，英国、澳大利亚等国家也相继推出了政务云政策，积极推动政务云平台的建设（表 8-2）。

表 8-2 国外政务云政策表

时间	政策名称	政策内容
2010年	美国《改革联邦政府信息技术的25点实施计划》	"云优先"策略主要分三步走：实行可信的商业云计算；建立政府私有云；在个别地方及州政府酌情使用政府区域云
2011年	美国联邦政务云计算战略	应用信息技术提高联邦政府的运营效率，制定了云迁移的决策框架和云服务采纳的条件和风险管理框架
2011年	美国政务云计算技术路线图	规定了政府部门采用云服务的10项要求
2011年	英国政府制定了政务云战略	制定了政府采用云服务的具体方法和措施
2013年	澳大利亚云计算战略方向	制定了澳大利亚政府采用云计算的前景、动力、策略、框架

（2）指定或者建立专门的机构负责政务云的建设。从传统的电子政务升级到云政务是一个复杂的系统工程，为了政务云的建设顺利实施，很多国家和政府成立了负责政务云的专门机构。例如，英国在首席信息官服务委员会下设立了专门的政务云服务委员会，政务云服务委员会负责制定整个政务云战略的目标、方案和商业成功案例的评估等。该委员会分为云服务组、安全工作组、商业服务工作组和数据中心联合项目委员会（图 8-3）。

---

❶ 美国联邦云计算计划[EB/OL].[2016-9-16].http://www.searchcloudcomputing.com.cn/whatis/word_5790.htm.

第8章 我国政府部门基于大数据决策模式建构中的国际经验借鉴

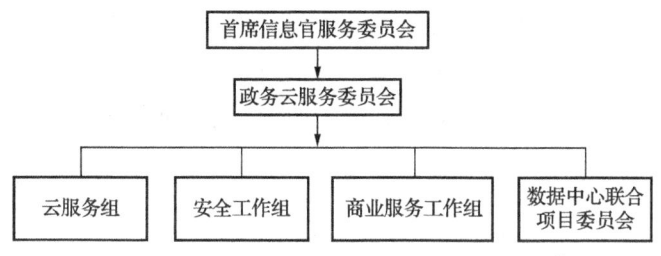

图 8-3 英国的政务云战略实施的组织机构图[1]

同样,为了保证政务云的安全,2011年美国成立了联邦风险和授权管理项目部门(FedRAMP)为联邦政府部门采用云服务提供安全和风险检测。[2]澳大利亚则指定政府信息管理办公室负责政务云的建设,对采购、管理云服务提供指导性的意见和建议。

(3)建立专门的政府云采购网站。为了方便政府部门购买云服务,美国政府建立了 Apps.gov 网站,由美国总务管理局负责。该网站主要是为政府部门采用何种云服务软件提供方便。当然,Apps.gov 网站上所陈列的云计算软件都已经得到了美国联邦政府有关部门的评估和许可。目前,Apps.gov 网站为政府部门提供的软件类型包括办公类、商业性和社交媒体方面的应用软件以及 Iaas 基础设施的云服务(图 8-4)。[3]

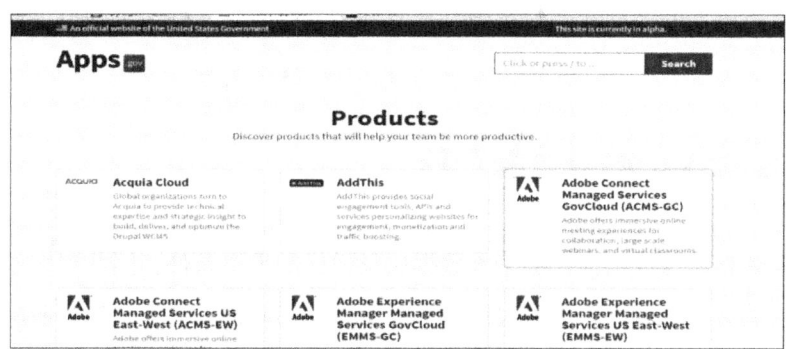

图 8-4 美国 Apps.gov 网站截图[4]

---

[1] UK. Government Cloud Strategy[EB/OL].[2016-9-16].https://www.gov.uk/government/uploads/system/uploads/attachment_data/file/266214/government-cloud-strategy_0.pdf.

[2] Cloud Computing Additional Opportunities and Savings Need to Be Pursued[EB/OL].[2016-9-17].http://gao.gov/assets/670/666133.pdf.

[3] 刘增明,贾一苇.美国政府 Data.gov 和 Apps.gov 的经验与启示[J].电子政务,2011(4):93.

[4] 美国 Apps.gov 网站[EB/OL].[2016-9-18].https://apps.gov/.

英国政府同样通过在内阁的数字服务部门建立了数字市场部门网站为政府部门采购云服务提供专门的评估和服务。英国政府采购云服务需要经过以下步骤：①提交申请并获得政府部门的批准；②对需要购买的服务进行一定的调查研究；③从多个供应商中筛选合意的机构；④对合意的机构进行评估；⑤购买其服务；⑥将相关文件进行归档（图8-5）。

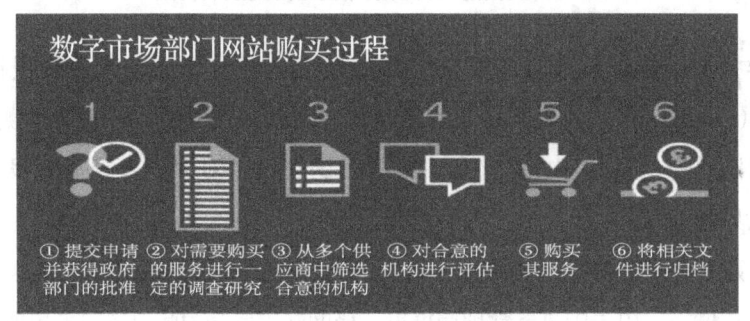

图8-5　英国云服务购买步骤图[1]

通过建立云服务采购的专门网站，将政府已经认证、可信的服务商的产品陈列在网站，可以让政府部门少花很多时间和成本去评估服务商的产品，更好地去学习政府云服务的良好实践和采用有关服务，为政府服务的安全和可信提供一定的保障。

8.2　积极推动政府数据开放

政府数据的开放是推行基于大数据决策模式的重要条件，因此很多国家大力推动政府的数据开放，为政府决策服务提供重要的数据来源，促进政府决策更加精准、科学，并提高了决策的透明度和参与度，更加有利于数据的创新性利用。

▶▶ 8.2.1　政府数据开放对基于大数据决策应用的影响

（1）政府数据开放为政府基于大数据的决策提供重要的数据来源。云计算和大数据为政府基于大数据的决策提供了强有力的技术支持。但是，政府决策的数

---

[1] 英国云服务购买步骤图[EB/OL].[2016-9-19].https://www.gov.uk/guidance/g-cloud-buyers-guide.

据来源，不仅仅是互联网数据、社交网络数据，还有更多高质量、高价值的数据储存在政府部门。这些数据的管理当属于各个政府部门，在大数据时代下，决策的高度复杂性、动态性等特点要求政府部门获取更多、更全面的数据，为政府高效、高质量、快速、实时的决策提供支持。因此，只有政府部门的数据实现共享和开放，才能打破数据割据为政府和个人的决策提供支持。没有数据，再好的技术也只能是巧妇难为无米之炊。正如美国大学教授丹尼尔·埃斯蒂所言：要实施数据驱动的决策方法，我们不仅要使用新的技术，还要改变目前的决策过程。❶第一步所要做的是打破政府内部的信息孤岛，实现数据的内部共享和对外开放，促进数据的流动，为政府智慧决策提供资源。恰如学者李国杰所言，治大国要有大智慧，智慧来源于数据，而不是主观臆断。❷

（2）政府数据的开放促进政府决策的科学化和精准化。政府决策的科学化和精准化是指公共决策主体在民主的框架下，在掌握全面、及时、真实的决策数据的基础上，充分调动决策参与者能动性的条件下，制定并能够合理、有效、准确地解决政策问题、社会问题的过程和结果。大数据时代下，政府决策的科学化和精准化必须以数据的分析为基础，否则政府决策的科学和精准就难以实现。政府数据的共享和开放为政府的决策提供了充分的数据。有证据显示：决策的质量与获取的数据量呈现正相关的关系。也就是说，在决策过程中，如果获取的数据量越大，那么分析、比较的数据越全面，做出的决策就会越合理和越准确，解决问题的可能性就会越大。

（3）政府数据的开放将会提高政府决策过程的透明度与参与度。因为政府数据的开放度越高意味着其决策和服务就会越透明，这将有助于公众从中获取信息，而信息的获取是参与政府决策的基础。因此，政府数据的开放不仅促进了公众利用和创新性利用数据，而且为公民提供更大的自由和潜力参与政府决策提供了重要条件。❸在大数据环境下，如何将公众象征性的参与决策走向决策参与的实质性阶段，开放政府数据只是第一步，而政府在决策中如果怀有更加开放的心态，将公众视为决策的伙伴关系，给予公众更加广泛

---

❶ 陈潭,等.大数据时代的国家治理[M].北京:中国社会科学出版社,2015(1):281.
❷ 同❶:23.
❸ 迪莉娅.大数据环境下政府环境数据开放研究[J].绿叶,2013(9):21-26.

而又深入的参与决策的机会也至关重要。❶

8.2.2 国外政府数据开放的经验分析❷

(1)政策先行。政策先行是指组织机构在推行某一计划、方案、目标时,首先通过制定政策的方式,为目标的践行指明方向和促进任务的落实。在政府推动数据开放过程中,顶层设计和推行政策成为许多国家减少政策实施成本,保障政策落实的重要举措。从世界的范围来看,在2009年美国公布《透明和开放政府备忘录》后,很多国家如美国、澳大利亚、丹麦、英国、日本等都制定了政府数据开放的政策,大力推进政府数据开放的进程(表8-3)。

表8-3 美国、澳大利亚、丹麦、欧盟、英国、日本开放数据政策表❸

国别	数据开放相关政策	公布时间
美国	《透明和开放政府备忘录》	2009年
澳大利亚	《开放政府宣言》	2010年
丹麦	《开放政府创新策略》	2010年
英国	《开放数据白皮书》	2012年
日本	《电子政务开放数据战略》	2012年

(2)政府数据开放许可的推广。❹国外很多国家采用知识共享许可作为政府数据开放许可的主要形式。当然,在具体许可的权利和范围中,它们还是有一定的不同。

第一,美国政府数据开放许可应用的情况。美国的政府数据开放网站专门设立了数据开放项目组,负责有关数据开放许可的事宜。在2007年美国公布的《开放数据原则》中明确规定了政府所开放的数据不需要许可,除了受到安全、隐私和其他特殊限制之外,可以完全免费的使用。从某种意义上讲,美国在数据开放许可中采用的是CCO公共领域贡献许可,即根据版权法,在世界范围内开放数据的所有权利都已经被作者放弃而贡献给了公共领域,可以无偿、自由地使用。

---

❶ 大数据对政府治理的影响[EB/OL].[2016-9-15].http://www.sic.gov.cn/News/302/3615.htm.
❷ 迪莉娅.国外政府数据开放研究[J].图书馆论坛,2014(9):89-93.
❸ 迪莉娅.国外政府数据开放研究[J].图书馆论坛,2014(9):89-93.
❹ 迪莉娅.政府数据开放许可适用研究[J].图书馆,2014(12):91-93.

第二，英国政府数据开放许可应用的情况。因为知识共享许可所涵盖的范围并没有数据库领域，基于此，英国专门制定了开放政府许可来促进数据的利用和重复性利用。

英国开放政府许可的范围包括公共领域内的数据版权和数据库权，在数据的许可方面受到数据版权所有者或者信息持有者许可的情况下才可以重复性利用，同时兼容知识共享许可的开放数据共用署名许可（ODC-BY）和知识共享署名许可（CC-BY）。当然，在开放许可中，也规定了豁免公开的数据范围，如个人信息、依据信息利用法未经信息提供者同意披露的信息、军事徽章、专利等。

第三，澳大利亚政府数据开放许可应用的情况。澳大利亚政府数据开放利用与许可框架要求在对外开放数据时，不仅要正确地利用数据，而且要尊重其版权、商业秘密和隐私。该许可在包含知识共享许可的六种许可之外，又增加了严格限制许可的模板。依据澳大利亚许可框架所开放的数据，允许用户在世界范围之内，自由、非排他性地使用数据，包括对数据的复制、演绎、整合、传播、表演等权利。以上权利允许现在或者未来以任何格式或者在媒介中应用和修改。许可方保留未明确授予的权利和放弃在本许可范围内所赋予的收取版税的权利。

国外政府数据开放的许可模式依据不同类型和内容的数据提供了不同的权利与义务的许可使用方式，既保障了数据利用的安全，又提高了数据再利用的效率，有助于充分发挥数据的社会价值与经济价值。

（3）数据门户的共享和共建。建立专门的政府数据开放门户网站是世界上大多数国家促进政府数据开放和利用的重要方法。政府在网站上出版的数据具有三个特点。①依法依许可开放数据。在政府数据网站上开放的数据不仅要遵守有关的法律，还要根据许可，规定出版数据共享的权利范围。②出版的数据格式类型多样化，包括RAW、RFD、EXCEL、XML等多种格式，以方便用户的利用。③机器可读的数据是开放数据的基本条件。因为只有机器可读的数据才能便于用户整合、分析、关联、可视化等。美国是最早开通政府数据开放网站的国家，至2016年12月，所开放的数据集已经高达193141个。在美国之后，英国、澳大利亚、印度等很多国家也建立了政府数据开放的专门网站（表8-4）。

表8-4 美国、英国、加拿大、欧盟、印度、澳大利亚政府数据资源开放情况[1]

国别	网址	数据集(个)	来源机构(个)
美国	http://www.data.gov	193141	605
英国	http://www.data.gov.uk	40319	1402
加拿大	http://open.canada.ca/data/en/dataset?portal_type=dataset&q=	12190	54
印度	http://data.gov.in/	45574	102
澳大利亚	http;//data.gov.au	23439	50

（4）数据的有效管理模式。政府数据开放的根本目的是促进数据的利用，因此各个国家在数据门户网站的信息建构和管理方面虽各具特色，总结起来有以下方面值得借鉴。

第一，数据主题群的建设。顾名思义，数据主题群是指将政府不同机构所采集的数据按照主题群进行归类的方法。在这方面比较有特点的国家是美国和印度。美国政府数据开放网站划分了地方政府、消费者、农业等14个数据主题群。印度的政府数据门户网站近年来也取得了长足的进展，共建立了农业、工业、交通等19个数据主题群。数据主题群建设的目的是通过简洁的分类，为用户快速找到需要的数据提供便利的条件（表8-5）。[2]

表8-5 美国、英国、加拿大、印度、澳大利亚政府数据门户网站管理结构[3]

国别	数据集	数据主题群	应用程序接口	博客
美国	√	√	√	√
英国	√	√	√	√
加拿大	√		√	√
印度	√	√	√	√
澳大利亚	√		√	

第二，关联数据的应用。关联数据是一种链接各种类型的数据、信息、知识的一种使用标准。该标准是由国际互联网协会所推荐的，其特点是任何事物通过URI作为标示和参引的唯一名称，用RDF形式提供有价值的信息，通过URI的

---

[1] 迪莉娅.国外政府数据开放研究[J].图书馆论坛,2014(9):89-93.
[2] 迪莉娅.国外政府数据开放研究[J].图书馆论坛,2014(9):89-93.
[3] 迪莉娅.国外政府数据开放研究[J].图书馆论坛,2014(9):89-93.

相互连接，让用户发现更多有关的数据和信息。[1]

因为关联数据采纳了语义网络的技术模式，并利用了Web的广泛链接性和分布性的特点，所以能够充分实现全球范围内数据的相互连接，构建出内涵丰富的语义网络，不仅促进数据的共享，而且有助于组织机构和个人的合作和交流。因此，英国在数据的共享和利用方面非常注重数据的关联作用，在政府数据开放网站专门设置了关联数据的频道，促进数据关联的应用和创新性利用（图8-6）。

第三，开放数据网站用户数据和数据的可视化分析。随着政府数据开放网站技术的不断发展，很多国家的数据开放网站从过去将数据搬上网到更加注重其网站本身数据开放和利用效果的分析。可视化是数据分析和决策的重要工具。政府数据开放网站如果能够提供可视化的软件或者工具，将会极大地促进数据的分享、传播和利用。其主要体现在两个方面：

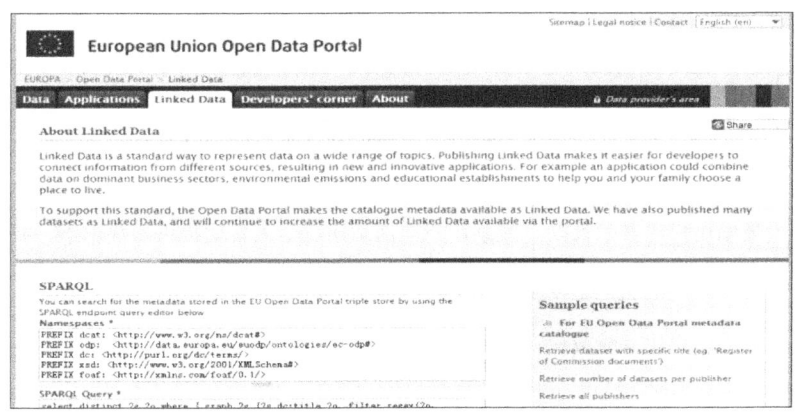

图8-6　欧盟数据开放网站关联数据页面截图[2]

（1）用户利用网站情况的可视化分析。例如，英国政府的数据开放网站专门开设了网站用户的分析频道，从浏览区、操作系统、国家、语言、社交网络以及数据集利用的情况和组织机构数据利用的情况等方面进行分析，了解网站的使用情况。

（2）网站数据利用的可视化分析。例如，印度的政府数据开放网站开设了数

---

[1] 迪莉娅.国外政府数据开放研究[J].图书馆论坛，2014(9):89-93.
[2] 欧盟数据开放网站关联数据页面[EB/OL].[2016-9-19].http://data.europa.eu/euodp/en/linked-data.

据可视化的频道，网站的部分数据通过点击可视化的图标就可以将所在的数据进行多种方式的可视化。

以印度功能健康中心的分布情况为例，同样的数据可以用地图、圆形图、条形图等多种可视化的方式展现，为用户更好地理解和分析数据提供了很大的方便。

第四，用户的参与。许多国家的政府开放数据门户网站都非常重视公民的参与，在网站上开通了方便公民参与的博客、信息推送和定制等交流服务。政府数据开放网站不仅是政府主动出版数据，而且增加了公民自动网络申请、提交数据集以及在线评价的功能，同时还与大型的社交网络，如脸书、推特及 Youtube 等进行链接，分享开放的数据。[1]

除了在政府数据门户网站上提供用户参与的频道外，许多国家和政府在推广数据开放方面还采取了很多措施（表8-6）。

表8-6 美国、加拿大、英国、澳大利亚、新加坡推广数据应用的措施[2]

国别	方式	具体内容
美国	开放竞赛	由政府部门提供奖金来鼓励公众参与解决迫切性的公共事务问题，并鼓励公众使用政府开放数据
加拿大	鼓励用户建言献策以及反馈数据应用状况	鼓励用户向网站建议个人希望提供的数据集。鼓励用户提供增值产品，了解产品成效
英国	鼓励用户建言献策和反馈数据应用状况	用户可提出需要了解数据的请求。鼓励用户使用完数据后提供增值效果的文件或者产品，供用户在数据网上免费使用
澳大利亚	鼓励用户建言献策以及举办开发竞赛	用户可以提请求、意见和建议。举办高额奖金的应用程序开发竞赛，推广使用政府开放数据以达到创新增值和应用
新加坡	举行创意竞赛活动	鼓励公众提出对创新政府开放数据的看法与建议，政府或应用程序厂商根据公众所提供的创意开发出相对实用的应用程序

---

[1] 迪莉娅.国外政府数据开放研究[J].图书馆论坛,2014(9),pp89-93.

[2] 迪莉娅.国外政府数据开放研究[J].图书馆论坛,2014(9):89-93.

8.3 加强政务大数据的安全管理

根据凯捷公司的《全球关于云采纳情况的报告》显示,政府和企业在采用云服务的过程中,安全的顾虑是最大的挑战,政府和企业分别占了整个百分比的47%和44%(图8-7)。因此,在政府部门采用云服务中,如何保证安全是首先要考虑的问题。在这方面,国外很多政府部门制定和修改了法律和政策以适应政府云服务的安全保护,同时也从政府部门和云服务商管理方面入手建立了隐私泄露影响评估机制,更好地加强政府数据安全和个人隐私的保护。

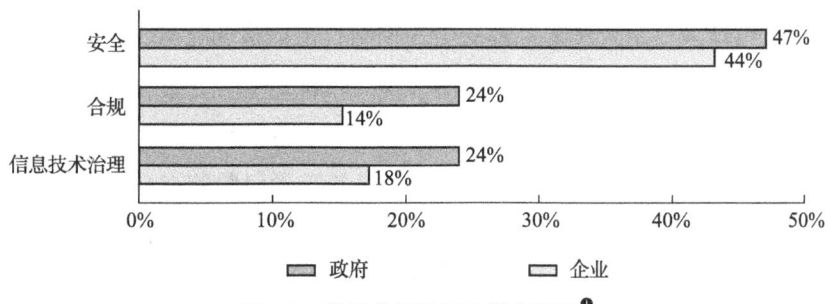

图8-7 凯捷公司政府云服务调查❶

8.3.1 制定和修改政务云安全和隐私相关的法律和政策

政府云采纳的安全问题主要涉及云的供应商、云的客户和政府三方主体。三者在云服务中如何能够保证服务系统的安全、客户隐私的安全得政府工作内容的安全是当前很多政府部门需要重点考虑的问题。对云服务商服务安全方面的规定和用户隐私保护的规定尤为重要。在这方面很多国家都采取了强有力的措施,为政务云的建设提供保障。❷

---

❶ 凯杰,全球云采纳报告[EB/OL].[2016-12-19].http://www.kpmg.com/ES/es/ActualidadyNovedades/ArticulosyPublicaciones/Documents/Exploring-the-Cloud.pdf.
❷ Protecting Data and Privacy in the Cloud[EB/OL].[2016-12-19].http://cn.bing.com/search?q=Protecting+Data+And+Privacy+in+the+Cloud%EF%BC%8C&go=%E6%8F%90%E4%BA%A4&qs=n&form=QBLH&sp=-1&pq=protecting+data+and+privacy+in+the+cloud%EF%BC%8C&sc=0-41&sk=&cvid=1C4B8CCC5A83455D948246F7CA38DEF0.

对于云服务的提供商，澳大利亚政府提出其所提供的服务必须符合隐私法、信息安全手册和保护安全政策框架等规定。对于个人数据的保护，在新修订的《隐私修正案》中，强调了个人信息无论是否具备真实性和有载体记录，只要是可识别的关乎个人的数据、信息、评价都可称之为个人信息。同时，增加了对于违反或者妨害隐私原则的实践规则或者法案可进行申诉的规定。❶另外，澳大利亚政府在2014年实施了13条新的隐私保护原则，以代替原先的信息隐私保护原则，对个人信息开放与透明的管理、个人信息征集、个人信息使用、个人信息安全管理等方面做了详细的规定，为澳大利亚政务云的实施创造条件。

美国在2011年制定的《联邦云计算战略》中同样提出，要在云计算提供商和云的消费者之间建立透明的安全环境。早在2010年，美国政府就已经建立了风险和认证管理项目组负责云计算安全的控制，包括系统脆弱性的监控、事故的检测和报告等。在云计算的实施中，除了遵守2002年制定的《联邦信息安全管理法案》《电子政务法案》的相关安全规定之外，还要遵守美国国家标准技术研究院制定的《联邦信息系统安全指南》和云计算采纳风险管理框架的要求。

2012年，在大数据环境下美国为了应对隐私方面所带来的挑战，专门制定了《消费者数据隐私保护法案》。该法案加强了在网络环境下，对于消费者个人数据的保护，提出个人数据在采集、利用等方面遵守个人控制数据、透明、尊重数据原有背景、安全、可访问和准确性、限制性采集和责任性等原则。❷

在英国，政府云服务委员会下设一个专门的安全工作组，负责评估政府供应商云服务的安全工作。数据保护主要的依据是《数据保护法》，该法于1998年7月通过并于2000年3月起生效。此法加强和延伸了1984年数据保护法中的数据保护机制，就取得、持有、使用或揭露有关个人数据处理过程等方面提供了新规范。❸为了进一步保证政府数据的安全，英国国家信息安全技术管理局制定了

---

❶ 刘丹,郑蕾.澳大利亚信息安全法律法规建设情况[EB/OL].[2016-12-19].http://www.infseclaw.net/news/html/1128.html.

❷ White House. Consumer Data Privacy in a Networked World: a Framework Protecting Privacy and Promoting Innovation in the Global Digital Economy[R]. 2012[EB/OL]. [2016-12-07]. http://wenku.baidu.com/view/dd5dfc225901020207409c9a.html.

❸ 百度文库.英国数据保护法[EB/OL].[2016-12-07].http://wenku.baidu.com/view/dd5dfc225901020207409c9a.html.

《云安全指南》，并指出云安全主要涉及的内容包括用户之间数据的隔离、用户数据的安全管理、用户信息的审计、用户服务的安全使用、个人的识别和认证、供应商关于供应链中数据的安全、供应商运营中的数据安全、供应商员工数据安全的教育、供应商安全的服务管理、供应商的安全治理框架、系统外部界面的安全管理、安全保护的持续性、数据资产的保护与恢复和数据转移中的保护等关于云计算服务安全使用的规定。在《云安全指南》中还指出数据控制者在云服务中的重要角色和职能，并明确规定敏感的政府信息必须加以保护。依据英国的安全分类指南，政府信息分为官方的信息、秘密的信息和高级秘密的信息这几种类型，并依据信息的类别采用不同的措施加以保护。❶同样，英国政府为了个人隐私在云环境下得到正确的保护，制定了个人数据利用中需要遵守的原则有：正当与合法的原则、目的限制性原则、数据质量和安全保证的原则、保障数据主体权利的原则。❷

8.3.2 建立隐私泄露影响评估机制❸

在云环境中，隐私的正确保护，除了制定有关的政策、立法之外，还需要建立隐私泄露影响评估机制，不仅有利于保护数据的正确使用，而且可以降低隐私的无意识泄露和有意识侵犯的风险。

隐私泄露影响评估目前在很多西方国家已经成为保护隐私的具体方法之一。隐私泄露影响评估是指依据法律和政策的规定，对组织机构所收集、存储、管理、利用、开放的数据是否对隐私产生影响所进行的全生命周期、系统的评估过程和结果。❹

第一，隐私泄露影响评估是依据法律和政策所进行的评估。例如，美国在2002年所制定的《电子政务法案》中就明确规定了政府部门所使用的信息系统需要隐私泄露影响评估。同时，在云系统的采纳中，对于云的安全和隐私的保护需要有专门的部门进行评估，预防存在的风险。在2007年美国颁布了《隐私泄

---

❶ UK. Cloud Security Guide[EB/OL].[2016-12-07].www.bluecoat.com/resources/cloud-governance-data-residency-sovereignty/united-kingdom-data-privacy-laws.
❷ 迪莉娅.大数据环境下政府数据开放研究[M].知识产权出版社,2014(8):55-56.
❸ 迪莉娅.大数据环境下隐私泄露影响评估机制研究[J].情报杂志,2016(4):141-146.
❹ 同❸.

露影响评估指南》。该指南中明确指出了隐私评估的步骤以及采用的模板，以帮助政府部门有效地进行隐私泄露影响评估。澳大利亚政府在云计算的政策当中，也明确规定政府部门在采用云计算之前，需要依据澳大利亚信息委员会办公室制定的隐私泄露影响评估指南进行隐私泄露影响评估，以确保隐私和数据的安全。英国政府同样在云平台的采纳中，详细规定了云的服务提供商需要遵守数据保护的相关法律和程序并进行隐私泄露影响的评估，以保障数据与系统的安全。为了确保评估的客观性和公正性，在隐私泄露影响评估中，对于评估的主体和过程都有详细的规定。

第二，隐私泄露影响评估是对政府数据和系统安全进行的全生命周期的评估。隐私泄露影响评估是对数据的采集、存储、利用、开放整个生命周期的评估，评估的内容和方法包括三方面。①对系统及其数据所进行的预评估。主要对该机构所使用系统的合法性、采集和产生，以及保存的个人数据的合法性和该机构系统是否曾经从事过隐私泄露影响评估进行调查。②识别和分析机构信息流中存在的法律不合规的风险、个人风险和组织风险。法律不合规的风险主要指在机构中所保存的数据由于不符合有关法律和政策所引起的风险。个人风险主要包括非法共享个人数据、过度利用个人数据、技术关联所引起匿名的个人数据泄露、采集和存储非必要的个人数据等所导致的风险。组织机构的风险则指由于其未遵守相关法律、法规，或者由于个人数据泄露、机构系统存在漏洞、黑客攻击等所导致的制裁、失信所存在的风险。③根据评估的情况提出改进的方法和措施。通过分析政府数据流，对政府部门中在法律、个人和机构三个层面存在的问题提出整改的方案，减少或者防止个人隐私泄露的风险。

第三，化解风险是隐私泄露影响评估的核心所在。隐私泄露影响评估是政府部门风险评估的重要组成部分。隐私泄露影响评估不仅成为保护隐私的重要工具和手段，而且已经成为很多国家政府部门工作中常态化的理念与方式。只有将隐私泄露影响评估纳入到系统的规划、设计、运行中的每一个环节，才能及时防止隐私泄露风险的发生。

8.4 加大数据质量治理的力度

数据治理的两个重要方面：一方面是数据安全和隐私的管理；另一方面就是数

据质量的管理。数据安全和隐私的管理在前文已经提及，在这一部分将不再赘述。

在大数据环境下，与传统的数据管理相比，大数据的冗杂、多样性、速度快等特点，为政府基于数据的决策带来了更大的挑战，更需要高质量的数据作为支撑，才能为政府科学、民主的决策提供重要的依据。在云平台中，数据的质量一方面依据数据本身的特点，另一方面其质量的高低与系统本身也有直接的关系。数据本身影响质量的因素：准确性、完整性、一致性、可信度、及时性、有用性、来源性等。而系统影响数据质量的因素有可访问性、合法性、保密性、安全性、可追溯性等（表8-7）。

表8-7　影响数据质量因素表[1]

特点	数据本身	系统的因素
准确性	√	
完整性	√	
一致性	√	
可信度	√	
及时性	√	
有用性	√	
来源性	√	
可访问性	√	√
合法性	√	√
保密性	√	√
安全性	√	√
可追溯性	√	√
可理解性	√	√
可用性		√
互操作性		√
可恢复性		√

数据质量直接影响决策的质量。除了国际上的数据质量协会之外，美国、英国、澳大利亚等国家关于如何保证数据的质量都制定和出台了相关的规定和措施。

---

[1] Leo L Pipino, Yang W Lee, and Richard Y.Data Quality Assessment, Communication of the ACM, April 2002, Vol.45, p212[EB/OL].[2016-12-07].http://web.mit.edu/tdqm/www/tdqmpub/PipinoLeeWangCACMApr02.pdf.

▶▶ 8.4.1 出台数据质量的政策和法案

美国在数据管理方面具有前瞻性，2001年，美国白宫预算和管理办公室就制定了信息质量法案，其目标是确保数据和信息的客观性、有用性、完整性方面给予政策和程序方面的指导。在信息质量法案中，将数据的客观性、有用性和完整性作为数据质量的基本准则，政府数据在分享前必须保证政府数据的质量。该法案出台后要求政府部门制定和建立相应的政策和机构负责政府数据质量方面的管理。2002年，白宫预算和管理办公室出台了《数据质量法案》，进一步解释和明确了数据质量管理的相关规定。同样，英国虽然没有在国家的层面建立专门的数据质量法则，但是英国制定了很多地方政府或者行业的规则来规范数据的使用。例如《大伦敦统计使用事务守则》，该守则的主要目的是提高数据的质量和促进在公共环境中统计数据的正确使用。❶英国的国家健康服务机构2011年制定了信息质量保证政策，确保医疗机构信息的有效性、完整性、一致性、准确性和及时性。❷

▶▶ 8.4.2 建立专门的数据质量管理机构

国际数据管理协会是专门从事数据管理和评估的社会组织，该协会在英国、澳大利亚等国家建立分部，对这些国家学习和交流数据管理的方法提供服务。在数据质量管理方面，英国设立了质量数据委员会，隶属于国家质量董事会。其主要功能是为卫生部门制定关于医疗质量信息方面的政策，以及在国家层面提供关于信息质量和信息政策方面的咨询工作。同样，美国依据《信息质量法案》的规定，要求政府部门需要建立专门的部门和人员负责机构信息质量的管理工作。以美国的环境保护局为例，设立了首席信息官和质量信息理事会，专门负责和保证数据的质量工作。

▶▶ 8.4.3 建立数据质量的评估机制

数据质量评估是为政府部门提供高质量的数据为决策服务的重要前提。欧盟

---

❶ GLA. Use of Statistics Code of Practice[R].2013[EB/OL].[2016-12-07].http://data.london.gov.uk/about/data-governance-and-quality.

❷ Leo L.Pipino,Yang W Lee,and Richard Y.Data Quality Assessment,Communication of the ACM,April 2002,Vol.45,p212[EB/OL].[2016-12-07].http://web.mit.edu/tdqm/www/tdqmpub/PipinoLeeWangCACMApr02.pdf.

为此专门制定了《数据质量评估方法和工具手册》为成员国政府数据质量的评估和管理提供方向和指导。数据质量评估的指标有相关性、准确性、及时性、准时性、可用性、清晰性、可比性和连贯性。欧盟数据质量评估主要依据用户的需求和国际标准进行评估，其方法和工具有很多种，如质量报告、质量指数、评估过程和变量分析、用户调查、自我评估和审计以及认证等❶。

国际数据管理协会发布的《数据质量的六个主要评估维度白皮书》将数据质量评估的维度分为完整性、一致性、准确性、有效性、及时性和唯一性作为评估的指标（图8-8）。

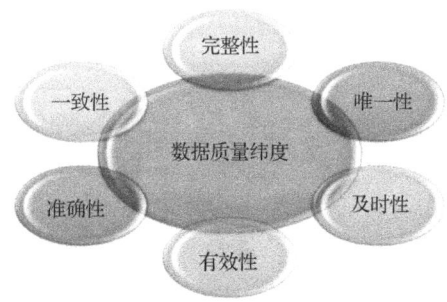

图8-8 国际数据管理协会数据质量评估的维度❷

在美国关于政府部门数据的质量有定期的同行评议机制。所谓同行的评议机制主要是指领域专家对领域内的项目、产品、作品等进行评价的活动。❸美国政府部门数据质量的评估首先必须依据数据质量法案进行评估，并且美国白宫预算和管理办公室还发布了《数据质量同行评议手册》就有关同行评议的相关事宜，包括同行的选择、公众的参与、评议的范围和时间等方面做了相关的规定。

从国外很多国家基于大数据决策模式的构建过程来看，需要具备一定的条件才能有效实施。其中，大数据决策平台是基于大数据决策模式构建的载体，政府

---

❶ European Commission. Handbook on Data Quality Assessment Methods and Tools[R].2007[EB/OL].[2016-1-8]. http://ec. europa. eu/eurostat/documents/64157/4373903/05-Handbook-on-data-quality-assessment-methods-and-tools.pdf/c8bbb146-4d59-4a69-b7c4-218c43952214.

❷ DAMA UK Working Group. The Six Primary Dimensions For Data Quality Assessment[R].2013.10[EB/OL].[2016-12-07]. https://www. dqglobal. com/wp-content/uploads/2013/11/DAMA-UK-DQ-Dimensions-White-Paper-R37.pdf.

❸ 百度百科.同行评议[EB/OL].[2016-12-07].http://baike.baidu.com/link?url=Zb7n8FvdrLtN8wKSkWyBh-hjegtTTn9P3ZZPssc-TbvvVykZX1QDRLmhqcughgJ_WKy-QQj5Lzm4bKXBg8axX5K.

数据开放是大数据决策获取资源的必要条件，大数据的安全管理和数据的治理则是应用大数据决策模式的前提条件。政府部门采纳大数据决策模式并非仅仅是采用新技术的问题，而是需要政府在制度、政策、管理、文化、法律等方面做出与大数据决策模式相匹配的变革才能促使其有效应用和发挥功能，为政府决策提供支持。

第9章 CHAPTER 9

我国政府部门应用基于大数据决策模式的保障策略

第9章 我国政府部门应用基于大数据决策模式的保障策略

大数据给国家治理不仅带来了机遇，同时也带来了各种挑战。过去依靠局部信息反馈和工作经验、直觉方式来预测、判断、决策的方式已经无法适应社会的需求。如何应对大数据浪潮给政府转型和社会治理带来的各种冲击，成为当今社会需要共同面临的问题。❶

从对政府部门利用数据决策和管理的现状、大数据的认知度和政府数据开放的认知度的调查来看，我国政府部门普遍利用大数据进行决策的条件还不够成熟。从整体来讲，我国政府部门的数据管理并没有受到足够的重视，本身数据管理的平台和机构设置并不能满足大数据时代对于数据管理的要求。从数据收集的类型和内容来看，还处于结构化数据收集和利用的状态，对于非结构化数据、半结构化数据的收集和管理还没有得到充分的重视（图9-1）。由于对数据本身管理的不到位和数据跨界共享的机制没有形成直接影响了政府数据公开和开放的力度，这方面包括对于数据本身属性的梳理、分级分类的开放和保护等措施都很不到位。从调查来看，政府工作人员对于大数据在政府管理和决策中的应用抱有很高的期望，但是政府本身利用数据进行决策和管理的现状不佳，必然会影响政府基于大数据决策模式采纳的进程。

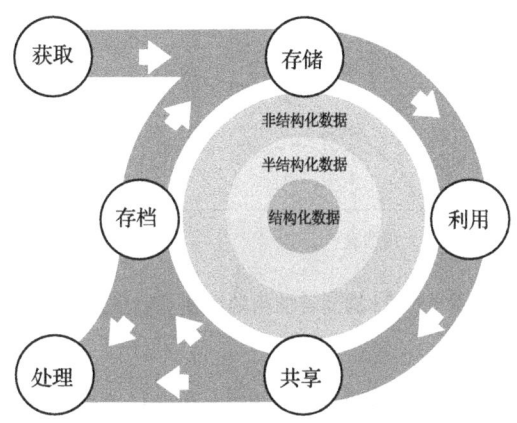

图9-1　大数据时代数据管理的过程图❷

---

❶ 安小米.现代国家治理的云端思维-信息治理能力与政府转型的多重挑战[J].人民论坛-学术前沿,2015(1):37.

❷ Data as an Asset: Balancing the Data Ecosystem[EB/OL].[2016-12-07].http://mitiq.mit.edu/IQIS/Documents/CDOIQS_201077/Papers/03_09_4C-1.pdf.

9.1 加强我国政府部门数据资产的管理

数据资产是指政府部门为了使数据能够得到充分的共享、分析、保护和开发利用，政府部门将数据视为资产进行管理的方法和过程。❶数据资产包括存储数据和应用数据两个方面：一是数据本身；二是指捕捉、存储和为服务传递信息的系统❷，如数据库、系统数据、信息及服务器、网络、机房等硬件。❸

数据资产具有五个特点。①数据资产通过分享并不折损其价值，不像固定资产，如工厂、设备等随着使用的增多而有价值折损的现象。②数据资产的价值随着利用的增加而增加。③数据资产保存越久，利用的越少就会导致其在数据库中容易"发霉"而失去价值。数据资产的价值在于利用，而不是储存。④数据的价值与准确性呈正相关关系。也就是数据的准确性越高，其价值就会越大。数据资产不一定是数量越大就越好，数据资产的质量关乎其利用的价值高低。⑤数据资产不会被耗尽，恰恰相反，在大数据时代，数据资产的数量会越来越庞大（图9-2）。❹

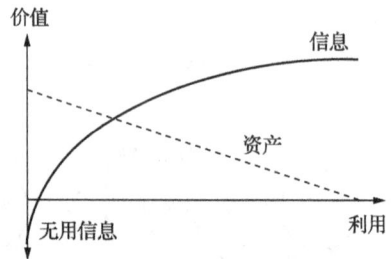

图 9-2 数据随着使用的增多价值呈现图❺

---

❶ National Archives, What is an information asset[EB/OL].[2016-12-07].http://www.nationalarchives.gov.uk/documents/information-management/information-assets-factsheet.pdf.

❷ Information Asset Management Policy[EB/OL].[2016-12-07].https://cdn.cumbriapartnership.nhs.uk/uploads/policy-documents/Information_Asset_Management_Policy.pdf.

❸ Gareth Lawrence. Information Asset Management Policy [R].April 2013:1.

❹ The Valuation of Data as an Asset:a Consumption-based Approach[EB/OL].[2016-12-07].http://www.reply.eu/Documents/13903_img_The-valuation-of-data-as-an-asset.pdf.

❺ Daniel Moody, Peter Walsh. Measuring The Value Of Information:An Asset Valuation Approach [EB/OL].[2016-12-07].http://wwwinfo.deis.unical.it/zumpano/2004-2005/PSI/lezione2/ValueOfInformation.pdf.

9.1.1 我国政府部门数据资产管理存在问题的原因分析

第一，我国政府部门数据资产管理的意识淡薄。根据项目调查显示，由于政府数据资产管理的意识不到位，自然就不会重视数据在整个政府管理与决策中的重要性，导致很多政府部门的数据管理处于无专人负责，信息管理系统不健全，数据的采集、存储及利用的制度不够完善，从而严重影响了政府利用数据提高其决策、管理与服务的能力和水平。究其关键原因是政府部门在大数据时代，没有树立起数据资产管理的意识。

第二，数据资产管理队伍建设落后。在国外，信息主管已经成为信息资产管理的热门职业。而依据对我国政府部门的调查显示，大部分的政府部门还没有建立专门的数据资产管理部门。就是已经建立政府数据管理部门的政府中，也只是主要负责对数据的保存，还很少进行数据的开发和利用工作。在大数据时代，数据资产强调的不仅是如何储存数据，还有更好地开发和利用数据。当前，我国政府部门在管理当中，不仅在制度上还没有体现数据资产管理的重要性，并且在具体的数据管理中也缺乏专业性。

第三，数据资产管理分散，缺乏系统性。从调查显示，政府数据系统的建设各自为政，缺乏顶层设计，异构系统丛林遍布，数据资源分散在各个政府堡垒中，不仅在技术层面难以共享，而且在管理层面也缺乏自觉共享的能动性，难以发挥数据的整体价值和功能。

第四，缺乏有效的数据资产管理方法。在传统的以保存为理念的数据管理状态下，数据的管理仅仅为政府部门的内部工作服务，很少涉及数据的共享、开放和利用的问题。因此，数据的存储和利用并没有建立相应的制度框架，缺乏采用分级分类差异化的管理方式，数据的质量也层次不齐，已经无法适应大数据时代政府数据管理和利用的基本需求。

9.1.2 完善我国政府部门数据资产管理的策略

第一，提高政府部门领导和工作人员的数据资产管理意识。政府部门只有将数据视为资产，才有可能将政府部门已经采集和存储的数据开发和利用起来，同时更加重视多元化数据的采集和利用，提高政府数据管理的水平。政府部门也只有将数据视为资产,才能更加重视发挥数据本身的价值,充分利用数据做出更科学、更精准的决策,提高政府的服务水平,更好的为公众服务。在大数据时代,政府部门只有充分意识到数据资产的价值和特点,才能利用和管理好数据资产。因此,为了能更好地发挥其价值,为政府的管理和决策服务,需要不断地加强政府部门对数据资产管理和利用的意识。

第二,加强数据资产专业管理机构的建设。在大数据时代,数据的管理和分析是决策和预测性决策的基础,无论政府日常的决策还是战略性的决策,都需要数据作为支撑。可以说数据资产的管理状况将直接影响政府决策的有效性。因此,有必要建立专业性的数据资产管理机构,设立信息主管的职位,在组织上保障数据资产的利用和开发,减少资产负债率,提升政府本身数据资源管理的规范性和利用的效率,将有助于大幅度提高为政府决策服务的能力。

第三,顶层设计和建设政府云数据资产管理平台并积极推广云政府的采纳。

(1) 顶层设计是指运用系统论的方法,从全局的角度,对某项任务或者某个项目的各方面、各层次、各要素统筹规划,以集中资源,高效快捷地实现目标。❶顶层设计首先体现在以下三方面:①领导统筹规划数据资产管理平台,其理念、方法和目标由顶层进行总体设计和实施;②强调平台与各要素之间的衔接、匹配和关联,而不是各自为政,这就有助于破解部门中数据孤岛林立的问题;③平台的运行要具有简洁性和可操作性。

云平台的建立是数据资产资源统一池化同时将异构数据资源同构化的重要技术,因此随着我国智慧城市建设步伐的加快,积极推进我国政府云资产管理平台建设,不仅要重视硬件的建设,而且需要重视其内容建设才会充分发挥平台的作用。从目前的调查来看,我国政务云的建设正在缓慢进行,在政府的采纳度不高,除了对安全因素的考虑之外,更重要的是政府自身对于数据内容管理的梳理还需要一段时间,同时在吸收和消化长期异构系统所带来的数据割据问题更是一个重要的挑战。因此,在长期信息化建设中,政府需吸取前车之鉴,在智慧政务的建设中除了加强云平台的硬件建设之外,更应该重视其数据内容的管理、共享和开放本身的建设。

(2) 积极推动云政府的采纳。为了积极推动政务云的采纳,我国政府相继发布了《国家发展改革委员会和工业信息化部关于云计算创新发展试点工作的通

---

❶ MBA Lib,顶层设计的含义[EB/OL].[2016-12-07]. http://wiki.mbalib.com/wiki/%E9%A1%B6%E5%B1%82%E8%AE%BE%E8%AE%A1

知》《国务院关于促进云计算创新发展培育信息产业新业态的意见》等文件和政策，积极推动云计算的发展。这些文件中明确提出了鼓励应用云计算技术整合改造现有电子政务信息系统，实现各领域政务信息系统整体部署和共建共用，大幅度减少政府自建数据中心的数量等内容。

政务云的构建为政府基于大数据决策模式的实施提供了重要的平台，但是由于对云本身的安全和政府数据内容管理的不到位，导致政务云的采纳在很多政府部门中并没有得到很积极的响应。其原因主要体现在两个方面。❶①政府部门层面。政府领导的意识和自身素质与云计算的采纳有很强的相关度。云的采纳不仅有安全因素的风险，而且在很大程度上改变了数据资源控制的程度。政府公共云的采纳，就意味着很多数据资源将向公众共享和开放，改变了原有政府完全掌控政府数据资源的模式。因此，政府领导层观念的转变成为云采纳的关键性因素。另外，政府原有的信息化建设水平直接影响云计算的采纳。调查显示，政府部门信息化水平越高，说明数据资源的建设和开发利用工作合理的程度也就越高，其采纳云计算的愿望就会更强烈。②技术层面。数据的安全和隐私的保护及云与原有的信息系统的兼容性对云的采纳具有直接的相关性。例如，某省的政务云和大数据项目的建设在全国处于领先地位，但是项目组在对某省政府领导的访谈中发现，对于数据的迁移、系统的兼容和利用、安全的保证等问题存在很深的顾虑，因此，很多政府部门处于观望的状态。

鉴于此，对政务云的构建，应注意以下方面：①政府领导部门需要转变观念，统筹规划，积极落实国家的政策，制定详细的政策落地的方案和评估方式，推广云的采纳度；②学习和推广政务云的良好实践，辐射和带动政务云的建设；③建立健全政务云安全采纳的软件和服务提供商的资质认定工作；④加强公务员政务云相关知识的教育和培训，提高对政务云管理和应用的认识水平。

第四，建立和健全政府云数据资产管理的方法。

（1）制定政府数据资产管理框架。制定框架是为了理清政府管理的数据资产，做到心中有"数"。数据资产管理框架通常分为以下三步：

第一步，需要制定数据资产的清点计划。制定计划是为了更加准确和有步骤地完成数据资产工作的时间表及其内容。在计划中需要规定什么时间、什么机

---

❶ 姬晓飞.政府组织对公共云服务的采纳影响因素研究[D].山东大学,2015:57.

构、由谁负责关于数据资产清理工作的具体行动方案的内容。

第二步，具体调查数据资产管理的成熟度。从内容方面主要识别数据资产的类别、重要性和价值。管理方面主要调研政府部门数据资产管理的级别、人员、开发利用等情况。一个部门数据资产管理的成熟度分为5个阶段，分别是初期阶段、管理阶段、清楚定位和利用阶段、可测量阶段和最佳管理阶段（图9-3）。

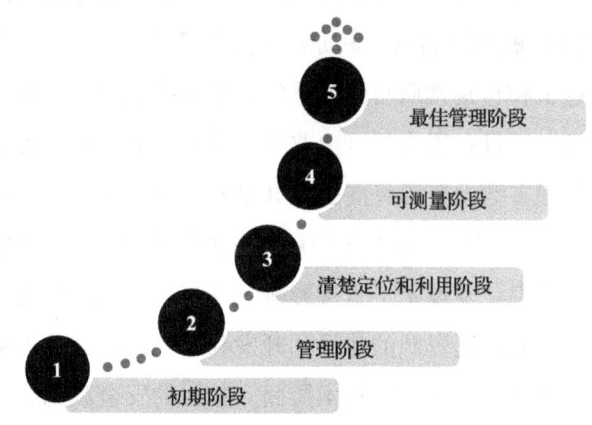

图9-3　数据资产管理成熟度图[1]

数据资产管理的初期阶段表现为将数据的管理仅仅作为项目实施的需要，并没有系统的管理措施和方法。管理阶段主要体现在政府意识到数据作为资产的重要性，开始加强政府数据的管理。清楚定位和利用阶段主要指在政府层面将数据已经视为部门完成任务的关键因素。可测量和利用阶段将数据作为竞争力的资源，建立了数据资产管理和评估的过程指标。实行差异化的严格管理方式。管理的质量和过程绩效由统计数据来描述，并且贯穿整个管理的生命周期。最佳管理阶段是指数据作为动态的、竞争的市场可持续发展的关键要素（表9-1）。

通过调查，正确评估所在部门数据资产管理的阶段和存在的问题，为进一步提升政府数据资产管理的水平奠定基础。

第三步，提出完善数据资产管理的具体方法和建议。在调查和评估的基础上，发现在数据资产管理中存在的问题，并提出具体的整改措施。

---

[1] Melanie Mecca. Data Management Maturity Model Introduction, 2014.12[EB/OL]. [2016-12-07]. https://c.ymcdn.com/sites/www.globalaea.org/resource/dynamic/blogs/20141222_174906_13152.pdf.

表9-1 数据资产管理成熟度情况表[1]

阶段	管理的状况	主要特征
初期阶段	数据资产的管理主要体现在项目式的管理中,处于临时的管理状态。管理也没有应用到跨业务领域中,整个管理过程体现出被动性的特点	数据的管理仅作为项目实施的需要
管理阶段	数据的管理按照政策的计划来执行。有足够的专业人员来控制资源的生产;数据资产的管理由相关利益者参与;有专职人员进行检测、控制、审查和对过程进行评估	部门意识到数据作为资产的重要性
清楚定位和利用阶段	已经建立了一套标准的流程,提供一致性评估规则。根据组织的指导方针和标准流程满足特定的需求	在部门层面数据已经成为完成任务的关键
可测量阶段	已建立了数据资产管理和评估的过程指标。实行严格的差异化管理方式。质量和过程绩效用统计数据来描述,并且贯穿整个管理的生命周期	数据作为竞争力的资源
最佳管理阶段	通过增量管理和创新,管理过程的绩效不断提高和改进。通过反馈的方式不断推动管理的进步和业务的增长。其实践在行业领域中共享	数据作为动态、竞争的市场可持续发展的关键要素

（2）建立数据资产质量评估办法。数据资产本身是重要的决策和经济资源,利用好这些资源,可以有效地减少政府管理中的风险,为政府科学、民主地决策提供依据,但其前提是必须保证数据资产的质量和可信度。数据质量的保证是政府利用数据决策的前提,即获取高质量的数据成为决策的关键。因此,数据的质量决定了数据资产的价值。

政府部门为了更好地保障数据资产的质量,需要建立数据质量的评估方法。确定什么是高质量的数据,什么是差质量的数据,对数据的真实、准确、完整等方面做出界定和评价的量表,才能有效地保障政府数据资产的可信度。在评估中,需要注意三方面问题。①需要建立专业、独立的数据质量评估部门,来保证数据质量得到客观、有效的评估。②需要建立数据质量的评价指标体系。确立高质量的数据标准和评价标准,并且依据标准进行评估。③依据评估的结果进行有效的反馈,纠正政府数据质量管理中存在的问题,进一步完善政府数据质量的管理方法和策略。

---

[1] Melanie Mecca. Data Management Maturity Model Introduction[EB/OL].[2016-12-07].https://c.ymcdn.com/sites/www.globalaea.org/resource/dynamic/blogs/20141222_174906_13152.pdf.

（3）建立数据资产分级分类的管理措施。政府数据资产中，依据其重要程度的不同应该采取不同的管理方式。根据数据资产内容的重要性和开放程度分为开放的数据、有限制的仅供的府内部使用的业务数据、敏感的数据和保密的数据四类。①开放的数据。这部分数据属于不涉及隐私和保密的数据，可以完全在政府网站上公开，并免费提供给公众使用的数据。②有限制的仅供政府内部使用的业务数据。这部分数据通常涉及政府业务内容的数据，只限于政府内部的交换和使用。③敏感的数据。敏感数据是指未经过政府部门的授权或者存在不当的使用会给国家的利益以及个人隐私的保护带来风险的数据。这部分数据需要单独加强管理和保护。④保密的数据。保密性是信息安全的重要因素。保密的数据是指政府部门不被允许泄露的数据，即非经政府部门授权，不允许用户使用且严格保管的数据。

9.2 优化我国政府部门数据资源跨界共享的机制

政府部门数据资源的跨界共享主要包括中央政府和地方政府之间的"上下共享"，同级政府之间的"水平共享"，政府不同部门之间的"左右共享"，以及政府与企业和社会之间的"内外共享"。只有实现数据的跨界共享，促进数据的自由流动和开放，才能为政府部门基于大数据决策模式的实施提供"营养"。在调查和访谈中显示，长期以来跨部门数据的共享成为政府基于大数据决策的主要障碍之一，其关键问题是如何破解因为利益割据所导致的"数据割据"而引起的"反公地悲剧"的现象。

众所周知，在经济学领域的两个重要理论，即公地悲剧理论和反公地悲剧理论。二者都是重要的公共物品理论，虽然相差一个字，但其视角和内容却有很大的不同。公地悲剧理论产生于20世纪60年代，由英国学者哈登提出，他对封建地主无偿地将土地提供给牧民所产生土地过度使用的后果进行了分析，认为公地的产权主体过多或者缺位，就会产生资源配置不合理和失灵的问题，最终导致资源的过度利用和消耗殆尽的悲剧。

反公地悲剧的理论是由美国的经济学家赫勒于20世纪90年代提出，他通过对莫斯科沿街店铺无人租赁的现象调查发现，由于共有资源的产权被分割成小的产权主体，而这种产权主体的数量越多，就导致交易过程中，谈判和协商的主体就会更多，交易成本变得更加昂贵，一旦交易中付出的成本超过了所产生的利益时，资源就被闲置下来。

当然，无论是公地悲剧还是反公地悲剧的现象，并不仅仅适用于自然资源的领域，在其他领域是否存在这类现象，主要由资源的产权结构来决定。其实，政府的数据资源就具有"公地"的性质和特点。由于过去的产权结构和模式，政府数据资源被各级政府部门独占。如果没有政府数据开放的问题，这些资源就安静地躺在政府的档案库或者数据库中。但是随着政府数据开放的序幕拉开，由于这种原有的政府数据资源产权结构模式所产生的"反公地悲剧"现象，导致政府数据深度的共享和开放难以进行。

9.2.1 我国政府部门数据资源跨界共享机制存在问题的原因分析

政府数据资源的产权被众多政府部门所享有，无论是政府部门还是个人在利用这些资源时，都存在相互阻碍的问题。而且由于这种产权模式，在政府信息系统的建设中，就会出现难以顶层设计，各自为阵的现象，导致政府数据资源的闲置和浪费。其主要原因有以下两方面。

第一，政府数据产权的部门利益化。政府数据的产权是指政府部门控制和占有对数据资源的开发、利用的程度和经济利益产生范围的情况。政府部门是数据资源的掌管者，它作为公众的代理人，具有控制和利用数据的绝对优势和权限。目前，在政府数据资源产权不清的状况和自身利益的推动下，以其掌控信息的优势，更易于形成利益部门化的格局，为其谋取私利。尤其是随着大数据时代的来临，数据被视之为资产的情况下，有些政府部门有可能将数据资源作为获取经济和政治利益的手段。这将导致对数据资源的部门垄断，甚至会衍生利用数据寻租的腐败现象。这些垄断和寻租现象的实质是对公共资产的"私有化""小团体化"，是一种对公共权力的滥用。

第二，在我国信息化建设中，形成的条块管理格局，导致了政府数据资源碎片化的管理方式。在条的管理（纵向部门管理）中，上级和下级的管理链越长，就越容易导致混乱复杂的权责关系，易于滋长滥用职权的土壤。而在块的管理（横向部门管理）中，数据资源产权利益的部门化和垄断化，意味着各个政府部门之间就如同各个不同的堡垒，将数据资源视为其私有资源，不仅造成难以共享的局面，而且由于这种"数据割据"和权责不清的状态，衍生出数据资源产权归属模糊不清的问题。而清晰地界定产权归属是解决这种碎片化产权管理模式的最好办法，通过重新理顺数据资源的类型和归属，不仅有利于形成政府数据资源产权差异化的管理方式，而且也有利于更好地保护数据资源，推动其深度的共享和利用（图9-4）。

图9-4　信息、权力、利益三者之间的关系❶

第三，政府数据资源共享所产生的安全层面的政治风险。政府数据共享难以深入进行的原因除了以上所述政府部门追求自身经济利益之外，还有一个重要的原因是我国在政府数据共享和开放中法律和制度不健全，如果政府部门不适当地共享政府数据，就有可能产生由于安全问题所导致的政治风险。

▶▶ 9.2.2　完善我国政府部门数据资源跨界共享机制的对策

虽然我国于2008年公布了政府信息公开条例，政府信息公开也取得了一定的进展，但是随着公民对于政府透明度和信息公开的诉求越来越强烈，原有的政府数据资源产权的管理模式已经严重制约了我国政府数据的跨界共享和开放。

第一，整体性治理我国政府数据资源的产权模式。我国政府数据资源产权属于建立在一定关系上，众多主体共同占有、利用和享受其利益的一种产权模式，即共有产权模式。这种模式导致政府数据的共享和利用需要大多数甚至是全部主体同意的情况下，才能实现数据的共享和利用。与完全开放和清晰的私有产权模式比较而言，这种产权模式是一种处于模糊状态的产权模式，在管理中容易出现产权分散和管理多头的现象。

整体性治理是继新公共管理理论之后出现的重要政府治理理论，其核心内容是利用现代信息技术，通过整合和协调的手段，促进政府部门从碎片化走向无缝隙、整体性的政府治理模式。政府数据资源产权整体性的治理，就是指围绕政府

---

❶ 邓丁.权力、利益与信息:我国政府跨部门信息资源共享问题研究-以F市工商税收间信息资源共享为例[D].华东理工大学,2010:38.

数据深度共享为目标,对其管理机制、政策、法律等方面存在的问题进行有效协调和整合的过程。

(1) 顶层设计政府数据资源跨界共享的协调和整合机制。只有顶层设计与不断优化,才能有效地保证政府数据资源公平、公开地共享和利用。因此,政府需要顶层设计政府数据资源跨界共享的策略与方法,整体打通跨界数据共享的渠道,并对实施的效果进行常态化的评估,不断优化和改进政府数据跨界共享的方法,避免重复性的建设,减少管理与实践的成本,促进政府数据的深度共享和利用。

(2) 制定政府信息公开法。霍布斯定律认为,通过法律的制定,可以跨越严重阻碍交易达成的障碍性因素,降低社会的损失和成本。除了顶层设计政府数据跨界共享的机制之外,由于目前《中华人民共和国政府信息公开条例》的位阶较低,因此还需要提高我国政府信息公开的法律位阶,制定我国政府信息公开法,加强我国政府信息公开和数据开放的力度和深度。

(3) 建立跨界、专业的政府数据共享机构。法律的制定有助于强制性地推动政府数据的共享和开放,有可能表面上实现了政府数据的共享。但是,如果要想实现政府数据的深度共享,就需要通过专门的管理机构,协调和整合数据共享方面管理中存在的矛盾与问题,加强合作,建立政府间的信任与责任感。

第二,清晰界定政府部门数据资源产权的归属。

(1) 理清政府数据资源跨界共享的类型和内容。我国政府数据属于增量式的共享模式,即通过数量逐年增加的方式推动政府数据的共享。这就意味着我国政府数据跨界共享有一个逐步培育和加深的过程。除了共享中数据割据的现象之外,另外的重要原因是对政府数据共享的类型和内容长期以来未能很好地界定,导致了政府数据资源的产权归属也很难界定。因此,政府部门需要建立共同合作的愿景,对共享政府数据资源的目录、数量、质量和类型共同梳理,做到心中有数,清楚界定数据资源的共享类型、范围和数据的价值等。

(2) 清楚界定政府数据资源的占有权、使用权、销售权、知情权等问题。政府数据资源并非无条件的共享,也不是依靠某一个政府部门就能单独决定与实施的,而是需要由各个政府部门之间共同合作和协商,打通其间的各种利益关联,协调完成:①厘清公益性政府数据资源共享的类型、方式、内容等;②清晰界定商业性数据的类型、内容、收费、维护成本等;③制定用户利用政府数据资源的内容、方式、效果和收益情况的评估方法、指标等。

（3）建立政府数据资源跨界共享的统一标准。虽然我国已经逐步开始实施政府数据资源共享的工作，但是由于目前没有建立相关的标准，各个政府部门采用的标准各异，纵向和横向管理部门所采纳的标准很难整合与兼容，成为我国政府数据跨界共享的难点。基于此，顶层设计与实施我国政府数据共享的目的、原则、标准、类型、范围及数据脱敏的格式与标准等，才能有效保障政府数据资源更广泛地共享与融合。

9.3 积极推进我国政府部门数据深度开放的力度

政府数据的深度开放不仅仅是指某个或者某些政府部门原始数据的开放，而是指纵向与横向政府部门及政府部门自身产生、采集、存储，以及在与企业、公众交互过程中所产生的原始数据流的开放。只有政府数据的深度开放，才能为基于数据的决策和基于数据的创新创造重要的条件。目前，我国政府数据的开放还处于起步阶段，分析其影响发展的原因，有助于更好地提出有针对性的对策，推动我国政府数据的深度开放和深度利用。

9.3.1 制约我国政府部门数据深度开放的原因分析

9.3.1.1 政策层面

政府数据开放是政府信息公开的深度发展，虽然我国目前并没有制定专门的政府数据开放政策，但是信息资源开发利用、信息安全、政务公开和大数据发展等政策的制定和实施为我国政府数据的开放奠定了基础。

从2004年到2017年间，我国陆续发布有关政府信息资源、国家信息化、政务公开和信息安全等方面的若干政策，其中都提到了政府信息资源开放的问题。

尤其是2015年发布的《关于促进大数据发展行动纲要》（简称《行动纲要》），明确提出了大数据在促进经济发展、提高国家的竞争力以及推动数据的深度共享和开放中的重要作用。《行动纲要》还提出，我国将于2018年年末前建成统一的政府数据开放平台，促进民众对数据公益性和增值性的开发利用和创新性的利用。

我国促进信息公开和加强信息开发利用的政策为我国政府的开放、透明和数字产业、内容产业的发展奠定了重要的基础。但是，信息资源开发利用和政府的开放程度、信息和数据的开放程度息息相关。虽然我国政府数据开放相关的政策逐年增多，但是从政策的实施情况来看，我国政府数据开放相关的政策还存在以下问题：

（1）政策的内容方面。政策内容过于宏观，实践操作性弱，影响了政府部门对于政策的有效实施。在我国相关的政策中都强调了信息资源开发利用、信息资源产业发展的重要性，但是缺乏具体的目标分解和任务落实、救济和纠错机制等操作细节，以致于政策在具体实施过程中，随意性较大。

在调研中，很多被调查者认为目前并不缺乏相关的政策，缺乏的是对政策的有效执行。例如，以某省信息资源管理规定的落实为例，在调查中发现很多政府部门虽然知道有此规定，但在执行规定过程中以存在各种困难为由，并没有很好地落实该项政策，其主要原因在于该规定没有对内容进行详细界定和抓住难点问题，只是对共享问题泛泛而谈，使得政策的实施缺乏目标导向性和可操作性。

（2）政策的设计方面。政策的设计缺乏连续性和系统性。从信息资源管理角度来看，信息的采集、存储、共享、开放、增值开发利用是一个系统的过程。在我国的信息资源开发、共享、利用等的政策设计中，将所涉及的不同环节分散到不同的政策当中，缺乏对政策整体和系统性的思考。众所周知，政府信息资源开发利用的前提是信息的公开和数据的深度开放。没有政府信息的公开和数据的深度开放，后续环节——政府信息和数据资源的开发利用就会难以有效的进行。而且就我国政府信息资源在流动、转移过程中的标准、产权界定、主客体的权利和义务、考核问责和数据库政策等配套制度还很欠缺，并且在网络环境中信息资源的开发、利用和服务也较少涉及。[1]

（3）政策的实施方面。在我国目前涉及信息资源的政策当中，政策本身就很少有评估制度的设计。因此，政策实施过程中就会缺乏有效的反馈机制，导致存在的问题很少能够及时地纠正和问责。此外，政策的制定和实施也缺乏连续性的推进，使信息资源政策实施的后劲不足。

从信息公开走向数据开放是必然趋势，目前国外政府已经进入到数据的开放

---

[1] 白文琳.政府信息资源开发服务的政策研究[D].苏州大学，2011(4):38-40.

环节，而我国由于信息公开政策的制定和实施本身存在诸多问题，还甚少涉及原始数据和数据库的开放。从国外经验来看，构筑完整的政策体系是数据开放的成功经验之一。例如，美国、英国等国家在实施政府数据开放以来，不仅连续的发布相关的政策，扫清在政策实施中的障碍，而且就相关法律法规、许可都做了相应的调整，为政府数据的开放创造良好的条件和环境。

9.3.1.2 法律层面

(1)《中华人民共和国政府信息公开条例》(简称《条例》)。2008年5月1日起施行的《条例》是我国首部信息公开和利用的法案，其实施意义深远，不仅为我国政务公开和阳光政府的构建提供了法律基础，同时为公众的知情权提供了法律保障。❶

《条例》的目的：①保障公众合法获取政府部门信息的权力；②提高政府部门管理与服务工作的透明度，推进依法行政；③加大政府信息公开的渠道，推动政府信息的利用，发挥在公众生活与生产中服务的作用。《条例》将政府信息公开的方式分为主动公开和依申请公开两类。公正、公平和便民是政府信息公开所应遵循的基本原则并对公开的范围做了明确的规定。❷政府信息公开的媒介有广播、电视、网站、新闻发布会等。政府建立信息公开的考核、社会评议和责任追究制度，对政府信息公开的情况进行监督、考核和评议。

虽然这些年我国政府信息公开取得了一定的成绩，但是还存在以下亟待解决的问题：

第一，我国政府信息公开的整体力度还需要加强。据2014—2015年《中国行政透明度观察报告》(简称《观察报告》)显示，我国政府信息整体的公开水平还需要进一步加强。测评结果显示，从地方政府到中央政府信息公开都没有达到测评的及格线60分。

---

❶ 姜明安,汪玉凯.《政府信息公开条例》意义深远[EB/OL].[2016-12-07].http://www.henan.gov.cn/ztzl/system/2007/04/29/010029513.shtml.

❷ 在《条例》公开的范围中行政机关对符合下列基本要求之一的政府信息应当主动公开：(1)涉及公民、法人或者其他组织切身利益的；(2)需要社会公众广泛知晓或者参与的；(3)反映本行政机关机构设置、职能、办事程序等情况的；(4)其他依照法律、法规和国家有关规定应当主动公开的信息。并且在《条例》中对县级以上各级人民政府及其部门、设区的市人民政府和县级人民政府及其部门、乡(镇)人民政府重点公开的信息做了详细的规定。行政机关公开政府信息,不得危及国家安全、公共安全、经济安全和社会稳定。

第二,需要加强政府信息主动公开、监督与救济的措施。依据调查显示,我国政府信息公开透明度的状况并没有达到基本的要求。比较而言,制度配套和依申请公开做得相对较好,但主动公开、监督与救济方面还不尽如人意,❶需要在这些方面加大整改的力度,使信息公开从被动走向积极主动,加强内部监督和开通群众监督的渠道,健全政府信息公开的救济制度,以充分保障公民的合法权益。

第三,政府信息公开的考评滞后。从调查显示,政府信息公开的考核和评议工作并没有得到很好的贯彻。对《观察报告》是否进行信息公开工作考核并公开考核结果,以及是否进行信息公开工作社会评议并公开评议结果方面的两项调查,中央政府部门基本都为零,而地方政府的调查结果分别为17.3%和3.9%。❷

第四,《条例》中未能对国家秘密、商业秘密和个人隐私等做详细界定,在实践中影响了信息公开的力度。《条例》的第14条对严禁公开的信息虽做了规定,如公开的信息不得涉及国家和商业秘密以及个人隐私,但是对于其内容、范围和类型未做详细说明和规定,严重影响了政府信息公开的有效执行。

(2)《著作权法》。2013年我国新修订的《中华人民共和国著作权法实施条例》所保护的范围强调具有"独创性"和"有形复制"的艺术、文学及科学领域的智力作品或者成果。在数据共享过程中,自然会涉及如何依法对政府数据库中的数据共享、传播和利用等问题,即数据库数据的保护和利用的问题。数据库主要指对数据、作品或者其他材料所进行的系统汇编,利用者主要通过电子方式及其他方式利用其数据。❸按照国际公约的精神,数据库被视作"汇编作品"。在数据库中有些数据具备独创性的特点,自然会受到著作权的保护,但是有些政府数据库仅仅是数据的简单收集,在数据收集及其编排中并没有体现独创性的特点,因此就不受著作权的保护。目前我国相关的法律也并未对此做出规定,属于立法空白区域。比较而言,美国、欧盟的法律很早以前就对数据库的保护问题作了很详细的规定,尤其是欧盟对于那些不具备独创性条件的数据库,在1995年的《数据库指令》中公

---

❶ 中国行政透明度观察(简明版),2014-2015[EB/OL].[2016-12-07].http://j.news.163.com/docs/99/2015100103/B4QDADII9001ADIJ.html.

❷ 同❶.

❸ 论数据库著作权法保护,2013.5[EB/OL].[2016-12-07].http://www.cnipr.net/article_show.asp?article_id=15406.

布了给予其特殊权利保护的规定。❶这种保护是为了防止他人不当获取或者反复使用数据库中的内容,其目的是保护数据库创始者付出的劳动。

(3)《信息网络传播权保护条例》。我国于2013年公布的《信息网络传播保护条例》在第2条明确规定了本条例和著作权法保护权利人所享有的信息网络传播权。任何组织以及个人除了法律和行政法规另有规定除外,通过网络将归属他人的作品、录音制品、录像制品、表演等提供给公众,不仅需要取得权利人的允许,而且需支付其报酬。

在《中华人民共和国政府信息公开条例》中并没有明确规定公开信息的去向问题,也没有明确规定信息公开的传播、复制、改编等权利。因此,在涉及权利人作品的方面,需要界定清楚政府工作人员"作品"归属的界定。

9.3.1.3 许可层面❷

政府数据的开放不仅展现了一个国家和政府的开放和透明度,而且是大数据产业发展的必要条件,也为产业的转型和升级创造了良好的环境。政府数据的开放除了需要国家政策、法律的支持与保障之外,还需要建立政府数据开放的许可协议,才能更加有效地促进政府数据的深度开放和利用。虽然我国一些省市的政府部门已经开始从事政府数据开放工作,并且建立了政府数据开放的平台和网站。但是,目前我国由于尚未出台有关政府数据开放许可相关的规定和政策,严重制约了我国政府数据的深度开放。

当然,政府数据开放许可的类型有很多种,其中知识共享许可协议得到比较普遍的应用,它或者被诸多国家和地区直接全面采用,或者其核心思想精神被诸多国家和地区接受,并重点体现在数据开放许可的制度当中。因为其不仅保障了权利人著作权的合法权益,而且为政府数据的有效开放提供了良好的环境。

知识共享许可协议是适应大数据时代对传统著作权保护的一种修正与平衡的结果,其实质属于著作权的一种许可适用合同。知识共享许可协议根据著作权法,将原有的著作权法规定的"保留所有权"或者"有著作权,侵害必究",改为了"保留部分"权利的形式出现。这是因为传统的著作权法规定个人的作品属于作者的个人权利范畴,如果想使用作者的作品,则需要获得权利人的许可。这

---

❶ 段维.网络时代的版权法律保护[M].武汉:湖北教育出版社,2006:46.
❷ 迪莉娅.政府数据开放许可适用研究[J].图书馆,2014(12):91-93.

种加强控制的默认规则，需要依据有关的程序和规则才可释放其著作权，不仅保护了那些没有商品价值的作品，而且限制了许多人将其作品无偿贡献给公共领域的自由。❶

尤其在大数据时代，对于作品的高效传播与共享提供了技术工具。如果著作权人依旧加强其作品的控制权，对于其"合理使用"就会受到严格的限制，从而对作品文化与思想的传播产生消极的影响。众所周知，权利人所拥有的作品只有被公众知晓、阅读、传播，其价值才能得到充分实现。❷由此可言，大数据环境下，知识共享理念为知识的开放、共享、传播、保护提供了新的方法和思路。知识共享许可协议通过"保留部分权利"的方式，不仅为公众能够消费其作品，而且对于参与作品，甚至重复性利用和再创造作品提供了重要的条件。

因此，很多国家在政府数据开放许可中采用了知识共享许可的方式、内涵和思想来推动政府数据的深度开放，不仅有助于保护著作权人的利益，而且促进了政府数据的开放、共享和利用。目前，我国政府数据开放正在逐步进行中，为了保障著作权人的合法权益，同时又能推进我国政府数据的深度开放，知识共享许可协议的采用对我国政府数据的开放将会产生更加积极的作用。❸

9.3.1.4 政府网站信息管理层面

我国政府门户网站是为公众服务的窗口。它不仅是政府发布信息及与公众交流的渠道，也是为公众提供在线、多元化优质服务的平台。❹

2015年公布的《关于促进大数据发展行动纲要》提出，我国将于2018年年末前建成统一的国家政府数据开放平台。目前，我国的政府数据开放已经提上日程，但据《中国开放数据探显镜》的调查报告显示，截至2015年5月，调查样本平均公开的数据集仅仅只有278个，政府数据开放的数量还较少（表9-2）。由此可见，政府数据开放是一个复杂而又系统的工程，还存在很多问题亟待解决。❺

---

❶ 卢静.网络时代知识共享许可协议研究[D].华中科技大硕士学位论文,2010(12):32-35.
❷ 郑成思.知识产权论[M].第三版.北京:法律出版社,2003:215-217.
❸ 迪莉娅.政府数据开放适用研究[J].图书馆,2014(12):91-93.
❹ 刘静岩,李峰,王洗尘.政府门户的功能与具体定位[J].情报杂志,2005(2):63-64.
❺ 迪莉娅.政府数据深度开放中的个人数据保护问题研究[J].图书馆,2016(6):54-58.

表9-2　我国政府数据开放平台的名称和地址

数据网站名称	网站地址	负责机构
北京市政务数据资源网	www.bjdata.gov.cn	北京市经济和信息委员会
上海政府数据服务网	www.shanghaidata.gov.cn	上海市经济和信息化委员会
武汉市政府公开数据服务网	www.wuhandata.gov.cn	武汉市信息中心
无锡市政府数据服务网	http://opendata.wuxi.gov.cn	无锡市信息化和无线电管理局
（宁波市）海曙区开放数据门户	http://data.hanshu.gov.cn	宁波市海曙区经济和信息化局
佛山市南海区	http://daa.nanhan.gov.cn	佛山市南海区人民政府

整体来说，目前我国政府数据开放网站的板块基本分为三类：资源目录、App的应用和互动交流（表9-3）。

表9-3　我国政府数据开放网站信息建构表

地区	资源目录	App	互动交流
北京	主题、文件、机构	√	问卷调查、常见问题、咨询建议、提交APP应用、建议增加的数据类型
上海	主题	√	需求调查、调查问卷、联系我们
武汉	主题	√	问卷调查、资讯建议、常见问题、数据需求
湛江	社会专题、数据产品、数据应用、地理信息		调查问卷、需求建议
无锡	主题、部门	√	常见问题、咨询建议、调查问卷
宁波市海曙区	主题	√	咨询建议、常见问题、建议增加的数据类型
佛山市南海区	主题、机构、政策文件	√	常见问题、咨询建议、提交App应用、建议增加的数据类型

由于我国的政府数据开放才刚刚起步，还存在很多的问题需要逐步解决。

第一，数据的机器可机读性差。数据的机器可读有助于第三方开发者或者用户进行数据的抽取、转换、分析与集成，实现数据混搭、可视化和关联数据的发布等。❶很多国家将政府数据的机器可读作为数据开放的一项基本原则。从我国政府已经开放的数据来看，机器可读的数据集比例还有待提高。2017年全国开放机器可读数据集比例是76%，2018年和2019年的比例分别是83%和

---

❶ 迪莉娅.大数据环境下政府环境数据开放研[J].绿叶,2013(9):22.

82%（图9-5）。由于开放的很多数据不具备机器可读性，严重影响了数据进一步整合和分析的可能。

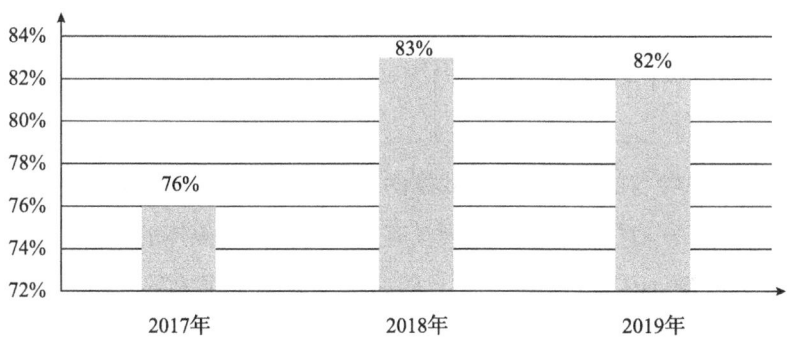

图9-5　2017—2019年全国开放的机器可读数据集比例❶

第二，政府数据开放网站的管理效率比较低。①开放数据的数量目前还很有限。从我国已经开放的政府数据网站来看，可提供数据量较多的要属武汉、上海和北京，其他政府数据开放网站公开的数据集还很少，无法满足用户的需求。②开放数据的质量层次不齐。数据的质量直接关系到数据决策和利用的质量。很多数据的真实性、准确性和一致性无法得到保证。③数据的更新比较慢。根据调查显示，在2000个数据集中，只有17.21%的数据得到了及时的更新，大多数的数据更新较慢。❷

第三，政府数据开放网站所提供的数据格式比较单一，例如以北京市政务数据资源网为例，目前只能提供CSV和WPS格式的文件，而国外的政府数据开放网站的数据格式类型多样化，如美国政府开放数据的格式达到10种以上，为用户分享、利用、整合数据提供了很大的便利条件（表9-4）。

表9-4　国外政府数据门户网站提供的数据类型表❸

国别	CSV	TIFF	ZIP	HTML	RDF	XML	KML	PDF	JSON	KMZ	TXT	XLS
美国	√	√	√	√	√	√	√	√	√	√	√	√
英国	√			√		√		√				√

---

❶ 2019年中国开放政府数据"探显"报告[EB/OL].[2019-6-18].https://www.docin.com/p-2215117607.html.

❷ 2015年中国开放政府数据"探显"报告[EB/OL].[2016-12-18].http://www.ngocn.net/news/2015-10-13-92011aa6c9ae2961.html.

❸ 迪莉娅.大数据环境下政府数据开放研究[M].北京:知识产权出版社,2014(8):74.

续表

国别	CSV	TIFF	ZIP	HTML	RDF	XML	KML	PDF	JSON	KMZ	TXT	XLS
欧盟	√	√	√	√	√	√		√			√	
加拿大	√					√	√		√			√
澳大利亚	√					√	√	√	√	√		√

第四，用户参与的方式单一。我国的政府数据开放网站还只是通过提供建议或者咨询的方式获取用户的需求，因没有充分利用社交媒体的功能，缺乏互动式交流的媒介和参与的渠道，因此用户的参与度受到了很大的限制。而美国、英国、加拿大等国家的政府数据开放网站可以将开放的数据直接分享到推特、脸书、论坛和博客当中，为更多地让公众了解、使用和传播开放的数据提供了重要的平台（表9-5）。

表9-5 国外政府数据开放网站用户参与功能表[1]

国别	数据分享功能	数据定制功能	数据个性化服务功能
美国	通过推特可以将信息分享到其他网络社区	提供RSS定制服务	专门的网页提供在线咨询、申请和投诉服务
英国	通过博客和论坛分享信息	提供APPS服务	设立图书馆提供信息查询服务,设立"My Research"频道为用户提供研究服务
加拿大	通过推特、互联网、谷歌可以将信息分享到其他网络社区	提供RSS定制服务	有专门的网页提供在线讨论、反馈意见和信息等功能
澳大利亚	提供博客共享信息	提供RSS定制服务	有专门的网页提供在线讨论、反馈意见和信息等功能

▶▶ 9.3.2 完善我国政府部门数据深度开放的策略

从世界范围来看，政府数据开放已经成为一种趋势，虽然我国政府数据的开放已经开始，并取得了一定的进展，但是在很多方面还需要进一步完善。

---

[1] 迪莉娅.大数据环境下政府数据开放研究[M].北京:知识产权出版社,2014:77.

9.3.2.1 构筑我国政府数据开放的政策体系[1]

只有数据的开放才能促进数据的整合,而整合是数据创新性利用和增值的关键所在。[2]在大数据环境下,政府数据开放的目标不仅是为了让公民的知情权得到更好的保障,更重要的是为了让数据这种重要的生产要素能够自由流动和利用起来,以推动我国网络与知识经济的发展,促进我国的经济由粗放型向精细化的方向升级与转型。[3]

虽然我国发布的《关于促进大数据发展行动纲要》中提及了政府数据开放的重要作用,但是目前并没有制定专门的政府数据开放政策。如果能够制定我国专门的政府数据开放政策将会强有力地推动政府的数据开放,为大数据产业的发展创造重要条件,不仅如此,而且对提高整个社会的效率、政府工作的透明度和社会的创新能力也具有重要的意义。[4]

1. 我国政府数据开放的目标

目标的合理、科学是政策制定的前提。美国政府数据开放是以开放、透明和合作作为主要政策目标。英国将"透明"作为政府数据开放政策的首要目标,认为透明是政府的核心,开放数据则可以赋权公民,培育创新和改革公共服务。[5]欧盟的开放数据政策以创新、经济增长和透明治理为核心目标。加拿大的政府开放数据以开放、参与和创新为核心,创建一个更有效力、效率和负责任的政府为主要目标。澳大利亚的政府数据开放政策则为了发展民主,致力于在参与文化的基础上促进政府的开放和公众更好的利用信息,并通过技术创新性的使用保持可持续性(表9-6)。

表9-6 国外政府开放数据政策的目标

国家	政策目标
美国	促进开放、透明与合作
英国	促进透明

---

[1] 迪莉娅.大数据环境下政府数据开放研究[M].北京:知识产权出版社,2014:93-113.

[2] 涂子沛.大数据[M].桂林:广西师范大学出版社,2012:89.

[3] 陈永伟.数据经济时代,数据是怎样的一个关键要素[EB/OL].[2017-12-07].http://www.cnii.com.cn/Bigdata/2017-12/14/content_2022742.htm.

[4] 迪莉娅.我国大数据产业发展研究[J].科技进步与对策,2014(4):56-60.

[5] UK HM Government. Open Data White Paper Unleashing the Potential[R].June 2012.

续表

国家	政策目标
加拿大	促进开放、参与、创新
澳大利亚	发展民主、促进信息利用和创新

我国的政府数据开放政策的制定需要明确的目标。我国的政府数据开放政策应树立以开放、透明、参与、利用和创新为导向的政策目标。因为开放是前提，只有数据开放才能促进我国政府的工作更加透明，提高政府工作的效能，更好地预防腐败的发生。只有政府越开放、越透明，公民才有更多的机会参与其中，并充分利用数据，挖掘数据的潜力，释放数据的潜能，达到创新的目标。❶

2. 我国政府数据开放政策的制定

首先，建立多元化的政府数据开放政策制定主体。长期以来，我国政府政策制定主体比较单一，从某种程度上影响了政策的有效实施，而政府数据开放政策决策主体的多元化有助于将决策主体和客体有效融合在一起，为数据开放政策的科学性、合理性奠定基础，同时也有助于政策的推广和执行。利用政务云平台，采用大数据的决策模式，通过网络广泛采集民意，并通过论坛、听证、网络调查、专家会诊等方式，获得更多民众的需求，充分发挥多元主体在政策制定中的作用，使我国政府数据开放政策的制定更具有民意基础和科学性。

（1）建立我国政府数据开放政策多元主体交流的有效平台。在一定的政治环境中，政策实施的效果和质量往往与其方案讨论的范围和对话的深度有关。❷在政府数据开放发展较好的国家和地区，政策制定过程中相关利益者的平等对话和交流成为必要的过程。通过主体间平等的对话和协商，达到相互理解的基础上，进一步加强政策理解和政策实施的可操作性。

（2）建立我国政府数据开放政策制定过程中多元主体参与政策制定的程序。公共利益的诉求并未有整齐划一的模式，决策通常是在多种可选方案中做出抉择。让公民参与决策的程序是保障民主的一种方式，这不仅有利于解决理性不及的问题，而且可以使决策的效果更具有合意性。❸多元主体参与政策制定成为程

---

❶ 迪莉娅. 大数据环境下政府数据开放研究[M]. 北京：知识产权出版社, 2014:96.
❷ 江明生. 政策制定过程中的对话与交流[J]. 行政论坛, 2007(4):37.
❸ 李建华. 公共政策程序正义及其价值[J]. 中国社会科学, 2009(1):67.

序有效的必备条件,对政策实施的结果和满意度将会有直接的影响。

(3)制定基于公众需求的数据开放政策。政府数据开放的主要目的之一是促进数据的利用、重复性利用和创新性利用,释放数据的潜能,从而达到基于数据创新的产业和服务的发展。了解公众需求,针对公众需求释放数据,是政府数据开放利用的重要条件。西方很多国家为了促进数据的开放和利用,建立了主动开放数据的政策和策略。主动开放并不是基于政府需求的开放,而是基于公众需求的开放。因此,在数据开放的过程中,不断了解公众的需求和发现公众的需求,培养公众的参与兴趣成为西方国家政府数据开放成功的经验之一。

其次,我国政府数据开放政策内容的设计。长期以来,我国公共政策内容的设计过于宏观,原则性的内容较多,可操作性的内容较少,严重影响了政策的有效实施和评估工作。因此,依据数据开放国家的实践,政府数据开放政策的内容通常包括以下九个方面[1]:

(1)政府数据开放相关术语的定义。界定政策所涉及的概念对于政策执行者更加清晰地了解政策所涉及的内涵和方案是非常必要的。政府数据开放中所涉及的术语,如数据、数据集、信息、政府信息、公共领域信息、个人数据和开放数据等概念的解释,会更加方便政策的执行者和参与者理解政策和更加有效地实施政策。

(2)政府数据开放的原则。原则是数据开放所制定、实施的依据和准则。政府数据开放原则的制定对于政策的制定和实施起到指导性的作用。例如,美国政府数据开放的原则:公开化、可获取、被描述、可重用、完整性和及时性。[2]英国的政府数据开放原则更加具体,包括基于公众和企业的需求开放数据,开放数据要保证机器可读和重复格式的使用,并且要求政府部门出版的数据不仅要及时而且要粒度小[3]。

(3)政府数据开放的范围。①通常是指豁免开放数据之外的数据开放,例如涉及隐私、国家安全和商业机密的数据免于开放之外的数据开放。②保证采用重复使用的格式公布数据。③依据开放许可的规定出版数据。

---

[1] 迪莉娅.大数据环境下政府数据开放研究[M].知识产权出版社,2014:97.
[2] USA. Open Data Policy-Managing Information as an Asset[R].2013(5):2.
[3] UK HM Government. Open Data White Paper Unleashing the Potential[R].June 2012[EB/OL].[2016-12-07]. https://data.gov.uk/sites/default/files/Open_data_White_Paper.pdf.

（4）政府数据开放系统的设计。系统设计必须具有四个特点。①系统要具有可扩展性和弹性，并且能在多种格式中进行数据抽取、转换和分析。②系统可以创建和维护公共数据列表。在数据网上建立开放公共数据列表，以机读的方式出版数据，并且可以通过数据网的服务机制自动整合。③创建和维护政府数据仓库。建立数据参照模型架构、共通核心与扩展元数据描述元数据。④创建用户程序接口，了解用户需求，优先基于用户需求和其方便使用的格式出版数据。

（5）隐私和安全的保护。依据我国法律关于隐私、安全的相关规定开放数据。关于隐私和安全的鉴定必须纳入到整个数据管理的生命周期。

（6）政策的执行机构。国家设立专门的部门主管政府数据的开放。政策执行部门的位阶对于政策实施的效果起着至关重要的作用。因此，数据开放实施效果明显的国家都设有领导力很强的专门部门负责数据开放。例如，美国设立国家首席信息官负责政府信息资源的管理，包括制定政策和承担法定责任。首席信息官还承担与首席采购官、首席财务官、首席技术官、地理空间信息高级办公室、高级机关隐私办公室、首席信息安全官、高级档案管理办公室、信息自由法案官和首席办公室等协调的工作。英国成立公共数据组由土地登记部、公司、气象局、军械局组成，负责收集、整理和公布数据。在澳大利亚，数据开放事宜由澳大利亚信息委员会办公室和澳大利亚政府信息管理办公室专门负责。加拿大的政府数据开放主要由财政委员会负责。欧盟的数据开放由欧盟委员会负责，同时也承担欧盟数据网的维护工作。

（7）资金的来源。数据的收集、管理、出版、利用，以及数据平台的建设、维护和数据方面的研究和创新都需要大量的资金投入。因此，保障开放数据的资金来源是数据开放可持续发展的重要方面。例如，欧盟委员会开放数据的资金来源主要由以下部分组成：①数据门户网站建设资金在2011至2013年由欧盟竞争与创新计划（CIP）提供资助，后期则由连接欧洲设施（CEF）提供资助；②数据处理技术的研究资金在2011—2013年由欧盟第七框架资助1亿欧元，在2014年之后则由"地平线2020"计划提供支持；③加强科研数据基础设施建设的资金由"研究能力建设计划"提供前期资助，后期

则由"地平线 2020"提供资助。❶

（8）行动方案。行动方案是将政策分解成若干具有可操作性的实施方案。政策的实施需要清晰可行的目标方案。从国外经验来看，行动方案的设计包括责任机构、具体方案和完成日期。

（9）问责机制。建立政府数据开放政策实施的评估和追责机制，成立内部和外部的评估机构，获取政策实施的具体意见和建议，进一步改进政策内容和实施方案。

3.我国政府数据开放政策的实施

政策的实施方式有两种：一是自上而下推行政策的实施；二是自下而上推行政策的实施。自上而下推行政策，就意味着政策一经确定，在实施方面就完全是刚性的，而且从中央到地方采用一刀切的方式。这种方式有三个优点①公平性。政策实施的主体按照政策的规定实施政策，在政策的资源配置、保障等方面没有差别。②内容的可操作性。自上而下实施政策，政策本身具有很强的操作性，才有利于政策的实施。③有效率。自上而下推行政策比较有效率，在很大程度上来源于其权威性。❷

相比较而言，自下而上实施政策则体现了较多的灵活性，也具有三个特点。①非强制性。政策自下而上的实施主要依靠政治、社会压力等手段来推行，而不是依靠法律的强制性手段推行政策的实施。②双向性。主要指政策的实施是自上而下和自下而上相结合，互动执行的过程。一方面满足政策的整体目标，同时也主张政府部门之间互相借鉴和学习，调动地方政府政策执行的积极性。③弹性。在政策实施中，鼓励政府部门开展和实践个性化和具有特色的模式和路径。❸

从国际经验以及结合我国政策实践角度来看，我国政府数据开放政策较多地采用自下而上政策实施方式有助于产生更好的效果。具体的方式有以下四种。

（1）政策学习。政策学习分为三个层面：①决策者通过对优秀决策者政策实施成果所感到的外界环境压力下进行的政策学习，这种政策学习属于被动式的政策学习；②决策者主动且有选择的学习，并对优秀经验进行总结和在条件具备下的模仿和借鉴；③决策者不仅仅是对优秀经验和教训的借鉴及模仿，而是挖掘更多信息基础上的深度理解与再创造。因此，政策学习的重要性在于，在一个较长

---

❶ 曹凌.大数据创新:欧盟开放数据战略研究[J].情报理论与实践,2013(4):120.
❷ 迪莉娅.欧盟电子政务政策制定与实施机制研究[J].档案学通讯,2009(3):60-63.
❸ 迪莉娅.欧盟电子政务政策制定与实施机制研究[J].世界图书出版公司,2010(12):71-73.

的时间里，随着经验的累积，促使决策主体不断学习新的政策过程和技术工具，渐进式的推动决策者和社会公众对于政策认识的变迁。[1]

政府数据开放政策的制定和实施中，无论是欧盟这样的超国家组织还是美国、英国、加拿大、澳大利亚等国家都在不断学习和借鉴国际和国内的经验。政策学习也是促进各种政策不断修正和变迁的重要因素。例如，加拿大在制定本国的开放数据许可事宜时学习了英国的开放政府许可框架的内容和经验，并咨询了国际上相关专家制定了本国的政府开放数据许可。[2]同样，英国开放政府许可框架的制定也是通过学习国际上知识共享的应用实践，并结合本国的实际情况制定了英国的开放政府许可。因此，我国政府开放政策的实施，需要学习和借鉴国外相关经验的同时，依据本国的情况，制定具有我国特色的政府数据开放政策的实施方案。

（2）良好实践的传播。良好实践也称之为基于证据的实践。良好实践的成果并非一定是理想、完美的实践成果，但却代表着事物发展的先进理念并切实解决存在的问题，对他人能够带来有益的经验、教训和启示的成果[3]。

在国外政府数据开放政策中，都已经将良好实践的学习作为政策传播的重要途径。例如，欧盟在开放数据应用领域和多语言数据互操作领域采用良好实践的方式进行宣传和推广。英国大力推行在开放数据标准方面的良好实践，保证数据的共享和系统的互操作性。而且英国的数据战略委员会和公共数据组的主要功能之一就是推广和实施开放数据的良好实践。在这方面，澳大利亚则更加关注大数据环境下隐私保护方面良好实践案例的推广。同样，在加拿大也将良好实践作为开放数据政策实施的重要方法。例如，通过 GeoConnections 网站促进公民利用地理空间信息，在网站上公布相关的成功案例，加强地理空间信息开放的交流和学习。[4]

（3）政府与企业合作开发政府数据。政府开放数据是为了促进政府数据的利用和创新性的利用。政府和企业合作开发利用数据成为重要的方法之一。为了促进政府数据的利用，英国、美国、加拿大等国家建立了开放数据研究所，其目标主要是通过利用和挖掘开放数据的商业潜力，为公共部门、学术机构等的创新、

---

[1] 干咏昕.政策学习:理解政策变迁的新视角[J].东岳论丛,2010(9):153.

[2] Canada Open Government Licence[EB/OL].[2016-12-07].http://www.opengovpartnership.org/sites/default/files/Inspiring%20Story%20-%20Canada.pdf.

[3] 迪莉娅.欧盟电子政务政策制定与实施机制研究[J].档案学通讯,2009(3):60-63.

[4] Canada's Spatial Data Infrastructure[EB/OL].[2016-12-07].http://geoconnections.nrcan.gc.ca/.

发展提供"孵化环境",同时为促进国家的可持续发展提供进一步的帮助。❶在这方面,我国在政企合作方面也已经开始。例如,我国成立的贵阳大数据交易所,其目标主要是促进政府数据的开放,以及行业数据的价值发现和实现。该交易所主要提供数据确权、数据定价、数据指数、数据交易、结算、交付、安全保障、数据资产管理和融资等综合配套服务(图9-6)。❷

图9-6 贵阳大数据交易所网站截图❸

(4)开放式参与。开放式参与是指政府专门设立平台,方便公众随时随地参与政府和公众之间的交流。数据开放政策的实施涉及多元主体的参与。政府通过开放式的参与模式,加强与多元主体的对话和交流,加大开放数据政策有效实施的力度。例如,加拿大政府通过建立社会性媒体平台,加强与公众数据开放方面的对话作为政策实施的重要措施。在澳大利亚为了促进公众更大程度地参与政府事务,致力于通过信息技术的创新性使用更好的获取和利用政府的信息,建立基于参与文化的开放政府。因此,澳大利亚政府成立了政府Web2.0工作组,倡导政府使用Web2.0技术,鼓励用户咨询和参与网上政府,并且在依据隐私、安全和许可相关规定的基础上,保证能够重复使用数据和释放数据的价值。

---

❶ 赵志耘,大数据战略释放大数据红利[EB/OL].[2016-12-07].https://www.baidu.com/link?url=nCmiezg-FAeRYrNHETv5Kkn8SPYJJfnC5FuvMQa-baRXrELmC2vyMidOkdMXbtW2PwZnuVMt_j0pzMtHpy2APvu864MS_xjr-NwI1LTT9kj3&wd=&eqid=b95760080000cede000000065b05e34e.

❷ 贵阳大数据交易所介绍[EB/OL].[2016-12-09].http://www.gbdex.com/website/view/aboutGbdex.jsp.

❸ 贵阳大数据交易所网站[EB/OL].[2016-12-09].http://www.gbdex.com/website.

依据调查显示，目前，我国已经从事政府数据开放的部门很少为公众提供利用社交媒体和互动式平台交流的渠道。分享信息是参与和合作的前提，因此政府如何充分利用社会性媒体加强政府与公众的交流和合作也是当下我国政府的重要课题。目前，我国部分地方政府已经开始将博客作为发布信息和与公众交流的一种方式，但还处于起步阶段。数据的开放需要政府、企业、公众的共同合作才能达到良好的效果，因此建立对话、交流的有效平台是政府开放式参与的重要一步。

4.我国政府数据开放政策的评估

政策评估是政策过程必不可少的环节。但是在我国很多政策过程中，往往忽略政策评估，严重影响了政策的实施效果。政府数据开放政策评估一方面可以反映我国政府数据开放政策的实施效果与水平，也可以反映我国政府数据开放政策制定工作的质量和效果，同时可以为我国政府数据开放政策的优化提供重要的依据。

首先，政府数据开放政策评估的含义。评估通常是指评估主体根据一定的指标体系或者标准测评或者判断系统、机构整体功能、结构或者各要素运行的质量、数量等方面的状态、水平并获取相关信息的过程。笔者认为，政府数据开放政策的评估是指评估主体依据相关的标准、指标，按照一定的程序，对数据开放政策效能进行价值判断的过程。

政府数据开放政策的评估对我国政府数据开放政策的发展具有重要的作用，主要体现在三方面。①政府数据开放政策的评估是我国数据开放政策目标可持续、调整或者重新制定的依据。②政府数据开放政策的评估可以有效地检验数据开放政策的效率和效益，为合理配置资源奠定基础。③政府数据开放政策的评估是数据开放政策迈向科学化和民主化的重要步骤，这不仅仅是对政策本身效率、效益和价值的评估，而且也是对政策运作机制以及政策评估机制合理性、科学性的检验。❶

其次，政策评估的主体。我国政府部门长期以来政策评估主体单一，忽视政策相关利益者社会公众的评价，而只重视内部的评估，导致公众利益诉求和意愿

---

❶ 迪莉娅.欧盟电子政务政策制定与实施机制研究[M].北京:世界图书出版公司,2010:80-81.

表达的渠道不够通畅[1]。

评估主体的选择关系到数据开放政策评估效果的客观性与公正性。实现数据开放政策评估主体的多元化，有助于评估主体相互之间弥补自身评估信息的缺失，确保信息的完整性，进而降低评估结果的随机误差，使评估工作有更高的效度和信度。[2]

（1）构建我国政府数据开放政策评估主体多元化的机制。政府作为社会发展的主导力量，其政策行为关系到社会的方方面面，政策的效果应该受到多元主体不同立场和角度的评估，才能保证评估结果的公平性和有效性。[3]而在政策评估中融入专家、企业、第三部门，以及公众等"相关利益者"参与的政府数据开放政策评估不仅体现评估的客观、科学、公平的价值理念，而且避免政府对评估的主导和影响，[4]并对于政府数据开放政策的有效修订将产生极大的作用。

（2）保证政策评估第三方的独立性。根据国外政府数据开放的经验，第三方评估是测评政府数据开放发展的重要组成部分。第三方评估主要指区别于政策制定者和执行者所进行的评估。第三方成员的选择可以多样化，既可以是专业的研究或者评估机构也可以是社会组织、公众、中介组织等，尤其是相关利益者的参与更能凸显评估的价值和意义。[5]因为第三方评估独立性的保证是政策评估产生作用的重要条件。因此，在对其评估中要避免对第三方评估的行政干预，保证其评估过程的独立性，以及获取信息的全面性、及时性、公开性和透明性。

（3）建立公众参与政府数据开放政策评估的制度。制度的建立有助于增加规制的力量，减少自由裁量的行为。制度是保证政策评估成为政策理念和过程必不可少的一部分，政策不只有制定和实施，还有评估，而制度的建立可以保证评估客观、有效地实施。[6]建立公众参与的评估制度不仅有利于增强政策实施的合意性和监督政府行为，而且有利于公民的政策教育，使政策评估本身更加科学、合理。只有公民广泛参与，才能使公民参与政策评估的热情和资源得到充分的调

---

[1] 高富锋.公共政策评估主体的缺陷及对策分析[J].求实,2004(11):27-28.
[2] 王丹.论在政府绩效评估中引进多元评估主体[J].行政与法,2008(3):14-16.
[3] 肖小明.公共政策评估中我国政府绩效评估体系的思考[J].青岛行政学院学报,2008(11):46-49.
[4] 迪莉娅.eGEP-欧盟电子政务政策经济模式评估研究[J].情报杂志,2008(9):91-94.
[5] 程样国,李志.独立的第三方进行政策评估的特征、动因及其对策[J].行政论坛,2006(2):51-52.
[6] 王建容.我国公共政策评估存在的问题及其改进[J].行政论坛,2006(2):40-43.

动,为公众构建常态化参与政策评估的环境创造条件。[1]

最后,政府数据开放政策评估框架指标设立的原则和内容。

(1) 政府数据开放政策评估框架指标设立的原则。政府数据开放政策评估的目标是,对政策的制定、实施、效果等完整的政策过程开展效率、效果、效益、公平性等多方面的评估,科学地测定政府数据开放政策的绩效,为政府数据开放政策的继续、调整、终结、资源的合理配置提供依据。构建评估指标的科学标准,保证测量工具的信度和效度,是政府数据开放政策评估的关键所在。这就要求指标的设计需要遵循四个原则:①全面原则。在指标的设计中,既要包括政府数据开放政策制定、实施中的静态的指标,也要有反映整个活动过程的动态指标。同时,要求所评估的指标具有一定的涵盖面,而且要逻辑严密、层次分明。②可测量性原则。指标的设计是要将政府数据开放政策制定与实施,以及最终的成效转换成可以度量的数字、数据和符号,因此在政府数据开放政策评估过程中设计的指标需要明确含义、具有可操作性,同时也要便于采集数据。③有效度原则。政府数据开放政策的评估指标要反映出评估政策的主要内容、特征和结构。④可扩展性原则。政策评估的指标体系要具有一定的弹性,可以依据其评估的要求、阶段和对象的不同而进行修改[2]。

(2) 政府数据开放政策评估指标的内容。目前,我国已经开始政府数据开放方面的评估工作,如复旦大学数字与移动治理实验室和开放数据中国联合推出了"中国开放数据探显镜"报告。其评估的框架主要从基础层、数据层、平台层几个方面进行评估,为数据开放政策评估提供了一定的借鉴。

本书主要从政策评估的角度,将政策评估的内容分为政府数据开放政策的评估、政府数据开放政策实施的评估、政府数据开放政策效果的评估三个方面。①政府数据开放政策制定的评估,主要从政策制定的依据、目标、方案的科学性和内容方面进行评估。②政府数据开放政策实施的评估,主要从组织机构建设、数据开放平台建设与管理、开放数据的数量和质量及用户体验等方面进行评估。③政府数据开放政策实施效果的评估,主要从政府层面和经济层面进行分析和评估(表9-7)。

---

[1] 董幼鸿.论公民参与地方政府政策评估制度建设——以政策网络理论为视角[J].上海行政学院学报,2009(7):83-91.

[2] 迪莉娅,大数据环境下政府数据开放研究[M].知识产权出版社,2014:96-100

表9-7 我国政府数据开放政策评估框架

一级指标	二级指标	三级指标
政府数据开放政策的制定	政策制定的依据	政策制定的必要性
		政策制定的理论依据
	政策制定的目标	目标的明确性
		目标的可行性
		目标的具体性
	政策方案的科学性	调查研究的充分性
		公众的参与方式与参与度
		方案论政策充分性
		参与制定方案人员的权威性
		政策方案的合意性
	政策内容	政策主客体的明确性
		政策内容的易理解性
		政策手段的可操作性
		政策方案的公平、公正性
政府数据开放政策的实施	组织机构建设情况	是否有专门负责的机构
		机构的级别和领导的意愿
	数据开放平台建设情况	类目设置的清晰度
		导航的便捷性
		互动交流渠道的多样性
	数据开放平台管理情况	数据的发布流程
		开放数据平台的安全保障措施
		数据发布的纠错和责任承担情况
	开放数据的数量和质量情况	开放数据发布的数量
		开放数据的完整性
		开放数据的可靠性
		开放数据的原始性
		开放数据的及时性
		开放数据的关联性

续表

一级指标	二级指标	三级指标
政府数据开放政策的实施	开放数据的数量和质量情况	开放数据的机器可读性
		开放数据的可持续性
		开放数据的来源明确性
		开放数据的格式多样性
	用户体验情况	用户免费获取性
		用户感知数据的有用性
		用户感知平台的响应性和互动性
政府数据开放政策实施的效果	政府层面	是否提高政府的透明度
		是否提高政府的开放性
		是否提高了政府的效率
	经济层面	是否提高了数据的利用
		是否提高了数据的重复利用和创新性利用
		是否促进了数据产业的发展

9.3.2.2 制定和修改我国政府数据开放相关的法律

第一，我国信息公开法律的制定和修改。

（1）扩大我国政府信息主动公开的范围。洛克在《政府论》中认为，为了更好地保证政府权力的公开和透明，就需要制定法律来保证其实施。虽然《中华人民共和国信息公开条例》（以下简称《信息公开条例》）中强调"政府信息不公开是例外，公开才是其根本原则"；但是依据有关调查显示，我国信息公开的方式分为依申请公开和主动公开，尤其是政府主动公开信息的动力不足。因此，在《信息公开条例》重新修订中，需要重点强调政府主动公开信息的责任和义务。另外，《信息公开条例》中所列举的涉及"三安全一稳定"作为不公开信息的例外，由于没有对其做出清晰的界定，反而成为政府部门不愿意公开信息的借口。❶因此，在《信息公开条例》后续修订过程中，需要对例外公开的信息领域作出明确的内容界定，扩大主动公开的范围。例如，涉及社会公共服务和产品的

---

❶ 中华人民共和国信息公开条例[EB/OL].[2016-12-07].http://www.gov.cn/xxgk/pub/govpublic/tiaoli.html.

成本、分配、质量、安全等方面都应列入主动公开的范围。❶

（2）健全信息公开的救济制度。①建立信息委员会制度，解决我国目前行政机关内部利益关系引起的部门之间互相推诿、不作为所导致的行政复议和行政诉讼失效的问题。保证信息委员会独立的行使调查权、批评警告权、建议权和起诉权等，保障公民的知情权。②扩大政府信息公开诉讼主体资格范围。《条例》并不支持基于社会公益所提起的诉讼，因为信息公开的主体限制为以特定利益的相关利益者为前提，因此，扩大公开政府信息诉讼的适格范围，将会积极推进政府信息公开的力度❷。③将公民信息获取权纳入到国家赔偿的范围之内。国家机关及其工作人员因未能良好地行使信息公开方面的职权，给公民、法人及其他组织的人身权或财产权造成损害，依法应给予赔偿。

第二，我国网络安全相关法律的制定和修改。

（1）随着大数据的发展，数据的不断开放，新型的信息安全问题不断涌现。我国原有的信息安全法已经不能适应新环境的需要。随着《中华人民共和国网络安全法》的公布，为我国网络安全法和数据保护提供了重要的保证。因此，在政府管理方面，需要划清关键领域数据库的界限和范围，不断完善其管理制度和加强日常的监管。在企业管理方面需要加强内部的管理制度，规范移动设备及大数据使用的程序和方法等。❸

（2）将数据库纳入到著作权法的保护范围。目前我国并没有在法律层面对数据库的保护作出规定，而关于数据库著作权保护问题本身的情况非常复杂，有些数据库并未达到著作权保护的标准。因此，需要制定专门的数据库利用和保护的法律，为我国政府数据的开放建立良好的环境。

法律的保障是政府数据有效开放的重要前提条件。以贵阳政府数据开放平台为例，2017年贵阳政府数据开放平台才开始运行，但是成绩显赫。根据《2017年中国地方政府数据开放平台报告》显示：贵阳政府开放数据量排名第三，并且可下载数据集与可机读格式数据集的数量排名第一，即贵阳市政府数据开放平台开放的所有数据集都可机读，极大地方便了用户的分析和利用。其经验归结起来

---

❶ 李主峰,郑凤.政府信息公开制度初探—以私权利与公权力的平衡为视角[J].人民论坛,2013(3):33.
❷ 同❶.
❸ 冯伟,大数据时代面临的信息安全的机遇和挑战[J].中国科技投资,2012(34),p53.

主要是在政府数据开放法规建设方面独树一帜。

（1）法规先行。依据国务院颁布的《促进大数据发展行动纲要》《政务信息系统整合共享实施方案》，贵阳市政府制定了《贵阳市政府数据共享开放条例》。该条例也是我国政府第一部大数据方面的地方法规，《贵阳市政府数据共享开放条例》提出了政府数据开放以问题和需求为导向，遵循统筹规划、全面推进、统一标准、便捷高效、主动提供、无偿服务、依法管理和安全可控的原则。❶

（2）以法规的形式规定了政府数据开放等级划分的类型。在政府共享和开放的数据中，《贵阳市政府数据共享开放条例》规定了三个等级。①可公开的数据。这部分数据可以完全共享和开放。②内部数据。这部分数据只能在政府间共享，对于涉及法人、公民和有关组织权益的敏感数据可以在政府部门基于一定的条件共享，而需要开放这部分数据，如果在原则上符合有关法律、法规的条件下需要数据脱敏之后才可开放。③涉密数据。关于涉密数据的共享需要依据有关国家的法律和法规进行处理，在政府机构内部需在符合一定条件下进行共享或者不予共享；而对于一些需要开放的数据，不仅要对数据进行脱密方式的处理，还要对数据分析的类型要进行控制。

（3）以法规的形式规定了政府数据开放的责任。为了确保开放数据的真实性、完整性、有用性等质量问题以及数据更新的及时性，《贵阳市政府数据共享开放条例》中规定由主管和提供开放政府数据的机构承担有关的责任和义务。

9.3.2.3 制定我国政府数据开放许可

在大数据环境下知识共享的理念得到很多国家和政府在数据开放中的应用，知识共享协议不仅促进了知识的共享和传播，而且也有助于著作权人权利的保护。

第一，知识共享协议的要素和类型。知识共享的授权要素包括：署名、非商业性使用、禁止演绎、相同方式共享4种（表9-8）。

---

❶ 贵阳市政府数据开放条例[EB/OL].[2017-8-7].http://www.baidu.com/link?url=nBQRIM5F1tUtZDVWkFjCTseNVHcXYFzqCUEmULHqsdDgLAJQkIYFljjptGdLfbkcQNLRJ3UauVuubS7qENH66vFUnDiTWc9CAF_ZLST8bOG&wd=&eqid=a87e380b000222c9000000065b02f076.

表9-8 知识共享协议授权要素表

知识共享协议授权要素	图标	使用人义务
署名 （Attribution,简写为BY）	(人)	对作品及演绎作品的使用过程中必须保留对原作品的署名
非商业性使用 （Noncommercial,简写为NC）	($)	对作品及演绎作品的使用限于非商业目的
禁止演绎 （No Derivative Works,简写为ND）	(=)	不得对作品进行演绎创作
相同方式共享 （Share Alike,简写为SA）：	(○)	发行演绎作品时需要对其使用与原作品相同的许可协议

知识共享协议依据数据本身的开放程度，分为署名、署名-相同方式共享、署名-禁止演绎、署名-非商业性使用、署名-非商业性使用-相同方式共享、署名-非商业性共享-禁止演绎六种类型（表9-9）。

表9-9 知识共享协议类型表[①]

类型	图示	使用人义务
署名	(人)	在原作上标明作者的姓名
署名-相同方式共享	(人)(○)	基于原作创作的新作品上注明作者的姓名；在新作品上采用相同的许可协议
署名-禁止演绎	(人)(=)	保留作者的署名；完整使用作品；不改变作品
署名-非商业性使用	(人)($)	在新作品上注明作者姓名；不得对原作进行商业性使用
署名-非商业性使用-相同方式共享	(人)($)(○)	标明作者的姓名；进行非商业性使用；采用和原作相同的许可协议
署名-非商业性使用-禁止演绎	(人)($)(=)	不能对作品作出任何形式的修改；不得进行商业性使用

[①] 迪莉娅.政府数据开放许可适用研究[J}.图书馆,2014(6):91-93.

第二，建立我国政府数据开放许可协议。

(1) 制定政府知识共享许可的政策。相关政策的制定有助于在政府数据开放中极大地推动知识共享许可的广泛应用。依据国外的经验，通过政策的制定和规制，许可在政府数据开放中的应用取得了良好的效果。例如，加拿大政府制定的《开放许可协议》、英国政府制定的《开放政府许可框架》、澳大利亚政府制定的《开放利用与许可框架》等为政府部门数据的开放规定了利用者的义务和权利以及豁免开放数据的情况等，为政府数据合法、合理的开放和利用提供了具体的指导意见，保障了其有效实施。

(2) 厘清政府数据版权的归属和许可授权的方式。政府的不同部门采集或者产生的数据版权由于其来源、归属和性质不同，所采用的许可授权方式自然也会有很大的差异。因此，详细的调查政府不同部门的数据流程，以及原有的数据版权许可方式，制定具体的政府数据版权许可授权的操作规则和方案，为正确划定政府产权归属和利用的层次和方式提供指导。❶

(3) 在政府数据开放中大力推广知识共享许可协议的应用。知识共享许可不仅有助于普及我国政府数据开放的理念和政府数据的使用和创新性使用，而且有助于进一步完善我国的知识产权制度，对权利人的利益进行保障，为数据的自由流动、共享和利用提供更开放和更透明的空间。

9.3.2.4 建立我国统一而高效管理的政府数据开放门户网站❷

第一，建立集成和统一的政府数据开放门户网站。所谓集成与统一是指政府部门通过顶层设计，依据所建立的规范和标准，在统一的管理与指导下，以共建、共享和共用为目标，所构建起来的政府数据网群管理与服务的体系。

(1) 建立基于云计算技术分布式管理的数据供应链。政府数据门户网站供应链的建设包括涵盖中央、省、市及县所发布的纵向、自上而下的数据集链和教育部、农业部、卫生部等部门发布的横向、从左到右的数据集链。通过政府数据开放门户网站的建设，打通数据割据的通道，避免重复性的数据网站建设，为公众提供集成、跨部门的数据流服务。

---

❶ 常艳丽,张俊丽.公共部门信息再利用中的版权保护——澳大利亚基于知识共享许可协议的实践及启示[J].情报理论与实践,2013(4):37.

❷ 迪莉娅.国外政府数据网站开放研究[J].图书馆论坛,2014(9):86-93.

(2) 通过利用微信、博客、QQ 等社交网络功能，加强与公众的交流和互动。通过对公众信息行为的研究，不断提升公众数据门户网站的参与度，为政府和公众合作开发、利用数据创造便利条件。❶

(3) 不断加强政府开放数据门户网站语义网技术的应用，提高其检索、关联、整合、分析、可视化等方面的水平，为公众创新性利用数据和做出智慧性的判断和决策打下基础。

(4) 积极推动移动互联网技术在政府数据开放门户网站中的应用，根据移动互联网用户在对网站访问中存在的屏幕小、地理位置显示功能强、访问时间碎片化以及续航的长短等特点，采用即时的感知技术，了解用户的需求，组织和提供基于移动用户需求的数据和服务。❷

第二，建立高效的数据管理机制。

(1) 建立专门负责政府数据的日常管理、审核及发布工作的业务主管部门。政府数据开放门户网站是一个涉及众多政府部门和不同行业领域的政府数据开放纵横合一的大型门户网站。政府门户网站业务主管部门负责日常的数据审核，对于所出版的数据是否符合法律的规定，是否涉及隐私及机密等问题进行监控，以确保开放数据的质量。❸

(2) 建立有效的政府数据开放管理方法体系。政府所开放的数据涉及众多类型、内容复杂的数据。政府数据开放门户网站并不仅仅是将数据公布出去那么简单，而是要保证所公布的数据能够通过便利的方式被公众利用并能发挥其价值。因此，政府数据开放门户网站需要建立一套完整、系统的元数据分类方法体系，将数据网站上多元化的数据格式，如将 XLS、KML、XML 等能够整合起来，通过检索工具、应用程序及分析工具等，为公众查询、分析、利用数据提供便利条件。

(3) 保证开放数据的质量。政府数据开放发挥效能的前提是高质量数据的开放和利用。如果说先进的技术是开放数据分析必不可少的工具，而对其有效分析并挖掘隐含的信息和知识，产生重要的价值则必须要保证数据的质量。❹

---

❶ 迪莉娅.国外政府数据开放研究[J].图书馆论坛,2014(9):86-93.
❷ 于施洋,王建冬.政府网站分析进入大数据时代[J].电子政务,2013(8):79.
❸ 侯人华、徐少同,美国政府开放数据的管理和利用分析——以 www.data.gov 为例[J].图书情报工作,2011,55(4):119-122.
❹ 宗威、吴峰,大数据时代下数据质量的挑战[J].西安交通大学学报(社会科学版),2013(9):40.

因此，在数据管理的整个生命周期都要把好质量关，保证数据的准确、完整、可信。

（4）加强政府数据开放网站的分析和可视化的功能。从目前我国地方政府数据开放网站的调查来看，还没有开通政府数据网站分析和数据可视化的频道。加强政府数据网站本身的分析技术，有助于方便用户总体了解政府数据网站数据开放的情况、用户利用数据的来源和数据应用的情况等。而数据网站的可视化功能，通过提供多种可视化的方式，直观地显示数据的内容、特点和趋势，为用户利用和分析数据提供很大的便利条件。

第三，围绕公众的需求积极促进政府开放数据的利用。①政府数据开放的中心思想之一就是促使公众的参与和利用。公众通过数据的利用，参与到政府数据开放网站的工作中来，集思广益，利用大众的智慧，帮助政府解决公共管理中的难题。❶②通过公众对政府数据的利用、重复性利用和创新性的利用，为社会创造出新的价值。③通过公众的利用，了解用户的需求和服务效果的反馈，对改进政府数据门户网站的服务质量和提供个性化的服务创造条件。❷

第四，构建具有核心技术自主权的大数据产业链。我国要想形成具有核心技术自主权的大数据产业链就需要不断加强大数据技术的研究和开发。众所周知，大数据的首创技术来自西方发达国家。为了促进数据的开放和大数据产业的发展，除了借鉴和利用国外先进的技术之外，更重要的是提高我国政府与企业在大数据技术方面的自主研发和创新的能力，发明属于我国的大数据核心技术。只有这样，才能不断促进我国开放数据的管理、存贮和分析技术方面的进步。

从目前的发展来看，我国在大数据原创技术的投入上还远远不够，而且方向也不明确。以美国为例，为了建立以大数据为基础的全面感知、认知独立并能完成自主操控式的决策系统和数据管理与分析的可视化方面，投入了大量的资金进行研发，保持在大数据分析与决策方面的领先地位。从目前我国大数据原创技术的发展来看，资金投入与发达国家比较，还有很大的差距。同时，在技术发展的方向上，目标也不够清晰和明确。这都成为制约我国大数据技术、产业发展的障碍因素。因此，需要不断加强我国在行业领域，如在国家安全、

---

❶ 迪莉娅.基于本体的电子政务公共服务用户知识管理研究[J].图书馆理论与实践,2013(3):32-35.
❷ 同❶.

环境保护、生物医药等领域大数据技术应用方面的突破，[1]为我国未来在更广泛行业领域彻底摆脱在大数据技术的开发和应用方面受制于人的被动局面而奠定基础。[2]

第五，加强培养大数据的管理和分析人才。随着大数据技术的发展，产生了一种新的职业需求，那就是数据科学家。《哈佛商业评论》认为，21世纪最具前景的职业就是数据科学家。数据科学家就是应用科学的研究方法，利用最新的数据挖掘和分析工具洞察新知识的工程师。[3]数据科学家是复合型的高端人才，是集科学家、物理学家、数据分析家、艺术家素养于一身的职业。数据科学家要具有科学家的好奇心、严谨、客观、创新的能力，同时还要精通先进信息技术的各种能力。不仅如此，数据科学家还要有优异的管理、沟通和合作的能力。[4]

从世界范围来看，对此类人才的需求倍增，根据著名的咨询公司埃森哲的调查显示：美国和英国与数据科学相关职业人才的需求是其他职业的5倍，是数据密集型行业职位的4倍。[5]同样，麦肯锡的报告也显示，美国在2018年数据科学人才的需求数量将达到14万到19万，而与此有关的管理类人才需求数量将达到150万。[6]

数据是21世纪的"石油"。如何充分利用好这些海量的"石油"，为我国的社会和经济发展服务，人才培养是关键。目前，我国北京航空航天大学、清华大学相继建立了有关的数据科学硕士的专业。但从培养模式和课程设置来看，还需要从以下几个方面进行完善[7]：

（1）加强专业型大数据人才的培养。目前我国有少数高校已经开始将大数据专业作为人才培养的方向，但是从课程设置内容来看，偏重技术应用类的课程较多，结合专业来开设大数据的课程较少。因为大数据人才是高端的复合型人才，

---

[1] 王忠.美国推动大数据技术发展的战略价值及启示[J].中国发展观察,2012(6):45.
[2] 李广乾,大数据,热闹背后[EB/OL].[2016-12-07].http://www.cnii.com.cn/informatization/2013-04/08/content_1122359.htm.
[3] 《哈佛商业评论》.数据科学家,21世纪最性感的职业[J].21世纪商业评论,2012,(10):10.
[4] 迪莉娅.高校数据科学专业硕士课程设置研究[J].教学研究,2014(11),pp39-43.
[5] 保罗·索尔曼.数据科学家炙手可热,2013.4.2[EB/OL].[2016-12-07].http://www.ftchinese.com/story/001049735.
[6] James ManyikA, Michael Chui, Brad Brown. Big Data:the Next Frontier for Innovation , Competition and Productivity[R].Mckinsey,2011(5):1-156.
[7] 迪莉娅.高校数据科学专业硕士课程设置研究[J].教学研究,2014(11):39-43.

不仅要具备大数据的技术素养，而且需要具有扎实的专业能力和一定的管理水平。因此，高校只有担负起培养专业型大数据人才的使命，才能更好地满足我国专业领域大数据挖掘与分析的需求。

（2）加强大数据人才"高校+政府+企业"联合培养的模式。因为高校在大数据技术和理论的研究方面具有比较优势，但高校欠缺大数据，如果能够联合企业和政府则可以为学生提供大数据利用的实践场所。从目前来看，我国少数高校作为领头羊开设了数据科学方面的专业，但很难满足市场对大数据人才的大量需求。因此，为了解决大数据人才短缺的问题，需要我国更多的高校加入数据科学专业方面人才培养的学科建设中来，发挥政府和企业的特点和优势，加强三方的合作，不断提高我国数据科学人才培养的能力和水平。

（3）建立线上、线下多样化的授课方式。整体来讲，我国数据科学人才的培养主要以线下授课方式为主，方式比较单一。在大数据环境下，采用多元化的信息技术工具，丰富和充实授课的内容已经成为不可阻挡的趋势。当前，流行的慕课就是很好的案例。例如，利用慕课平台，采集全球各个高校有关数据科学课程教学内容，并发布和共享在平台上。学生们可以利用慕课平台学习全球最优秀的数据科学课程内容，如果通过考核，还可以获得所学课程的学习证书。

9.4 加强我国政府部门数据安全和个人隐私的保护[1]

政府部门如果没有数据安全和个人隐私的保护，就很难有效促进政府数据的深度开放与利用，那么政府部门基于大数据决策模式的应用就会成为无水之源，无本之木。因此，加强政府部门的数据安全和个人隐私保护成为急需解决的重要问题。

▶▶ 9.4.1 我国政府部门数据安全与隐私保护存在问题的原因分析

政府部门储存的数据不仅只有业务数据，还有大量的个人数据。例如，与个人数据有关的户籍数据、车辆管理数据、纳税情况数据和住宿登记等。在大数据背景下，政府数据的共享与开放自然会涉及个人数据与信息安全的问题，如果政

---

[1] 迪莉娅.大数据环境下个人隐私泄露影响评估研究[J].情报杂志,2016(4):141-146.

府数据监管不严,就会导致个人数据泄露和数据安全的问题。除了政府部门管理的问题之外,还有政府数据系统安全技术本身的问题。长期以来,黑客也将政府数据系统作为攻击的目标,导致其安全受到威胁。

在调查中,很多的政府工作人员表达了政府信息管理中个人数据安全和隐私保护的重要性。从这个意义上讲,政府工作人员具有一定安全和隐私的保护意识,但是在具体的数据管理中,却没有很好地重视起来,主要有以下原因。

第一,我国并没有制定专门的个人数据保护法。目前,我国主要关于隐私保护的法律有三部①2008年公布的《中华人民共和国政府信息公开条例》。该条例位阶较低并且在条文中,未对个人隐私的保护做出详细的规定,一方面导致政府部门常常以隐私为由,拒绝政府信息的公开;另一方面,因为对何为隐私和如何保护隐私模糊的规定,在信息公开中也有可能出现无意识泄露个人隐私的问题。②2013年公布的《关于加强网络信息保护的决定》。该决定比《中华人民共和国政府信息公开条例》做了更多关于隐私保护的说明和规定,但是也存在同样的位阶较低的问题,对个人隐私的保护力度还有待加强。③2017年6月起施行的《中华人民共和国网络安全法》(简称《网络安全法》)。该法对个人信息保护做出了一部分规定。例如,第1章第12条、第3章第22条、第4章第40条至45条,以及47条、48条等条款中对个人信息的采集、使用、告知、泄露等方面做了规定,这无疑会对我国个人数据的保护起到一定的作用。但是其并未对个人数据的分类、分级保护、正当使用采取的措施做出详细的规定,这也会在一定程度上影响个人数据的正当使用,不利于对个人敏感数据的重点保护。

由此可见,我国目前关于个人隐私保护和个人数据使用的规定散见于各个相关法律中,缺乏一部具体、系统、完整的关于个人隐私和数据保护的法律。这在一定程度上严重影响了对个人隐私的保护和个人数据的正当使用。

第二,政府部门缺乏数据安全和隐私泄露影响评估的机制。在大数据环境下的政府数据管理中,隐私泄露影响评估已经成为隐私管理中不可或缺的环节,是保障隐私安全的重要方法之一。但目前隐私泄露影响评估在我国并未纳入政府部门的管理中,有以下两个原因。

（1）我国目前并未建立专门的隐私管理部门。加拿大、澳大利亚、新西兰等国家都制定了隐私法，设有隐私管理的专门委员会来负责隐私泄露影响评估工作，以及关涉隐私保护情况的申诉、调查和相关的宣传教育工作，并通过隐私泄露影响评估报告的公布和出版，提高政府部门隐私泄露的风险防范措施，加强其内外部的管理。

（2）我国政府部门关于隐私保护和数据安全管理的措施有待完善。我国目前不仅存在法律不健全的问题，而且政府管理部门在个人数据的采集、存储、利用当中普遍存在对个人隐私和数据安全保护的管理与制度缺位的现象，导致个人数据和隐私被蓄意泄露或者无意识泄露的事件频频出现。

9.4.2 加强我国政府部门数据安全和隐私保护的对策

第一，制定我国《个人数据保护法》。我国目前没有专门的个人数据保护法，与其相关的法律要么位阶太低，要么对个人数据和隐私的规定不够详细和系统等问题严重影响了我国数据安全和个人隐私的保护力度。在我国新修改的刑法中虽然增加了非法获取、出售、非法提供个人信息罪，但属于对已经构成的违法行为进行惩戒的事后救济行为。在管理中，控制和防范最有效的措施当属于预防，隐私泄露影响评估是保护数据和隐私安全的重要方法之一，依法进行隐私泄露影响的评估是其首要原则。因此，当务之急是制定我国的个人数据保护法，对个人数据的具体内涵、保护范围及救济措施和方法等方面做出明确、翔实的规定，防止和减少个人隐私泄露的风险和自由裁量权的滥用，不仅有利于加强个人隐私保护的力度，而且有助于个人数据的正确使用。

第二，制定和建立隐私泄露影响评估的政策和机制。

（1）制定隐私泄露影响评估的政策。为了加强数据的安全和隐私的保护，很多国家在国家层面制定了隐私泄露影响评估的政策。例如，新西兰于2002年制定的《隐私泄露影响评估手册》，美国于2003年制定的《隐私泄露影响评估指南》，英国于2014年制定的《隐私泄露影响评估实践法则》等。这些政策为政府部门在实践中进行隐私泄露影响评估提供了政策依据和可操作性的规范。在我国个人隐私保护的管理中，如果能够制定与法律相匹配的隐私泄露影响评估的政策，将会加强政府部门隐私保护的力度，降低个人隐私的泄露和个人数据不合理

使用或者滥用的风险。❶

（2）建立全生命周期的隐私泄露影响评估机制。全生命周期的隐私泄露影响评估机制是指将隐私泄露影响评估嵌入到整个机构的数据收集、储存、管理、利用的每一个环节中所采用的方式和方法。建立全生命周期的隐私泄露影响评估机制将有助于减少对个人数据管理当中的自由裁量行为，有效地防止对个人隐私无意识侵犯和蓄意侵犯行为的发生。这就需要采取以下措施：① 建立专门负责隐私泄露影响评估的机构。建立专门的机构是保障个人隐私泄露影响评估得到有效贯彻和实施的重要条件。建立专门的隐私泄露影响评估机构，由其重点对政府数据管理中的每一个具体环节合法合规的情况进行有效的监督管理，以及对存在的隐私风险进行识别，并提出改进措施，降低数据安全和隐私泄露的风险。② 建立个人数据分类分级的保护措施。在个人数据当中，并非所有的数据都会关乎隐私。实际上，除了涉及个人隐私的敏感数据之外，还有个人的一般数据，这部分数据的正当使用往往为政府的决策和管理提供支持。因此，在个人数据保护中，需要区别出个人的一般数据和敏感数据。所谓敏感数据是指那些直接关乎个人私密的核心数据，如基因数据、医疗数据、财务数据等。如果这些数据被泄露或者滥用，则会给个人产生重大的影响。因此，采取分类分级的管理方式，不仅可以加强个人隐私的保护，而且保证了一般个人数据的正确利用。一方面，关于个人隐私的数据需要加强保护，防止其泄露，给当事人造成困扰；另一方面，关于个人一般数据的使用则需要制定当事人知情与告知的原则、制度，以及依据有关法律对于个人数据的利用采取化名或者匿名的脱敏措施等提供服务。③ 加大非法采集和泄露个人数据的机构或者个人的惩罚力度。如前文所述，我国的刑法修正案，对侵犯公民个人信息罪做了新的规定。❷修改后的刑法对犯罪适用的主体扩大了范围。但是在实际的案件中，一般的侵犯隐私和盗取个人数据的犯罪行为被视为民事案件进行处理，而刑罚的年限基本在三年以下。❸如果加大惩罚力度，将有助于严厉打击有关的犯罪行为，为政府数据的安全和公民隐私的保护起到一

---

❶ 迪莉娅.高校数据科学专业硕士课程设置研究[J].教学研究，2014(11)：39-43.

❷ 侵犯公民个人信息罪，即违反国家有关规定，向他人出售或者提供公民个人信息。情节严重的，处三年以下有期徒刑或者拘役，并处或者单处罚金;情节特别严重的，处三年以上七年以下有期徒刑，并处罚金。

❸ 倒卖个人信息会被怎么定罪？公民信息泄露的原因[EB/OL].[2016-12-07].http://www.08160.cn/news/31202_2.html.

定的预防作用。

  第三，加强政府部门数据安全和隐私管理的培训和教育。根据本项目的调查显示，数据安全和个人隐私保护无论对于政府部门还是公众都成为重点关注的问题。除了政府部门本身的数据与隐私安全管理方面存在很大的问题之外，还有就是黑客的攻击也成为政府部门隐私和数据泄露的主要隐患。因此，政府部门需要建立常态化的数据与隐私安全培训与教育的制度和机制。一方面，通过定期和岗前的教育和培训，提高政府部门工作人员以及专门的数据安全管理人员的素质；另一方面，还需要将政府部门数据安全和隐私管理嵌入到政府的绩效考核管理中，提升政府部门工作人员的风险管理意识，不断提高对数据安全和隐私保护的能力和水平。

第10章 CHAPTER 10

结 论

如西蒙所言，管理即决策。政府部门基于大数据决策模式的应用，不仅意味着政府决策模式的变革，而且意味着政府管理与服务形态与机制的变革。在大数据时代，政府决策模式的改变是一个循序渐进的过程，这不仅是先进信息技术采用的问题，而且是原有政府组织的管理和文化改变的问题，尤其是后者的变化需要一个较为漫长的过程。

虽然，我国智慧政务建设的步伐正在加快，很多政府部门政务云平台的建设也已经在进行当中，但是政府部门本身管理和文化的滞后性，已经严重影响了基于大数据决策云平台的采纳和应用。政府基于大数据决策模式需要一个系统、多个环节的技术、管理、服务能力相耦合的决策环境，只有如此才能有效发挥其整体的优势和实现决策最大化的价值。

随着信息技术的发展和大数据的聚集，政府部门一方面将会越来越依靠科学技术将数据转化为知识及做出决策方案，为民主和科学的决策提供依据，同时，政府部门很多事务性、日常性、具有一定规律性的决策将会通过算法决策自动做出。未来社会，随着人工智能、机器学习、深度学习的发展，政府很多决策由计算机自动决策完成，取代了传统的人工决策，使政府决策体现智慧化、移动化和实时性的特点。

基于大数据的决策只是政府部门智慧化决策模式发展的重要阶段。为了加强政府部门基于大数据决策模式的应用，需要采取以下措施：

第一，加强政府部门数据资产的管理。政府数据资产的管理是推广政府部门基于大数据决策模式的前提。政府部门只有对数据的家底进行清晰梳理和管理，才会为基于大数据的决策模式创造基础条件。这就需要积极培养政府部门领导和工作人员的数据资产管理意识、加强数据资产专业管理机构建设、顶层设计和建设政府云数据资产管理平台，并积极推广云政府的采纳及建立和健全政府数据资产管理的方法。

第二，优化我国政府部门数据资源跨界共享的机制。数据只有流动起来，才能产生重要价值。政府部门除了要管理好自身的数据资产，还要让这些资产能够更好地流动起来，实现跨界共享，为政府部门基于大数据的决策提供更广泛的数据资源。这就需要政府部门能够整体性治理数据资源的产权模式和清晰界定政府部门数据资源的产权归属。

第三,积极推进我国政府部门数据深度开放的力度。自从 2012 年开始,我国已经有部分省、市推行政府数据开放,但是开放数据的数量、质量、安全等方面还需要持续加强。只有这样,才能为政府部门基于大数据决策模式的应用提供真实的、可靠的、安全的数据资源。这就需要构筑政府数据开放的政策体系、制定和修改我国政府数据开放的相关法律,制定和实施政府数据开放许可、建立统一且高效的政府数据开放门户网站,优化政府数据开放数据链和促进开放数据的创新性利用,为政府部门大数据决策提供高质量、丰富的数据资源。

第四,加强我国政府部门数据安全和隐私保护的对策。政府数据安全和隐私的保护是利用大数据决策的前提条件。虽然目前已经有《网络安全法》出台,但是在个人隐私的保护和安全管理方面还有待不断加强。这就需要政府部门出台专门的《个人数据保护法》,建立数据安全与个人隐私泄露影响评估机制,以及加强政府部门数据安全与隐私管理的培训和教育。

政府部门基于大数据决策模式的采纳和应用,就意味着政府不仅需要改变过去以长官意志为导向、以经验和直觉为基础的决策模式,而且需要在政策、法律、管理、技术、安全层面构建与其相匹配的管理理念与制度,特别是对政府决策主体思维的变革尤为重要。

首先,政府决策主体需要摒弃差不多的管理思维模式。整体来言,我国的管理之道中缺乏数据意识由来已久。正如胡适先生所忧虑的那样,中国人凡事差不多,凡事大致如此的思想形成了缺乏理性、盲目、随意的管理风格和文化,[1]自然在政府的管理中也多有体现。因此,政府主体意识的改变对于基于大数据决策和管理文化的养成至关重要。

第二,提高政府决策主体的数据意识。虽然我国电子政务经过多年的发展,积累了大量的数据,即使是在小数据时代,政府利用数据进行决策已经具备一定的条件,但是很多政府部门却没有对数据管理重视起来。调查显示,政府主体基于数据的应用与政府部门本身的级别或者地位并非有密切的关系,而是与政府决策主体的数据意识息息相关。如前文访谈案例显示,即使一个乡级的政府官员,如果他有数据意识,就会发挥其能动性,积极收集数据,依据数据来进行决策和服务。

---

[1] 涂子沛.大数据[M].桂林:广西师范大学出版社,2012:319.

因此，是否采用数据进行决策，政府决策主体的意识和意愿起着关键的作用。数据不仅承载着事实，还承载着民意。当务之急是需要不断提高政府决策主体的数据意识。只有决策主体相信数据，并积极地获取数据，用数据说话，利用数据决策，才能作出更加理性、明智的决策。

第三，提高政府决策主体的数据素养。所谓数据素养是指政府决策主体要具有以下能力：①对数据的敏锐性和洞察力；②具有一定数据收集、处理和分析的能力；③利用数据进行决策的能力；④对数据具有一定的批判性思维能力，而非完全盲从数据。为了更好地适应大数据时代政府管理的思维和方式，需要不断提高政府决策主体的数据素养，才能逐步形成政府部门循数决策和管理，用数据创新的文化氛围。

参考文献

[1]迪莉娅.大数据环境下政府数据开放研究[M].北京:知识产权出版社,2014年.

[2]迪莉娅.大数据环境下隐私泄露影响评估研究[J].情报杂志,2016(4).

[3]迪莉娅."反公地悲剧"视角下的政府数据开放研究[J].情报理论与实践,2016(7).

[4]迪莉娅.我国大数据产业发展研究[J].科技进步与对策,2014(4)).

[5]迪莉娅.国外政府数据开放研究[J].图书馆论坛,2014(9).

[6]迪莉娅.欧盟新公共信息再利用指令研究[J].图书馆学研究,2014(23).

[7]迪莉娅.高校数据科学专业硕士课程设置研究[J].教学研究,2014(6).

[8]迪莉娅.大数据环境下政府环境数据开放研究[J].绿叶,2013(9).

[9]迪莉娅.欧盟电子政务政策制定与实施机制研究[M].北京:世界图书出版公司,2010.

[10]迪莉娅.政府数据深度开放中的个人数据保护问题研究[J].图书馆,2016(6).

[11]迪莉娅.政府数据开放许可适用研究[J].图书馆,2014(12).

[12]涂子沛.大数据:正在到来的数据革命[M].桂林:广西师范大学出版社,2012.

[13]迪莉娅.基于云计算的政府门户网站知识管理研究[J].现代情报,2014(3).

[14]迪莉娅.数字图书馆联盟云资源管理模式构建研究[J].图书馆,2013(12).

[15]迪莉娅.智慧政务门户网站建设研究[J].燕山大学学报(社科版),2017(2).

[16]徐继华,冯启娜,陈贞汝.智慧政府:大数据治国时代的来临[M].北京:中

信出版社,2014.

[17]维克托·迈尔-舍恩伯格,肯尼思·库克耶 大数据时代:生活、工作与思维的大变革[M].盛杨燕,周涛,译,杭州:浙江人民出版社,2013.

[18]Karolis Granickas,Understanding the Impact of Releasing and Reusing Open Government Data[R]European Public Sector Information Platform Topic Report,2013.

[19]Adam Warren. Andrew Charlesworth. Privacy Impact Assessment in the UK[EB/OL].[2017-1-5].www.link.springer.com/content/pdf/10.1007/978-94-007-2543-0_9.pdf.

[20]Ubaldi, B. (2013), Open Government Data: Towards Empirical Analysis of Open Government Data Initiatives[R].OECD Working Papers on Public Governance, No. 22, OECD Publishing http://dx.doi.org/10.1787/5k46bj4f03s7-en.

[21]Conducting Privacy Impact Assessments Code of Practice[EB/OL].[2017-1-5].https://ico.org.uk/media/for-organisations/documents/1595/pia-code-of-practice.pdf.

[22]Braun, M.T., & Kuljanin, G. Big Data and the Challenge of Construct Validity[J]. Industrial and Organizational Psychology: Perspectives on Science and Practice, 2015(8).

[23]Chen, C., Chen, Y., Du, X., Li, C., Lu, J., Zhao, S., & Zhou, X. Big Data Challenge: A Data Management Perspective [J]. Frontiers of Computer Science, 2013(7).

[24]Gandomi, A., & Haider, M.Beyond the Hype: Big Data Concepts, Methods, and Analytics[J]. International Journal of Information Management, 2015(35).

[25] H.G. Miller, P. Mork, From Data to Decisions: a Value Chain for Big Data[J]. IT Prof.2013, 15 (1) http://dx.doi.org/10.1109/MITP.2013(11).

[26]Agrawal, D., Das, S., & El Abbadi, A.Big Data and Cloud Computing: Current State and Future Opportunities[R].Proceedings of the 14th International Conference on Extending Database Technology ACM, 2011:530–533.

[27] Chen, C. P., & Zhang, C. -Y. Data-intensive Applications, Challenges, Techniques and Technologies: A Survey on Big Data [J]. Information Sciences, 2014(27).

附　录

附录一　政府部门基于大数据的决策模式图

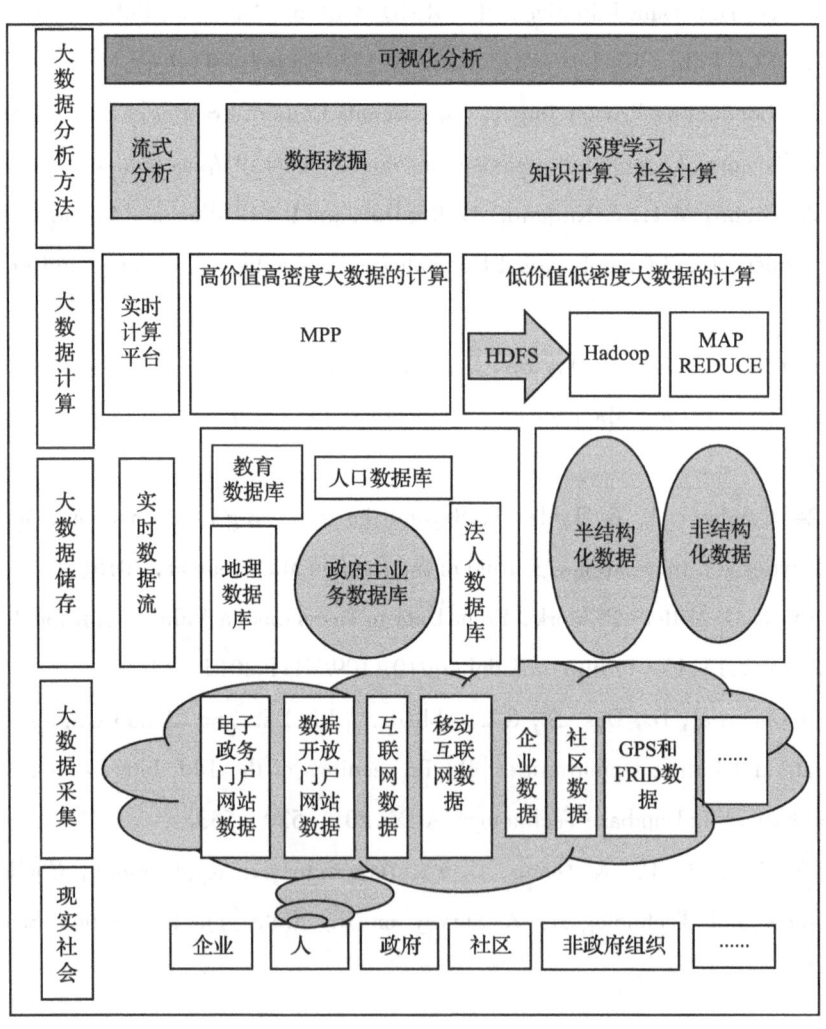

附录二 政府部门关于利用数据决策和管理现状的调查问卷

1. 您的性别（   ）
   A. 男   B. 女

2. 您的年龄（   ）
   A. 20~29岁   B. 30~39岁   C. 40~49岁   D. 50岁以上

3. 您的学历（   ）
   A. 高中   B. 专科   C. 学士
   D. 硕士   E. 博士

4. 您所在的职位类别（   ）
   A. 综合管理类 B. 专业技术类 C. 行政执法类

5. 您所在的政府部门属于（   ）
   A. 省级以上   B. 省、自治区、直辖市级   C. 市级
   D. 县级   E. 乡（镇）级

6. 您的从业年限（   ）
   A. 一年以内   B. 一年至三年 C. 三年至五年 D. 五年至十年
   E. 十年以上

7. 您所在的政府部门是否有专人负责数据的收集工作？（   ）
   A. 是   B. 否

8. 您所在的政府部门是否有专人负责数据的储存工作？（   ）
   A. 是   B. 否

9. 您所在的政府部门是否有专业的数据分析人员对数据进行分析？（   ）

    A. 是   B. 否

10. 您所在的政府部门是否有利用数据进行决策？（   ）

    A. 是   B. 否

11. 您所在的政府部门是否建立了数据中心（信息/数据管理系统）（   ）

    A. 是   B. 否

12. 您所在的政府部门是否对信息系统进行了顶层设计？（   ）

    A. 是   B. 否

13. 您所在的政府部门是否有专人对信息系统进行维护与管理？（   ）

    A. 是   B. 否

14. 您所在的政府部门是否对数据进行跨部门共享？（   ）

    A. 是   B. 否

15. 您认为对实现数据跨部门共享从法律层面需要哪些条件？（   ）（多选题）

    A. 完善《中华人民共和国政府信息公开条例》

    B. 完善《知识产权法》

    C. 出台有关数据共享的法律法规

16. 您认为对实现数据跨部门共享从技术层面需要哪些条件？（   ）（多选题）

    A. 技术人员对信息的系统化管理

    B. 数据安全管理人员对数据进行安全等级界定

    C. 建立数据安全保障系统

D. 建立统一的政府信息资源管理平台

17. 您认为对实现数据跨部门共享从内部管理层面需要哪些条件?
    (　　)(多选题)
    A. 部门决策层包容开放的态度
    B. 政府人员对数据共享战略意义的了解
    C. 选拔更多的专业技术人才
    D. 定期开展讲座和专业技能的培训

18. 您认为政府部门进行数据共享主要的障碍因素有哪些?
    (　　)(多选题)
    A. 政府信息公开相关法律中缺乏对公开数据的具体界定
    B. 政府管理层缺乏数据公开的意识
    C. 政府部门技术人员对数据缺乏系统管理
    D. 信息安全保障体系不够完善
    E. 缺乏统一的数据共享平台

19. 您所在的政府部门是否建立了信息主管制度?(　　)
    A. 是　　　　　B. 否

20. 您所在的政府部门是否建立了"信息安全保障制度"?(　　)
    A. 是　　　　　B. 否

21. 您所在的政府部门是否建立了保护个人隐私的规章或条例?(　　)
    A. 是　　　　　B. 否

22. 您认为政府部门利用数据进行决策时,在政策层面需要哪些条件?
    (　　)(多选题)
    A. 建立数据信息安全管理体系

B. 统一制定不同安全等级的管理规定和技术标准

C. 制定合理的数据决策路径

D. 完善重大决策事项法律咨询审核制度

E. 完善信息公开制度，尽量避免信息不对称

F. 建立法律顾问制，为决策把脉

23. 您认为政府部门利用数据进行决策时，在法律层面需要哪些条件？

（　　）（多选题）

A. 完善《中华人民共和国计算机信息系统保护条例》

B. 完善重大问题行政决策法律程序

C. 建立相关数据决策的部门规章

24. 您认为政府部门利用数据进行决策时，在技术层面需要哪些条件？

（　　）（多选题）

A. 建立数据决策模型

B. 建立基于数据仓库的决策支持系统

C. 建立数据决策分析系统

D. 建立数据安全监测系统

25. 您认为政府部门利用数据进行决策时，应如何加强隐私安全方面的保护？

（　　）（多选题）

A. 完善数据信息安全管理体系

B. 建立数据安全监控平台

C. 建设信息安全生态圈

D. 加大对信息安全的监管力度

26. 您认为政府部门利用数据进行决策时，在行政文化方面需要注意哪些方面？

（　　）（多选题）

A. 官僚主义行政文化

B. 封闭保守的行政文化

C. 片面追求效率的行政文化

D. 个人主义的行政文化

27. 您认为智慧城市对政府数据管理产生了哪些影响？
（　　）（多选题）

A. 智慧城市发展促进政府数据管理方式创新

B. 智慧城市发展促成政府数据管理思维的转变

C. 智慧城市发展推动政府数据管理管理结构的优化

D. 智慧城市推动政府对数据管理平台的建立与优化

附录三　政府部门关于大数据认知度的调查问卷

1. 您的性别（　　）

   A. 男　　　　　　B. 女

2. 您的年龄（　　）

   A. 20～29 岁　　B. 30～39 岁　　C. 40～49 岁　　D. 50 岁以上

3. 您的学历（　　）

   A. 高中　　　　　B. 专科　　　　C. 学士

   D. 硕士　　　　　E. 博士

4. 您所在的职位类别（　　）

   A. 综合管理类　　B. 专业技术类　　C. 行政执法类

5. 您所在的政府部门属于（　　）

   A. 省级以上　　B. 省、自治区、直辖市级　　　　C. 市级

   D. 县级　　　　E. 乡（镇）级

6. 您的从业年限（   ）

    A. 一年以内　　　　B. 一年至三年　　　C. 三年至五年

    D. 五年至十年　　　E. 十年以上

7. 您对大数据的关注程度如何（   ）

    A. 没听说过　　　　　　　　　　　B. 仅听说过，具体不太了解

    C. 有一定的了解和关注　　　　　　D. 十分关注

8. 您认为大数据是什么？

    （   ）（多选题）

    A. 更大范围的信息　　　　　　　　B. 新型的数据分析

    C. 实时信息　　　　　　　　　　　D. 来自新技术的信息涌入

    E. 非传统信息的媒体　　　　　　　F. 大量的数据

    G. 最新流行语，不了解

9. 您所在的政府部门是否开展过关于大数据相关知识的讲座与培训？（   ）

    A. 是　　　　　　　B. 否　　　　　　　C. 不清楚

10. 您认为应用大数据进行分析对政府的决策是否有帮助？（   ）

    A. 帮助很大　　　B. 有一定的帮助　　C. 帮助不大　　　D. 不清楚

11. 您认为依据大数据的分析结果作决策是否可以优化决策过程？（   ）

    A. 是的　　　　　　B. 不一定　　　　　C. 不清楚

12. 您认为依据大数据分析结果作决策是否可靠性更高，使决策更有依据？

    （   ）

    A. 是的　　　　　　B. 不一定　　　　　C. 不清楚

13. 您认为依据大数据分析结果作决策是否有利于政府转型？（   ）

   A. 非常有利于　　　　　　　　　B. 有部分作用

   C. 作用不大　　　　　　　　　　D. 不清楚

14. 您认为大数据发展对政府改革的影响程度？（   ）

   A. 影响较弱　　　　　　　　　　B. 起到一定推动作用

   C. 影响深远

15. 您认为大数据从哪些方面对政府管理提出挑战？
   （   ）（多选题）

   A. 对数据安全和隐私保护的挑战

   B. 对数据储存和分析技术的挑战

   C. 对管理理念和运作方式的挑战

16. 目前您所在的政府部门对于利用和发展大数据的主要障碍是
   （   ）（多选题）

   A. 政策因素

   B. 法律法规限制

   C. 本部门缺乏相应的人才与技术

   D. 部门决策层缺乏超前的视野

   E. 工作人员对于大数据还不够了解

   F. 其他

17. 您认为大数据对于深化政府网站建设的作用
   （   ）（多选题）

   A. 重视利用大数据技术盘活政务部门网络信息

   B. 通过利用大数据技术把原有数据网站改造成智慧政务网站

   C. 应用大数据技术提高政府网站信息公开和公共服务的质量和水平

   D. 利用政府网站推动政府数据开放，助力政府职能改革

18. 您认为大数据时代政府部门应如何提升政府数据安全？
（　　）（多选题）

A. 完善数据保护法律体系

B. 完善数据安全标准体系手段

C. 培养数据分析人才和管理人才

D. 建立数据安全分析平台

E. 从关键数据保护关键环节出发，强化安全技术

F. 开展政府数据安全评估和认证工作

附录四　政府部门关于政府数据开放认知度的调查问卷

1. 您的性别（　　）

   A. 男　　　　　　B. 女

2. 您的年龄（　　）

   A. 20～29 岁　　B. 30～39 岁　　C. 40～49 岁　　D. 50 岁以上

3. 您的学历（　　）

   A. 高中　　　　　B. 专科　　　　C. 学士

   D. 硕士　　　　　E. 博士

4. 您所在的职位类别（　　）

   A. 综合管理类　　B. 专业技术类　　C. 行政执法类

5. 您所在的政府部门属于（　　）

   A. 省级以上　　　B. 省、自治区、直辖市级　　　　C. 市级

   D. 县级　　　　　E. 乡（镇）级

6. 您的从业年限（ ）

    A. 一年以内   B. 一年至三年   C. 三年至五年

    D. 五年至十年   E. 十年以上

7. 在参与此次调研前，您有听说过数据开放这个概念吗？（ ）

    A. 有   B. 没有   C. 不清楚

8. 您知道开放的政府数据所应具备的条件有哪些吗？

    （多选）（ ）

    A. 完整的数据（涉及隐私、安全和特别限制的数据除外）

    B. 数据是原始数据，而不是被整合或是修改过的数据

    C. 可机器处理的数据即数据拥有合理的结构，允许机器自动处理

    D. 非私人的数据即数据是可获得的，无任何实体有排除他人使用的权利

    E. 无须授权就可利用的数据（涉及隐私、安全的数据除外）

9. 您有没有关注过下列有关的微博或者微信公众号？

    （多选）（ ）

    A. 开放数据中国   B. 城市数据派

    C. 大数据文摘   D. Statistics

    E. 以上都没有关注

10. 您认为中国政府数据开放的依据是什么吗？

    （多选）（ ）

    A. 国外政府数据开放平台提供的成功经验

    B. 中国企业对政府数据的巨大需求

    C. 公众参与公共事务决策的要求

    D. 透明化政府建设的需求，提升政府形象

11. 贵单位是否具有专门的数据服务网站？（ ）

    A. 没有   B. 有   C. 不清楚

12. 贵单位数据开放会采取一种什么样的方式?

（多选）（   ）

A. 政府网站　　　B. 移动网络　　　C. 电视、广播等媒体

13. 您所在单位是否进行过数据开放方面的宣传?（   ）

A. 是　　　　　B. 否　　　　　C. 不清楚

14. 如果进行宣传，贵单位是通过什么方式来让公众了解数据的开放?

（多选）（   ）

A. 政府官方网站资讯

B. 政府官方新媒体（微信、微博账号）

C. 举办开放竞赛

D. 政府代表演讲（会议发言等）

E. 没有任何宣传

15. 您认为政府数据开放的意义是什么?

多选（   ）

A. 更透明、更有公信力的政府，提升政府形象

B. 可以使公众更容易参与公共事务的决策

C. 通过政府部门所拥有的数据、信息和研究成果来激励大众创新和社会创新

D. 利用数据实现增值，创造利润，带来巨大的经济价值

E. 其他

16. 您认为当前政府数据存在的主要问题有哪些?

（多选）（   ）

A. 数据质量差　　　　　　　　　B. 数据难以获取

C. 数据文件格式兼容性差　　　　D. 数据难以查找

E. 数据授权不清难以利用

17. 贵单位是否有专人负责政府信息公开？（   ）

  A. 是   B. 否   C. 不清楚

18. 贵单位信息公开的方式有哪些？

  （多选）（   ）

  A. 政府网站   B. 微博

  C. 微信   D. 报纸等纸质的方式

19. 您认为政府信息公开和政府数据开放之间的关系是什么？

  （多选）（   ）

  A. 政府信息公开是政府数据开放的前提和基础

  B. 政府数据开放是政府信息公开的发展和跃进

  C. 二者既存在承接与递进的关系，又具有质和量的差异

20. 您认为当前政府数据开放许可的方式有哪些？

  （多选）（   ）

  A. 知识共享许可

  B. 开放数据共用

  C. cco

  D. 不知道

21. 您认为政府数据开放的技术方面存在的挑战？

  （多选）（   ）

  A. 政府各部门之间分散数据的整合即大数据的有效融合

  B. 高效率低成本的大数据存储

  C. 大数据的去冗降噪技术

  D. 非结构化和半结构化数据的高效处理

22. 您认为贵单位政府数据开放网站的建设存在哪些问题？

（多选）（　　）

A. 缺乏元数据

B. 数据质量参差不齐

C. 数据群未能覆盖全部数据

D. 数据保管薄弱

E. 缺乏数据反馈和改进机制

23. 您认为如何完善网站来促进政府数据开放？

（多选）（　　）

A. 建立云平台，将各政府部门的系统数据实时关联，保证数据的及时性

B. 根据合理的评估方法对数据价值进行评价并向社会公众开放

C. 构建完善的数据管理功能，包括数据下载、检索、可视化以及关联服务

D. 为用户提供强大的交流平台

E. 充分利用第三方力量在数据开放方面的优势来开发建设网站

24. 您认为如何促进公民积极参与政府数据开放？

（多选）（　　）

A. 建立统一的政府数据门户网站，为公民提供专门的数据平台

B. 将数据门户网站和社区网站链接，共享信息

C. 举办数据开发大赛，激发人们的热情

D. 开通服务在线评论功能，鼓励公众积极参与

25. 您认为贵单位政府数据开放存在的障碍是什么？

（多选）（　　）

A. 缺乏相关的法律保障

B. 技术还不够成熟，数据收集、整合存在一定困难

C. 政府自身的相关利益，部门机构协调困难

D. 没有国家统一的顶层设计

E. 制度不完善

26. 您认为应该如何促进政府数据开放?

（多选）（   ）

A. 完善政府数据开放方面的政策，加强顶层设计，实现部门联动

B. 加快立法建设，解决数据开放中的安全和隐私问题

C. 培养专业的技术人才，建立专属技术支持中心，解决数据收集、存储和分析的问题

D. 加大政府数据开放宣传力度，提高公民的参与意识